U0476863

国家社会科学基金"十三五"规划2020年度教育学一般课题

"创新创业如何重塑大学"(课题编号:BIA200187)成果

# 创新创业
# 如何重塑大学

How to reshape universities through innovation and entrepreneurship

王建华 著

海峡出版发行集团 | 福建教育出版社

图书在版编目（CIP）数据

创新创业如何重塑大学/王建华著. —福州：福建教育出版社，2024.7
ISBN 978-7-5334-9982-2

Ⅰ.①创… Ⅱ.①王… Ⅲ.①高等学校－发展－研究－中国 Ⅳ.①G649.21

中国国家版本馆 CIP 数据核字（2024）第 107078 号

Chuangxin Chuangye Ruhe Chongsu Daxue

# 创新创业如何重塑大学

王建华 著

| 出版发行 | 福建教育出版社 |
|---|---|
|  | （福州市梦山路 27 号　邮编：350025　网址：www.fep.com.cn |
|  | 编辑部电话：0591-83726908 |
|  | 发行部电话：0591-83721876　87115073　010-62024258） |
| 出 版 人 | 江金辉 |
| 印　　刷 | 福州万达印刷有限公司 |
|  | （福州市闽侯县荆溪镇徐家村 166-1 号厂房第三层　邮编：350101） |
| 开　　本 | 710 毫米×1000 毫米　1/16 |
| 印　　张 | 16 |
| 字　　数 | 229 千字 |
| 插　　页 | 2 |
| 版　　次 | 2024 年 7 月第 1 版　2024 年 7 月第 1 次印刷 |
| 书　　号 | ISBN 978-7-5334-9982-2 |
| 定　　价 | 45.00 元 |

如发现本书印装质量问题，请向本社出版科（电话：0591-83726019）调换。

# 目　录

引言　创新创业的挑战与大学发展范式的变革　1
　一、大学发展的范式困境　2
　二、技术环境的加速变化　7
　三、如何应对创新创业的挑战　11

第一章　以创业思维重新发现大学　18
　第一节　大学中科学逻辑的困境与出路　19
　第二节　大学的市场逻辑与创业思维　25
　第三节　创新创业作为大学新范式的必要　32

第二章　以创业思维重新理解学科　40
　第一节　传统学科建设范式面临的挑战　41
　第二节　如何重新理解学科建设　46
　第三节　从学科建设转向学术创业　52

第三章　以创业思维重新定义一流　59
　第一节　大学排名的兴起　60
　第二节　以排名论一流的危害　66
　第三节　重新定义一流大学　72

## 第四章 为创新而治理：大学治理变革的方向 81
- 第一节 创新需要治理 82
- 第二节 大学创新治理的必要 86
- 第三节 大学的创新治理体系 90

## 第五章 重审大学发展范式 95
- 第一节 大学发展旧范式面临的挑战 96
- 第二节 大学发展新范式的涌现 100
- 第三节 大学发展范式的变迁 104

## 第六章 大学的范式危机与转变：创新创业的视角 110
- 第一节 如何理解研究型大学的范式危机 111
- 第二节 为何要朝创新创业型大学范式转变 117
- 第三节 创新创业型大学缘何难以扩散 122

## 第七章 创新创业与大学范式革命 129
- 第一节 创新创业：作为一种范式 130
- 第二节 朝向创新创业的范式转移 134
- 第三节 创新创业范式的扩散 141

## 第八章 创新创业：大学转型发展的新范式 147
- 第一节 大学为什么需要创新创业 148
- 第二节 大学如何实现创新创业 153
- 第三节 创新创业何以成为大学的新范式 160

## 第九章 创业精神与大学转型 167
- 第一节 什么是创业精神 168
- 第二节 大学转型需要创业精神 173

第三节　创业精神如何改革大学　180

## 第十章　创新创业与大学转型　189
第一节　创新创业需要企业家精神　190
第二节　企业家精神如何促进大学转型　196
第三节　创新创业型大学的创建　201

## 第十一章　大学创新创业生态系统的构建　205
第一节　知识流动是创新创业的前提　206
第二节　创新创业需要一个生态系统　211
第三节　大学在创新创业生态系统中的地位　216

## 第十二章　为何及如何创建创新创业型大学　222
第一节　社会形态的变化　223
第二节　大学自身的变革　227
第三节　大学"创新创业"的"注意事项"　231

**主要参考文献**　239

# 引言
# 创新创业的挑战与大学发展范式的变革

**本章要点**：不同时代基于经济社会发展的不同需要，有不同的大学发展范式。现代大学以教学和科研为中心，创新创业只是高等教育发展的一个子目标。伴随从要素和投资规模驱动的经济-技术范式向创新驱动的经济-技术范式转移，高等教育发展将会面临创新创业失灵的挑战，大学的发展范式也不可避免地要经历变迁。在信息技术革命加速推进的大背景下，通过理论引领，变革大学发展范式，以应对创新创业挑战，成为一种必然的选择。

大学作为知识生产组织，其发展除受学术逻辑制约之外，还深受经济社会发展的影响。一旦经济-技术范式发生了变迁，经济社会发展实现了转型，大学的发展范式也必然会发生相应的变革。在《后工业社会的来临》一书中，丹尼尔·贝尔就曾指出："如同商业公司由于组织大批量生产的功能而在过去一百年间成为社会中的核心机构一样，大学（或其他形式的知识机构）作为发明和知识的新源泉将成为未来一百年的核心机构。如果说过去一百年间的统治者是企业主、商人和工业经理人，那么，科学家、数学家、经济学家和智能科技新生领域的工程师将成为'一代新人'。"[①] 伴随信息技术革命的快速推进，当前在经济社会领域创新驱动已经逐渐取代要素驱动和投资规模驱动，高质量发展和内涵式发展正在成为

---

① 丹尼尔·贝尔. 后工业社会的来临 [M]. 高铦，等，译. 南昌：江西人民出版社，2018：324.

经济社会发展的新样态。作为创新的引擎和创业的孵化器，理论上大学在知识和创新经济发展中将逐渐占据轴心地位。但理论上的优势与可能并不必然等于大学在现实中的作为或真实的贡献。现代大学能否在新的经济-技术范式下再次证明其独特的价值，既需要整个社会制度安排与政策供给的创新，也需要大学自身的范式革命。"要继续确保它们（研究型大学）的办学质量和办学能力，则不仅需要我们进行持续的投资，还需要我们从融资、管理和行政等各个方面进行重大的范式转变。"[①] 现在的问题是，不合适的社会制度以及不适应创新创业需要的大学发展范式，成为创新驱动发展和创业革命的最大障碍。很多大学还在利用过去管理教学和科研方面的经验应对今天的创新浪潮和创业革命，导致了大学发展范式与社会和经济-技术发展范式不匹配，从而不利于经济社会发展的转型升级。面向未来，在信息技术革命和经济全球化的大背景下，大学以教学和研究为中心的发展范式面临创新创业的严峻挑战。创新创业范式的扩散既塑造着知识社会的未来也改变着高等教育自身的命运；创新创业型大学的建立既是大学对于创新创业的应对，也是大学组织自身的"再创业"。为了满足基于知识的经济和社会发展的需要，在保持组织连续性的基础上通过持续变革实现大学的转型发展至关重要。

**一、大学发展的范式困境**

在经济社会转型的大背景下，当前高等教育也处于转型中。与稳态的高等教育系统相比，转型期的高等教育更加需要理论的引领。"解释世界是改造世界的前提。"[②] 目前高等教育改革和发展面临的窘境是，在从一种发展样态向另一种发展样态过渡的过程中，旧的理论已趋于失效，然而新的理论尚未成熟。由于缺乏新的理论的引领，高等教育的改革和发展容易

---

① 美国国家研究院国家研究委员会. 研究型大学与美国未来：美国繁荣与安全的十大突破性举措 [M]. 朱健平，主译. 长沙：湖南大学出版社，2015：47.
② 郑永年. 郑永年论中国：中国的知识重建 [M]. 北京：东方出版社，2018：106.

陷入混乱或趋于保守、停滞不前。历史和实践表明，对于转型中的高等教育，从有序到无序，再从无序到有序是一个无法超越也无法避免的过程。我们能够做的就是，基于技术、经济和社会发展的实践，提出前瞻性的、有解释力的新理论，并以此作为考察事实和解决实际问题的工具，尽可能降低高等教育转型需要付出的代价。

高等教育改革和发展中理论对于实践的影响主要通过一系列假设来实现。实践远比理论复杂。理论要影响实践就需要对理论与实践的关系进行必要的简化或化简。近年来，由于各种排行榜的盛行，基于文献计量学的科研评价对于什么是一流大学和一流学科提供了一系列"假设"：排行榜上排名靠前的大学（学科）就是一流大学（学科）；影响因子高的刊物就是一流刊物；发表在一流刊物上的论文就是一流论文；高被引的学者就是一流的学者；拥有某种头衔的人才就是杰出人才；等等。这些似是而非的说法虽经不起认真的理论推敲和实践检验，但经由政策激励、媒介传播以及学术论文的粗加工，已经成为高等教育理论和实践中主流的学术和政策话语，在短期内影响甚至决定着高等教育改革和发展的方向。但根本上，一种理论是否有效或有价值，不能只是看它对于实践的短期影响，而在于它是否揭示了某种未知的因果关系。所谓的理论如果没有揭示现象背后的因果机制，很容易沦为廉价的政策口号，即便一时能够影响实践也随时可能被新的政策话语所替代，从而失去理论本身应有的意义。

遗憾的是，高等教育改革中现行的很多政策只是基于某种人为的或想象的相关性，而非理论上的因果关系。"相关性和因果性是两回事，这不是什么出人意料的道理。"[①] 然而，高等教育理论和实践中，很多研究者、管理者以及决策者即便清楚了解这一点，仍然经常把两者混为一谈。当前高等教育改革和发展中很多政策就只是基于某种臆测的相关性而不是基于严格的因果关系。比如，很多发展中国家只是看到了一流大学和一流国家之间存在着某种相关性，就尝试通过世界一流大学建设来实现大国的崛

---

① 克莱顿·克里斯坦森，等. 创新者的任务 [M]. 洪慧芳，译. 北京：中信出版社，2019：XVI.

起。事实上，没有一所大学能在不发达国家里靠政府扶持闯进世界大学前列。[①] 一个国家的大学之所以成为世界一流大学，先决条件是这个国家要先成为"世界一流"的国家，一个落后的或发展中的国家很难建成真正的世界一流大学。如有学者所言："中国的工业化仍然处于早期，中国应当参考的是发达国家早期（尤其是德国和日本）和后来'四小龙'在经济起飞期间的高教模式。但有关部门参考的则是发达国家现代的模式。"[②] 其结果，大量资源投入了以争夺学术锦标为目标的一流大学和一流学科建设，真正适合经济社会发展的应用型人才培养相对被忽视。

与作为国家政策愿景的"世界一流"大学相比，"创新创业型大学"更符合理论的定义。几十年来，以硅谷为代表的实践证明，大学的创新创业或创新创业型大学与区域经济社会发展之间存在直接的可以证实的因果关系。现在需要做的是，揭示出大学与创新创业之间具体的因果机制，以促进大学的创新创业和创新创业型大学的持续发展。当然，面对创新创业的挑战，无论哪里也无论何时，仅有大学致力于创新创业都是远远不够的，创新创业的成功还需要相关产业链、政府部门、中介机构、风险资本以及其他辅助设施在同一个区域的高质量汇聚，并最终形成一个有机的社会网络（生态系统）。一般认为，斯坦福大学孕育了硅谷的创新创业精神，并成就了硅谷的辉煌。但事实上，这只是一种过于简单的说法，并不是全部的事实。"硅谷系统的演变就是因为所需要的原料在合适的时间积聚在一起，这些原材料包括学术和工程技术人才、早期的一些开拓者以及某些关键技术，还包括斯坦福大学（包括旧金山海湾地区的其他知名的学术机构），惠普公司的两位创始人，以及一些高回报、高增长的经济部门，例如半导体、个人计算机、软件、生物技术、互联网等。"[③] 由此可见，大学

---

① 程星. 美国大学小史［M］. 北京：商务印书馆，2018：218.
② 郑永年. 郑永年论中国：中国的知识重建［M］. 北京：东方出版社，2018：153－154.
③ 李锺文，等. 创新之源：硅谷的企业家精神与新技术革命［M］. 陈禹，等，译. 北京：人民邮电出版社，2017：287.

的创新创业或创新创业型大学本身并不能完全保障创新创业的实现。国家和区域创新创业生态系统的建构以及知识和创新经济的发展，除了需要创新创业型大学还需要具有创新创业精神的政府、企业以及其他专业性组织的共同参与。"创新创业有'能不能'的问题，这需要知识和实践，更有'敢不敢'的问题，这就需要社会氛围和生态了。大学的创新创业教育并不是要孵化企业，而是给予更多人创新创业的能力和胆识。"[①] 当前在通往创新创业的路途中，大学首先遭遇的阻碍就是治理结构和管理机制的"落伍"。大学的治理在理念上受大学自治与学术自由的影响，决策相对保守；治理结构上受民主化思潮的影响，议事倾向于强调学术民主和程序正当而不是胜任。基于利益均衡的委员会制使大学的组织与制度变革习惯于适应惯例而不是创新创业。表面上看，新的环境下大学的治理仍在有序运作，但实质上内部充满了混乱。从规模上看，现代大学依然繁荣，甚至发展很快，但实质上由于忽略了范式变革，可能走错了方向。"任何组织，无论是生物组织，还是社会组织，都需要在组织的规模发生重大变化时改变自己的基本结构。如果规模翻一番或两番，任何组织都需要进行重组。同样，任何组织，无论企业、非营利组织，还是政府部门，只要存在的年限超过40年或50年，它们都需要重新思考自己的情况。它们的政策和行为规则已经跟不上其自身的发展。如果它们继续沿用老方法，它们就会变得难以驾驭、难以管理和难以控制。"[②] 实践证明，所有的组织都会经历从"创业"（初创，高增长）走向"管理"（衰退，求存）的生命周期。[③] 组织的生命周期和创新创业精神的有无密切相关。无论何种组织，初创之时大多充满创新创业精神，伴随制度化建设，管理制度建设逐渐取代创新创业精神成为机构的核心工作。最终，伴随组织职能部门的逐渐完善，创新创业精神逐渐减少，乃至枯竭。实践中创新创业精神的枯竭就意味着组织生

---

① 林建华. 校长观点：大学的改革与未来［M］. 上海：东方出版中心，2018：163.
② 彼得·德鲁克. 巨变时代的管理［M］. 朱雁斌，译. 北京：机械工业出版社，2019：230.
③ 拉里·法雷尔. 创业新时代：个人、企业与国家的企业家精神［M］. 沈澜文，杨瑛，等，译. 北京：机械工业出版社，2014：3.

命周期的终结。

当今世界各国主要的大学无论从规模还是存在的时间看都面临着"需要重新思考自己的情况",都需要为了创新创业而变革治理模式,重塑发展范式。为了满足创新驱动发展和创业革命的现实需要,现代大学治理和发展范式的变革必须以创新创业为中心,为创新而治理,为创业而发展。今天在世界范围内,大众化甚至普及化的高等教育仍然是以精英高等教育的组织和治理结构为基础在运行。这就好比火车的发动机已经是"高速"的,但运行轨道仍然是"普通"的。在经济社会加速发展的时代,大学现有的治理理念与结构使其无法果断作出科学创新决策,及时对经济社会的发展作出创造性的反应。"尽管某些学术参议会做了一些有益的工作,并且为重要的学术难题提供了教职工的视角,但是大多数学术参议会的表现很令人失望。他们大多数时间都在讨论诸如停车场、体育或者学术年历等琐事,而非学校发展等大方向的问题。因此,参议会吸引来的并不是那些最受人敬仰、最有影响力的教授,而是那些不愿再专注于教学和科研的人。这些人缺乏威信,无法代表教师发表权威性的见解,也不能为确定学校的发展方向作出太多贡献。"[1] 这种局面的出现不是治理本身的错,而是大学的治理体系和治理能力没有跟上技术和时代发展的步伐。要走出这种无效治理或低效治理的困境,要引领创新驱动发展和创业革命的浪潮,大学不是要废止治理而是要重塑大学的发展范式。"在很多领域掀起范式革命,2.0、3.0、X.0版本探索此起彼伏的今天,大学也必须立即行动起来,思考自己的新版本,只有快速重塑,才可能避免破产的厄运!"[2] 在新的经济-技术和社会发展范式下,关于卓越本身以及卓越大学的定义正在悄然发生变化,大学必须在新的经济-技术范式下通过"治理的治理",更新旧的治理理念与结构,重启并重新定义对于卓越大学的追求,以创新创业为中心重建新的大学组织结构与制度安排。"从未来的角度看,大学还需要

---

[1] 德里克·博克. 大学的未来:美国高等教育启示录 [M]. 曲强,译. 北京:中国人民大学出版社,2017:52.
[2] 席酉民. "范式革命",大学逃不过 [N]. 文汇报,2015-6-19.

认真根据未来社会的发展趋势和需求反思教育、重塑教学、再定义大学，找到适应未来的大学形态，才可能健康发展。"[1] 为保障在工业社会向后工业社会转型的过程中创新创业活动的可持续性，政府需要适时通过政策引导大学教师和学生顺应经济社会发展的现实需要，积极投身创新创业实践；通过创新创业活动提升地区经济社会的发展水平，乃至于整个社会的发展样态；大学也需要以创新创业为中心更新其组织治理结构和制度安排，以新的大学发展范式应对技术、经济和社会发展的新挑战。

## 二、技术环境的加速变化

我们时代信息技术的不断更新为创新创业提供了便利的技术环境。但"知道打字机如何工作不等于你就能成为作家"[2]。和其他的自然技术一样，信息技术本身也不能直接创造价值。自然技术必须与知识工作者相结合，才能创造出经济和社会价值。这就意味着价值的创造需要以社会技术（组织和制度安排）的创新作为必要条件。实践中，"创新事业不止限于高技术领域，它关注所有的技术层次和社会改良运动"[3]。与工业社会中个人通过劳动创造价值不同，"在知识社会中，创造绩效的不是个人。个人是一个成本中心，而不是绩效中心。创造绩效的是组织"[4]。伴随价值创造的主体从个人向组织的转变，价值创造的要素也从劳动转换为知识，而这一切的背后反映了知识社会的技术环境和工业社会的技术环境相比发生了根本的改变。具体而言，这种差异一方面体现在技术智能化的程度，另一方面体现在人与技术的关系，第三个方面是技术更新的速度。工业社会的机械

---

[1] 席酉民. 理性"狂"言：教育之道 [M]. 北京：中国人民大学出版社，2016：72.

[2] 彼得·德鲁克. 巨变时代的管理 [M]. 朱雁斌，译. 北京：机械工业出版社，2019：12.

[3] 亨利·埃茨科威兹. 三螺旋：大学·产业·政府三元一体的创新战略 [M]. 周春彦，译. 北京：东方出版社，2005：237.

[4] 彼得·德鲁克. 巨变时代的管理 [M]. 朱雁斌，译. 北京：机械工业出版社，2019：191.

技术主要是为了弥补人的体力的不足,强调力量的增强,智能化程度低。而知识社会的数字技术通过将硬件与软件相匹配,使越来越多的认知型工作实现了自动化。与机械技术的工具性相比,数字技术具有了一定的自主性和智慧化。此外,机械技术完全被人所控制,只是人力的补充;而今天的数字技术在某些领域的表现已经比人的智能更加卓越,正逐渐取代人的工作。最为重要的是,基于硬件与软件的不断迭代,数字技术的更新呈现加速状态。技术变迁中的线性模型正在被指数级增长所取代。[1] 当前在信息化时代和数字技术环境中,为适应创新驱动发展,有效管理和加工信息,新的规则体系和社会契约在趋于简单化的同时又趋于复杂化。所谓"趋于简单化"主要是指组织架构,所谓"趋于复杂化"主要是指信息的加工和管理。组织架构方面,"组织在以信息为中心重新整合组织本身时,大多数管理层次都成为多余的设置"[2]。但在信息加工和管理方面,随着信息源的增加和大数据的快速累积,信息加工和处理越来越复杂和专业化。"后工业社会在智能和社会学方面的主要问题,借用韦弗的比喻,是'有组织的复杂性'问题——即管理含有大量关联变量的大型系统。这种系统必须经过人工干预、协调,才能达成特定目标。"[3]

对于大学而言,当前在新的技术环境中面临的关键问题是,自然技术进步的速度超过了社会技术革新的速度。一旦自然技术与社会技术之间失去应有的平衡或不相匹配,就会导致严重的负面后果。一种后果是由于缺乏社会技术的规范,自然技术的快速进步有可能会引发社会秩序的混乱,甚至是社会失范;另一种后果就是由于社会技术的滞后会阻碍自然技术的进一步革新,从而延缓创新驱动发展和后工业社会的来临。我们时代从信息技术本身的进步而言,已经可以迅速实现信息化。但由于社会技术的滞

---

[1] 托马斯·弗里德曼. 谢谢你迟到 [M]. 符荆捷,等,译. 长沙:湖南科学技术出版社,2018:22—23.

[2] 彼得·德鲁克. 巨变时代的管理 [M]. 朱雁斌,译. 北京:机械工业出版社,2019:7.

[3] 丹尼尔·贝尔. 后工业社会的来临 [M]. 高铦,等,译. 南昌:江西人民出版社,2018:26.

后，当前即便在全世界最发达的国家也仍然只是处于从工业社会向信息社会的转变之中，还并没有哪个国家或地区是完全实现了信息化的社会。在高等教育领域，信息化的程度更是明显滞后，最明显的不足就是大学的课程设置，尤其是与数字技术和人工智能相关的课程，其更新速度远远落后于信息技术的进步。由于科学和技术创新的周期不断缩短，很多时候学生还没有毕业，其所学的知识已经过时。面对这种窘境，一方面大学需要充分利用先进的信息技术手段来尽快提高课程更新的速度。"大学应该尝试着以更快、更加频繁的速度调整课程设置，以便与变化的速度保持一致，例如在某些课程上可以标上'有效期'。"[1] 实践中奥林工程学院的领导团队就决定学校的运行应当遵循这样一个原则，即学校包括课程和章程在内的所有事项均需要设置一个有效期限（expiration date），或许这是重中之重。[2] 另一方面也需要转变或创新大学的人才培养模式，从就业导向的学历教育向创业导向的终身教育转型。在未来的信息社会中大学应是适应终身学习并提供终身教育的重要场所，而不再是作为提供终结性教育证书的唯一机构。近年来，作为网络教育课程的创新者，南新罕布什尔大学充分展示了创业精神，在发展战略上就主动选择"未消费领域"，重点关注"非传统的学生"，尝试通过在线的方式为那些"处于人生的进修阶段却选择不再进修的那些人"提供学位课程，从而大获成功。[3]

除了在线学位课程，基于信息技术的组织变革还极大地拓展了高等教育的地理、物理和心理边界，从而也需要新的组织与制度安排与之匹配。在高等教育领域，国际化和全球化的说法由来已久，但直到今天，高等教育依然处在民族国家的框架下。究其根本，工业社会的技术和制度为全球

---

[1] 托马斯·弗里德曼.谢谢你迟到［M］.符荆捷，等，译.长沙：湖南科学技术出版社，2018：30.
[2] 菲利普·G.阿特巴赫，莉斯·瑞丝伯格，贾米尔·萨尔米，伊萨克·弗鲁明.新兴研究型大学：理念与资源共筑学术卓越［M］.张梦琪，王琪，译.上海：上海交通大学出版社，2020：98.
[3] 克莱顿·克里斯坦森，等.创新者的任务［M］.洪慧芳，译.北京：中信出版社，2019：205.

化设置了天然的限度，无论以民族国家为主导，还是以跨国公司为主体，全球化都不可能真正实现。信息技术革命的加速推进，赋予了个体前所未有的获得与传递信息的能力，为全球化提供了新的可能。"如果说全球化1.0版本的主要动力是国家，2.0版本的主要动力是公司，那么3.0版本的动力来自于个人，个人获得了新的机会能够在全球范围内参与竞争和合作，这也带来了全球化3.0版本的独特特征。"[1] 当前全新的技术环境为全球化时代大学的转型发展提供了难得的机遇。历史上，研究型大学的繁荣得益于谷登堡印刷术、民族国家和工业革命，今后基于信息技术革命的全球化浪潮将对创新创业型大学的兴起产生深刻影响。这种影响不仅体现在大学与政府、企业的合作关系上，也不仅意味着一种新的大学发展范式，而是会导致一种新的社会契约的产生，即创新创业的全球化。在新的社会情境和技术环境中，随着面对的问题的复杂性的增加，任何单一组织都很难独自完成创新和创业。因此，我们需要跳出组织的层级性，基于水平的网络寻找更多的合作伙伴，以创新创业精神共同解决人类面临的重大难题。在此过程中以"外包"为代表的社会技术创新将导致高等教育系统发生深刻变革。近年来，作为创新全球化的一种新尝试，"耶鲁实际是通过创建复旦-耶鲁生物医药研究中心将实验工作外包给了复旦。每所大学都自行负担劳务和研究费用，所以它们之间不需要资金往来。但是中国方面主要从事的是基础技术工作，需要的是大量技术人员和实验动物，这一研究成果要比耶鲁低得多。耶鲁方面主要从事数据分析这种高端工作。通过合作，复旦师生和技术人员可以接触到高端研究，耶鲁也可以得到大规模实验的支持。如果耶鲁试图在（学校所在的）纽黑文市建成与复旦同样的研究规模，其成本将高得吓人。而且像这样的项目在美国的实验室只会有30名技术人员，但在复旦会有150人。这一合作给中国增加了人力资本，

---

[1] 托马斯·弗里德曼.世界是平的：21世纪简史[M].何帆，等，译.长沙：湖南科学技术出版社，2008：9.

给耶鲁带来了创新"①。未来为适应经济和创新全球化的需要，无论在创新领域还是在创业领域，全球范围内大学与大学之间的"外包"服务将变得非常普遍，并趋于制度化，从而在根本上改变现有大学发展范式。

在新的信息技术环境下，大学和经济社会的发展既面临前所未有的机遇也面临严峻挑战。"信息时代的新兴技术预示了我们所熟知的那种高等教育的终结。这并不意味着大学和其他高等教育机构的终结，而是'存有缺陷的旧式垄断'的终结。"② 换言之，"大学不会消失，但一定会彻底改变"③。作为后工业社会的轴心机构，大学不仅需要提供大量创新性科研成果以驱动经济社会发展，还需要通过社会创业来促进社会制度的创新，以保障社会技术与自然技术的平衡，从而为后工业社会的来临作好准备。"为了追求卓越、造福人类，大学需要被创造合适的气氛和提供有利的条件。我们都面临的挑战就是是否大学的'工具'——行政管理架构处于国内的先进水平，从而可以轻而易举、自然而然地获得优异的结果。"④ 面向未来，当大学和大学人意识到知识生产对于技术和经济社会发展的重要性，并将在很大程度上决定着经济社会发展的具体样态时，大学以及大学人在技术和经济社会发展中的地位和所扮演的角色将会发生根本的变化。

## 三、如何应对创新创业的挑战

2019 年，中国科学院过程工程研究所在《国家科学评论》（*National Science Review*）上发表了题为《变革科学范式，应对全球挑战》（*Para-

---

① 托马斯·弗里德曼. 世界是平的：21 世纪简史 [M]. 何帆, 等, 译. 长沙：湖南科学技术出版社，2008：266.
② 帕克·罗斯曼. 未来高等教育：终生学习与虚拟空间 [M]. 范怡红, 主译. 青岛：中国海洋大学出版社，2006：188.
③ 安东尼·塞尔登, 奥拉迪梅吉·阿比多耶. 第四次教育革命：人工智能如何改变教育 [M]. 吕晓志, 译. 北京：机械工业出版社，2019：199.
④ 冯达旋. 全球化下的教育复兴：冯达旋谈高等教育 [M]. 魏晓雨, 译. 哈尔滨：哈尔滨工业大学出版社，2018：110.

digm Shift in Science with Tackling Global Challenges）的文章，对科学范式变革的本质内涵、全球性重大挑战背后的核心科学问题进行了剖析。①在自然技术层面，为应对全球性挑战，变革科学范式是必要的，也是必需的。但人类社会重大问题的解决从来就不只是科学进步和技术突破的问题，还必然涉及组织与制度的创新，即社会技术的变迁。只有科技革命与组织制度创新相匹配，人类社会才能实现持续进步。当前，"一系列颠覆性技术在不断颠覆着我们的生活、我们的组织和我们的教育，在不少领域，范式革命正在涌动，几乎所有组织都在思考或探索自己的新模式，教育概莫能外"②。与科学范式的变革相比，为保障自然技术与社会技术的匹配，以应对创新创业的挑战，作为后工业社会的轴心机构，大学发展范式的变革以及基于新的大学范式所引发的组织与制度创新同样重要，甚至更加重要。按德鲁克的说法，"如果说 20 世纪是一个社会转型的世纪，那么 21 世纪便需要成为一个社会和政治创新的世纪"③。

与教学、科研活动中对于高深知识普遍性的强调不同，创新创业活动更加强调地区特色。不同地区具有不同的竞争优势和劣势。比如，同样在美国，同样是创新创业型大学，斯坦福大学与麻省理工学院的战略选择和发展模式就存在显著差异。硅谷和 128 公路无论在组织模式还是创业文化方面都迥然不同。再比如，在世界范围内，斯坦福大学和以色列理工学院在创新创业领域都是佼佼者，都为所在地区、国家，乃至全世界的科技创新和经济发展作出了卓越贡献。但由于美国和以色列的国情不同，斯坦福大学和以色列理工学院在创新创业模式的选择上也有根本的差异。依托硅谷的独特优势和美国的大国地位，斯坦福大学的创新创业可以覆盖整个价值链，而以色列理工学院的创新创业则只能集中于价值链的上游（研发、

---

① 李静海. 变革科学范式，应对全球挑战 | NSR 观点 [EB/OL]. https：//weibo. com/ttarticle/p/show? id=2309404439217873748090.

② 席酉民. 理性"狂"言：教育之道 [M]. 北京：中国人民大学出版社，2016：3—4.

③ 彼得·德鲁克. 社会的管理 [M]. 徐大建，译. 上海：上海财经大学出版社，2003：78.

创新和设计)。① 当然，强调创业的本土性和地区优势，并不是为了对抗创新的全球化和大学的世界性。文明的本土化和大学的世界性是一个硬币的两面。创业的本土性与创新的全球化是大学范式变革的两翼。对于大学的范式变革而言，不利用全球资源就无法实现真正的创新，不扎根本土创业将缺乏有力的服务支持系统。

当前在高等教育实践中，一方面基于知识的流动性和创新的全球化，大学对创新创业的应对呈现出"无边界"的倾向。为了实现自身的创新创业并促进社会的创新创业，大学可以通过各种技术（物理技术和社会技术）手段汇聚全球资源。但另一方面地理位置上的相邻性仍然至关重要。无论创新体系还是创业生态首先是区域性的。对于教学和研究而言，知识的流动主要以出版物为载体，地理位置相对次要。但对于创新创业而言，知识的流动主要依赖社会网络，即区域创新创业生态系统，因而大学所处的地理位置就特别重要。具体而言，一方面不同的区域具有不同的社会网络、知识资源以及产业集群，可以为创新创业提供不同的制度和创新生态环境。另一方面创新创业的繁荣也可以为区域经济社会发展创造更多的价值。在创新创业生态系统建设中以知识为基础的经济发展活动的共同目的就是建立"创新区域"②。而在"创新区域"建设过程中关键的一点就是区域创新体系的建立和创新创业型大学的创建。实践中无论信息技术如何便利，也无论"服务外包"如何发达，大学的创新创业活动都必须扎根于本土，将创新知识应用于当地的区域经济发展和社会技术创新。大学的创新创业成果应首先在当地"孵化"或转让给当地的初创企业，而不应简单将知识产权出售给最高投标人。③ 如果大学的创新创业成果主要以营利为目的，优先卖给外国或外地的大公司而没有促进本地的区域经济和社会发

---

① 顾克文，丹尼尔·罗雅区，王辉耀. 以色列谷：科技之盾炼就创新的国度[M]. 肖晓梦，译. 北京：机械工业出版社，2018：151.
② 亨利·埃茨科维兹. 三螺旋创新模式：亨利·埃茨科维兹文选[M]. 陈劲，译. 北京：清华大学出版社，2016：309.
③ 亨利·埃茨科维兹. 三螺旋创新模式：亨利·埃茨科维兹文选[M]. 陈劲，译. 北京：清华大学出版社，2016：132.

展，由于利益冲突难以调和，大学在当地将很难获得存在的合法性和足够的发展空间，最终也很难对所在国家和地区的经济社会发展产生积极的持续的影响，更谈不上为全世界、全人类作出贡献。当然，在创新创业趋于全球化的今天，要完全避免国家产业政策和大学技术转移中的地区冲突和国际冲突也是不可能的。对于大学的某项知识产权，有时最好的或唯一的机会就是许可一家国外公司。[①] 具体实践中为保障国家和区域创新创业生态系统的稳健运行，大学也要基于"全球国家地方"分析框架，重塑其组织利益、价值观与责任配置。[②]

在基于创新创业的知识社会里，创新创业型大学将会成为经济社会发展的关键驱动力。为了能够给创新创业活动创造稳定性，加速创新创业型大学的建设和扩散至关重要。"当新的观念出现后，人们扩散、采用还是拒绝它，皆可带来不同的结果，社会也随之发生变革。"[③] 在基于知识的创业型社会里，只有通过创新创业型大学的建设和扩散，社会体系的结构和功能才会发生根本性的变化，一种适合创新创业的新的社会契约才有可能形成。历史上，在工业社会里，驱动研究型大学的是科学精神，研究型大学的发展旨在让一个国家成为"科学的国度"。而在即将来临的后工业社会中，驱动创新创业型大学的主要是企业家精神，创新创业型大学的繁荣旨在促成"创业的国度"。作为"创业国度"，以色列的创新"十诫"第一条就是"你要有创业精神"。[④] 作为创新创业型大学的典范，以色列理工学院类似一个生产创新企业的工厂，校园里充满着创业的激情。凭借着教师和毕业生的创业精神，以色列理工学院对于以色列转型成为"创业的国

---

① 亨利·埃茨科维兹. 三螺旋创新模式：亨利·埃茨科维兹文选 [M]. 陈劲，译. 北京：清华大学出版社，2016：160.

② 赵显通. "全球国家地方"模式：缘起、内涵与评价——兼论对重庆高等教育国际化的启示 [J]. 重庆高教研究，2019（1）：59-70.

③ E. M. 罗杰斯. 创新的扩散 [M]. 唐兴通，等，译. 北京：电子工业出版社，2016：8.

④ 顾克文，丹尼尔·罗雅区，王辉耀. 以色列谷：科技之盾炼就创新的国度 [M]. 肖晓梦，译. 北京：机械工业出版社，2018：183.

度"起到了至关重要的作用。[①] 长期以来，在研究型范式下大学科研职能逐渐制度化。基于科研职能的制度化，大学的创新也日益制度化，且与创业相分离。"（企业家的创新）功能的重要性正在逐渐地并且一定会以越来越快的速度消失……其原因在于……创新本身正在变成一种常规活动。技术进步正日益成为训练有素的专业人员的常规工作，他们将原先稀缺的活动转化成为一项能够以可预期的方式产生作用的常规过程。"[②] 现行科技管理体制下，大学的科研活动遵循确定的技术路线，有组织、有计划地解决已存在的或可能存在的问题，创新局限于科技领域，无法与管理创新、制度创新和市场创新相融合。其结果，由于缺乏必要的组织保障和制度激励，由科技创新引发的创业仍然是零星的、偶然的、不确定的。在研究型大学范式下，创新的制度化增加了科技创新的可预期性和确定性，提高了科研活动的绩效，也促进了科技的进步；但有组织的制度化创新也会阻碍原始创新的产生，使科学取得突破性进展和发生创业革命的概率降低。在创新驱动发展和创业革命的新时代，创新不能再交给运气，创业也不能再靠个人式的天才；大学需要成为创新的引擎和创业的孵化器，为那些非制度化的创新和革命性的创业提供必要的空间和保护。

---

① 阿姆农·弗伦克尔，什洛莫·迈特尔，伊拉娜·德巴尔. 创新的基石：从以色列理工学院到创新之国（原书第 2 版）[M]. 庄士超，译. 北京：机械工业出版社，2017：141.

② 威廉·鲍莫尔. 企业家精神[M]. 孙智君，等，译. 武汉：武汉大学出版社，2010：127.

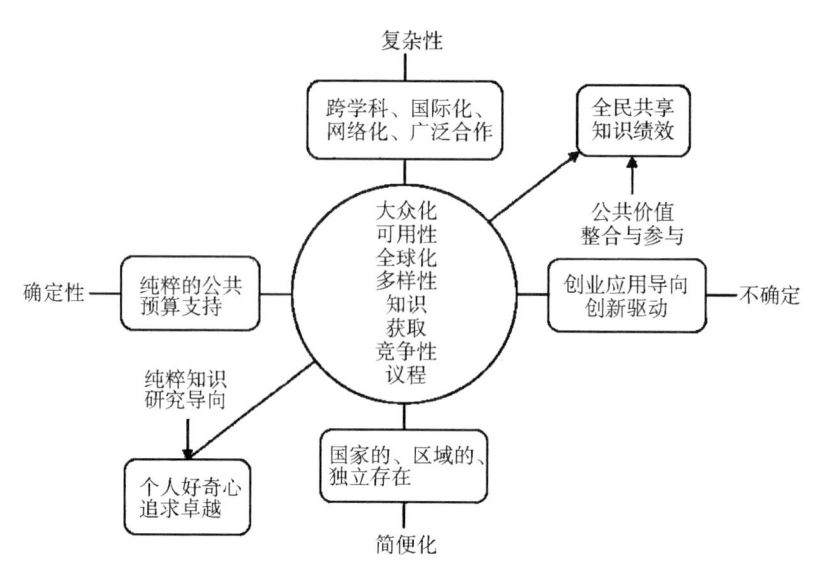

图 1　变化中的大学范式[1]

总之，为应对我们时代创新创业的挑战，大学需要变革旧的发展范式。在基于知识和创新经济的后工业社会里，大学是创新的引擎和创业的孵化器，唯有以创新创业为发展范式的大学，才能保障人类经济社会发展和繁荣的可持续性。"由于大学是整理和检验理论知识的场所，它将日益成为社会的首要机构。到那时，大学将担负起它在漫长的历史中从未挑起过的重任。关于知识，它必须继续扮演一个不偏不倚的角色，然而在社会上它则必须成为主要的服务性机构，不仅训练专业人员，而且是政策顾问的宝库。"[2] 不过，需要注意的是，作为各类社会组织中相对保守的专业组织，大学的组织性质和制度安排具有较大的惰性和惯性，从以教学和研究为中心向以创新创业为中心的范式转变不可能一蹴而就。"当机构的能力

---

[1] Allan Gibb，Gay Haskins，Ian Robertson. Leading the Entrepreneurial University：Meeting the Entrepreneurial Development Needs of Higher Education Development [R]. http://www.ncee.org.uk/publication/leading_the_entrepreneurial_university.pdf，2009.

[2] 丹尼尔·贝尔. 资本主义文化矛盾 [M]. 赵一凡，等，译. 北京：生活·读书·新知三联书店，1992：253.

主要体现在人员身上时,通过改革来解决新问题会相对简单,但当能力开始植根于流程和价值观,尤其是当能力已成为机构文化的一部分时,改变可能会变得异常困难。"[1] 在充满不确定的未来,一方面信息技术的进步以及经济-技术范式的转移会驱动我们时代的高等教育加速变革,另一方面社会体系的路径依赖又会阻碍或迟滞高等教育的快速变革。在剧烈的"推力"和"拉力"的相互作用下,创新创业的挑战将更加严峻,大学发展范式的变革将更加紧迫和艰难。

---

[1] 克莱顿·克里斯坦森. 创新者的窘境[M]. 胡建桥,译. 北京:中信出版社,2014:190.

# 第一章
# 以创业思维重新发现大学

**本章要点**：研究型大学奠基于公共科学的规范和学院科学的体制。在研究型范式下，大学的科学研究偏向基础科学，研究的目的主要在于发现原理或法则，成果主要以论著的形式呈现，并在科学和学科共同体内部分享。为社会服务主要体现在为经济社会发展提供（学术）资源，至于这些资源怎么使用，是否有人使用，则不是大学要考虑的事。在创新驱动发展的新时代，研究型大学赖以获得合法性的科学逻辑面临市场逻辑的挑战。在创新创业使命驱动下，随着市场逻辑在经济社会发展中重要性的彰显，只有以创业思维重新发现大学，并基于创新创业的新范式重新界定学术研究的思维与行动，现代大学才能在新时代铸就新辉煌。

长期以来，植根于人文主义的想象，大学总是被赋予过多浪漫的色彩。理想的大学总是被设定为远离市场的逻辑，独守学术的寂寞。历史上，大学可能真的曾是人类的精神家园，也可能真的曾扮演过"世俗的教会"的角色，具有显著的文化合理性；但今天在创新驱动发展的背景下，基于经济合理性，大学的中心任务需要或必须转向创新创业，大学的人才培养和科学研究需要或必须服务于所在国家、所在地方的经济社会发展；大学需要或必须致力于人类社会实践的持续改进，而不能只关心大学自身的利益或学问自身的进展。我们时代大学正越来越快地演变成迈克尔·克罗所谓的"综合性知识企业"（Comprehensive knowledge enterprise）。按他的意思，"大学是一个国际网络，借助该平台，学术机构、政府、航空航天、制药和生物技术公司等等，在有着共同利益的项目上合作，经常有可能会产生巨大的财务收益"[①]。无论何时，大学本身不是目的，大学的存在和发展只是实现人类经济社会可持续发展的一种手段。在创新驱动发展的新时代，"仅仅创造知识并使之予取予求，这远远不够，高校还需利用市场的力量以确保这些知识得以应用"[②]。当前人类经济社会的发展已经从资源驱动转向创新驱动，那些现代大学的曾经的理想典范，无论是博雅学院还是研究型大学，也无论是自由教育还是高深学问，一旦无法证明其在创新驱动发展进程中的有用性，就不可避免地将面临合法性危机。"高校所面临的主要问题之一是与传统学术形态决裂，寻找到适合新的市场经济形势的教育模式，学校要更好地适应环境。阿特维尔认为，向主要的研究型大学看齐这种单一的卓越标准困扰着整个学术界。"[③] 对大学而言，"解决方法可以是发展出一种文化，这种文化看重的是解决问题，而不是组织自身利益，并且提倡通过激励个体教师和学生的方式鼓励责任制"[④]。最终，大学需要通过创新创业重新发现自己。

## 第一节　大学中科学逻辑的困境与出路

近代以来，相当长的时间内大学、科学与社会的距离较远，大学的科学研究主要目的是满足研究者的好奇心并服务于大学的教学，即通过科研为教学提供资源。科研主要不是为了改造世界而主要是从不同的角度认识世界或解释世界。研究者从事科学研究，所谓论文原本只是科研成果的一

---

① 安德鲁·德尔班科. 大学：过去，现在与未来［M］. 范伟，译. 北京：中信出版社，2014：108.
② 伊丽莎白·波普·贝尔曼. 创办市场型大学：学术研究如何成为经济引擎［M］. 温建平，译. 上海：上海科学技术出版社，2017：109.
③ 丹尼尔·若雷，赫伯特·谢尔曼. 从战略到变革：高校战略规划实施［M］. 周艳，赵炬明，译. 桂林：广西师范大学出版社，2006：6.
④ 霍尔登·索普，巴克·戈尔茨坦. 创新引擎：21世纪的创业型大学［M］. 赵中建，等，译. 上海：上海科技教育出版社，2018：103.

个载体，但在以研究型为范式的大学里，随着学术激励和承认机制的过度强化，手段最终异化为了目的。为发表而发表，为论文而论文，甚至成为了科研生活的一种常态。其背后的哲学就是，研究者只负责研究，并写成论文公开发表出来。"至于研究成果能否为社会所用，很大程度上取决于社会是否会发现这一论文，并很好地理解它。"① 这种孤立主义的做法将大学与社会进行区隔，表面上看似乎维护了科学的纯粹或价值的中立，但事实上却阻断了研究者与社会实践的联系，也阻断了科研成果与经济社会发展的联系，造成"知识孤岛"现象，最终既不利于社会的进步，也不利于科学的繁荣。科学研究不能只为了科学自身或学科自身，也不能止于知识本身。"所有科学，所有知识，所有艺术，所有文学以及所有哲学存在的目的……不是为了其自身，而是为了人类。"② 科学研究中，从数据的收集到论文的发表，再到研究成果对社会产生积极作用，不能只是一种单向的逻辑，而必须建立起必要的循环链。"为了确立连接研究成果与社会间的循环链，仅追求理论是行不通的，研究者必须自己完成从'存在'到'价值''结构'到'性能''性质'到'意义'的转换过程。"③ 为了完成这种转换过程，科学研究就不能只是从学者擅长的概念出发而必须从实践问题的需要切入。

现代社会大学里的科研活动吸引了以公共拨款为主的巨额资金，担负着社会各界热切的期望，科学知识的生产已不能止于论文的发表而必须满足于国家的重大战略需求和经济社会的可持续发展。在创新驱动发展的背景下，"纯科学"研究已不具有天然的合法性，先基础研究再应用研究再到市场开发和产品设计的制度安排，由于中间链条过长、效率低下且充满偶然性，已经过时。"大学可以作为孤立的象牙塔延续下来，为人类的进

---

① 吉川弘之，内藤耕. 产业科学技术哲学［M］. 王秋菊，陈凡，译. 沈阳，辽宁人民出版社，2015：9.

② 劳伦斯·维赛. 美国现代大学的崛起［M］. 栾鸾，译. 孙传钊，审校. 北京：北京大学出版社，2011：212.

③ 吉川弘之，内藤耕. 产业科学技术哲学［M］. 王秋菊，陈凡，译. 沈阳，辽宁人民出版社，2015：13.

步提供基本知识的这种观点早已一去不复返。现在的观点是，大学应该作为知识经济的重要支柱，生成基础概念并同时为创造有用的产品和服务作贡献。"① 为了满足现代社会对于创新创业的强烈需求，大学的科学研究必须从一开始就有应用的意识，并在前期研究过程中就为技术的商业化和最终的产品化作好必要的准备。"技术商业化要求将一个有前景的思想或者研究成果转变成有用的产品或过程，要能够以一种大规模的、经济的和可推销的方式为现实问题提供解决办法。商业化的范围不只局限于专利和知识转化，如果仅仅止步于专利活动和知识转化还是无法对大学和地方经济产生实际上的影响。技术商业化需要测试、演示、验证并最终将思想转变为有用的、可推销的产品。"② 当前基于经济社会发展模式的转型以及大学和科学合法性的变迁，大学的科学研究也必须引入市场的逻辑，以实现方法论的转向，即从知识生产（创造法则、发现原理）逐渐转向知识创造（创造新生事物）。

为区分这两种不同的研究方法论，吉川弘之和内藤耕曾创造性地提出并定义了"第1种基础研究"和"第2种基础研究"。按照他们的定义，所谓第1种基础研究，即通过对未知现象的观察、实验、理论计算，发现、解释，并形成其普遍理论（法则、原理、定理等）。所谓第2种基础研究，即为了特定的社会经济需求，将已确立的多种理论（法则、原理、定理等）进行综合，通过不断重复观察、实验及理论计算，引导出与具有规律性与普遍性的研究手法、研究结果相关的知识以及实现研究目的的具体步骤。最后，运用由第1种、第2种基础研究以及实际经验中得出的成果与知识，通过工程学及社会经济手段来具体研讨已发明的材料、装置、产

---

① 艾伯特·N. 林克，唐纳德·S. 西格尔，迈克·赖特. 大学的技术转移与学术创业：芝加哥手册[M]. 赵中建，等，译. 上海：上海科技教育出版社，2018：101.

② 美国商务部创新创业办公室. 创建创新创业型大学：来自美国商务部的报告[M]. 赵中建，卓泽林，译. 上海：上海科技教育出版社，2016：161.

品、系统、工程、服务的事业化可能性。① 第 1 种基础研究和第 2 种基础研究的区分适应了市场逻辑的需要，反映了科学逻辑的局限，同时为现代大学从研究型向创业型的转变提供了理论基础。基于科学逻辑，传统研究型大学的学术研究主要是第 1 种基础研究，而基于市场逻辑的创业研究型大学的学术研究则主要是第 2 种基础研究。在那些创业研究型大学里，虽然研究的性质仍然是基础性的，但研究的范式和取向已经有了根本不同。

在公共科学和学院科学体制下，受科学规范和学院文化影响，对于研究者而言，从学科的话语逻辑出发，更看重的是研究对象的存在、结构、性质。但对于社会而言，从解决问题的需要出发，更看重的则是研究结果的价值、性能与意义。在学院科学的逻辑下，以学科建设为中心，无论对于哪一个学科，没有不值得研究的课题，每一种研究总会有这样或那样的意义。但从经济社会发展的需要出发或从创业科学的角度讲，每一个课题或项目的开展都需要综合考虑它的科学价值、社会需求和商业化前景。在时间和资源有限的情况下，大学必须集中精力解决那些可能影响国计民生和经济社会发展的重大科学前沿问题。现代大学里那种基于"闲逸的好奇"或"无用之用"的学术研究不是不需要而是不能再作为科研活动的主流。对此，或许会有学者持相反的判断，认为现代大学里的科研活动已经太功利，需要提倡"闲逸的好奇"，并鼓励那些"无用之用"的基础研究。事实上，在现代大学中科研功利主义的盛行虽是客观事实，但这种功利主义主要围绕着以论文发表为主导的学术锦标赛而展开，和研究自身的范式以及研究结果的去向并无必然关系。现代大学里那些以发表为主要驱动力的功利主义的科研，表面上看是功利主义的，但其成果的呈现仍然是"无用"的论文，动机也多是为研究而研究，为论文而论文，对于经济社会发展毫无"功利"可言。当下大学科研的关键问题不是缺乏"闲逸的好奇"，也不是表面上的"功利主义"，而是对于现实重大问题的关注不够，以论文为载体的研究成果对于现实世界的影响不彰。归根结底，当下大学科研

---

① 吉川弘之，内藤耕. 产业科学技术哲学［M］. 王秋菊，陈凡，译. 沈阳，辽宁人民出版社，2015：32.

的根本症结乃是研究范式和制度逻辑的问题。为适应经济社会发展的需要，现代大学的学术研究需要尽可能淡化论文发表的重要性，并引入创业思维和市场逻辑，努力从第 1 种基础研究走向第 2 种基础研究，从注重学科建设的学院科学向支持创新创业的产业科学转型。

当然，要促使大学的学术研究从科学逻辑转向市场逻辑绝非一件容易的事，更不可能一蹴而就。实践中使科学发现走向应用有时并不比从未知发现新知更容易。基于制度的惯性和观念的惰性，无论是大学组织的变革还是学术研究范式的变迁都只能随着学术价值观和教育理念的变化而逐渐演化，不可能在短时间内通过组织结构调整迅速发生整体性的突变。此外，从科学的历史和大学的实践来看，按学科组织高深知识的生产与传播，既符合大学的传统，也符合大学作为一种制度的比较优势。过去的经验也表明，就知识创造价值或创新创业而言，大学的确不如企业。"创新问题并非来源于学术科学家（如果不包括经济学家的话）或高校，而这两者在推动创新问题上也没有发挥重大的作用。创新辩论中甚至也较少涉及高校学术研究问题。大多数创新辩论都聚焦产业创新，只有一小部分政策提议针对高校。尽管如此，从长远来看，创新问题的出现以及创新作为一种政策框架的日益凸显，创造了一种即将彻底改变学术研究的环境。"[1] 20 世纪 90 年代以来，伴随知识经济和知识社会的兴起，创新驱动发展已成为全球共识。以基础研究为导向的研究型大学范式面临转型压力，以创新创业为导向的创业型大学开始迅速崛起。学术研究不再只是为经济社会发展储备人力资本和智力资源，科技创新本身正在被要求成为经济社会发展的引擎。

这一转变的发生得益于两个方面的因素，一是政府的政策驱动，一是新大学观的引领。所谓政策驱动就是政府出台支持政策，鼓励大学将科研成果转化为有经济价值的产品，而不是再放任其作为不受限制、予取予求的共用品。以美国为代表的发达国家的实践证明，以经费资助作为杠杆，

---

[1] 伊丽莎白·波普·贝尔曼.创办市场型大学：学术研究如何成为经济引擎[M].温建平，译.上海：上海科学技术出版社，2017：52.

政府的决策可以改变学术研究的制度和文化环境，也可以改变大学对于自身使命的理解和认知。所谓新大学观的引领，就是在政府创新创业政策的驱动下，在新兴的创业型大学的示范作用下，越来越多的大学开始将学术创业作为自己的"第三使命"，立足学术的创新及商业化应用，从科技创新驱动经济社会发展的角度重新思考大学的使命和学术研究的目的。高校也渐渐认识到，"学术研究是开创新行业或彻底变革旧行业的创新源泉，具有积极推动经济增长的潜力。高校渐渐开始相信，学术研究可能真正成为经济引擎"[①]。

在创新驱动发展的背景下，没有政府的政策驱动，大学的保守性难以克服，学术研究的科学逻辑难以改变；同样，没有新的大学观的产生，传统大学的变革将失去方向。高等教育改革和发展实践中，为确保高深知识在实践中的可应用性，我们必须摆脱对"大学本身"和"知识本身"的"迷思"。"我们是环境的一部分，环境也是我们的一部分；周围的资源和机遇塑造了我们的日常行动，而我们的行动最终也会创造新的社会现实。"[②] 面对人类经济社会发展的巨大挑战，大学自身必须融入社会，大学的学术研究也必须融入社会。未来，伴随着经济体系从"管理型"向"创业型"的转型，[③]"管理型大学"（Managerial university）[④] 也必须向"创业型大学"（Entrepreneurial university）转型。无论如何只有大学自身或大学人自身认为大学重要，只有本学科的从业者认为学科重要，或只有科学共同体认为科学重要，这些都是远远不够的。"高校确实得保住它们对

---

① 伊丽莎白·波普·贝尔曼. 创办市场型大学：学术研究如何成为经济引擎 [M]. 温建平，译. 上海：上海科学技术出版社，2017：4.
② 竹内弘高，野中郁次郎. 知识创造的螺旋：知识管理理论与案例研究 [M]. 李萌，译. 北京：知识产权出版社，2016：91.
③ 彼得·F. 德鲁克. 创新与创业精神 [M]. 张炜，译. 上海：上海人民出版社，2002：1.
④ 乌尔里希·泰希勒. 驾驭现代高等教育系统：需要更好地平衡冲突中的需求与期望 [J]. 任增元，贾振楠，译. 北京大学教育评论，2018（2）：46.

学术价值的基本承诺,但与此同时也该在某些方面变得更加商业化。"① 一个组织或机构、一门学科或科学知识之所以重要,归根结底,在于相关组织或机构、学科、知识对于人类经济社会发展具有重要价值和意义,而不在于它本身。

## 第二节　大学的市场逻辑与创业思维

学术世界是一个多样化的世界。学术世界内部的差异有时并不比学术世界和生活世界的差异小。对于大学的学术研究而言,就同时存在多种可能的制度逻辑。换言之,大学场域是一个多重制度逻辑共存的地方。在大学里不同时期、不同学科、不同学者会基于不同的准则和制度逻辑,开展不同的科学研究。不同的制度逻辑时而冲突,时而相互协调。从 19 世纪开始,近代科学革命的成果在工业化过程中逐渐显示出巨大的威力,科学的逻辑逐渐在现代大学里居于主导。二次世界大战后,科学的逻辑在大学学术研究中达到顶峰,最终促成了研究型大学在全世界的普及。研究型大学的兴起对于人类社会从传统走向现代产生了至关重要的作用,无论对大学自身还是对现代社会而言,都可谓是一项伟大的创新。按德鲁克的说法,对创新创业史最好的诠释,莫过于现代大学,特别是现代美国研究型大学的创建。②

当前在世界范围内,各国建设世界一流大学的热情逐渐高涨,研究型大学作为一种范式正在走向巅峰,但近年来人类经济社会发展的现实需求以及高等教育变革的大趋势却表明,研究型大学在短暂的巅峰之后将不可避免地面临一个"日落过程"。"对未来大学的一个设想是将其作为衍生企业的发生器,向地区乃至国家经济注入新的增长资源,比如建立一批科技

---

①　威廉·G. 鲍恩. 数字时代的大学 [M]. 欧阳淑铭,石雨晴,译. 北京:中信出版社,2014:14.
②　霍尔登·索普,巴克·戈尔茨坦. 创新引擎:21 世纪的创业型大学 [M]. 赵中建,等,译. 上海:上海科技教育出版社,2018:10.

型企业，来增加收入和创造就业机会。"① 研究型大学的优势在于基础研究，其对于人类经济社会发展的贡献也在于基础研究，即发现原理和法则。最近十几年，大学学术研究中的科学逻辑日益显示出其局限性，市场逻辑在与科学逻辑的竞争中逐渐显示出其优越性。那些全球顶尖的研究型大学纷纷走出象牙塔，以前沿的学术研究直接服务经济社会发展。高水平论文发表不再是顶尖大学学术研究的唯一目的，以创业思维进行专利申请、技术转让、成果孵化、创建新公司、开拓新产业等逐渐成为世界一流大学之所以一流的"标配"。

在创新驱动发展的新时代，"以学科为单位划分的学术论文无法承担起作为研究与社会的连接点的重任"②。为适应创新驱动发展的需要，大学的学术研究不能再成为知识的"孤岛"。为提高学术研究的绩效、实现知识创造价值的目标，科学共同体和学科共同体必须树立创业思维，致力于高深知识的合理使用以解决具体问题。长期以来，由于大学学术研究中"孤岛效应"的存在，科学与社会之间有效联系需要不断的接力，从基础研究到实践应用缺乏有效的循环链，科研成果更多被科学共同体和学科共同体所分享，而无法被经济社会实践所吸收。近代以来，为了克服高深知识生产、传播与应用之间的断裂，大学在人才培养、科学研究之外也发展出了社会服务的职能，并实现了制度化，但效果并不理想。由于观念的惰性和学科制度的规训，人才培养和科学研究还是被看作大学更根本的职能，社会服务在大学里的地位一直比较低下。

近十几年来，为适应知识经济和知识社会发展的需要，在教学型和研究型大学的基础上，一批致力于创新创业的新型大学开始蓬勃发展。与教学型和研究型大学对于教学和研究的关注相比，那些致力于创新创业的大学更推崇市场逻辑，更具创业思维，更强调学科、专业、产业的融合，更

---

① 亨利·埃兹科维茨. 麻省理工学院与创业科学的兴起[M]. 王孙禺, 袁本涛, 等, 译. 北京: 清华大学出版社, 2007: 23.
② 吉川弘之, 内藤耕. 产业科学技术哲学[M]. 王秋菊, 陈凡, 译. 沈阳: 辽宁人民出版社, 2015: 91.

注重知识生产的跨学科性和可应用性，更关注研究成果的市场转化以及高科技企业的创建。相较而言，如果说教学型大学遵循的是专业的逻辑，侧重于培养专业人才，研究型大学遵循的是学科的逻辑，侧重于生产高深知识，那么创业型大学则遵循市场的逻辑，其目的就是要成为创新创业的助推器，以科学技术的创新驱动经济社会的发展。如果说在教学型大学里，科研主要服务于教学或人才培养，在研究型大学里，科研主要服务于学科建设，那么在创业型大学里，科研的目标则是成为创新创业的引擎，服务于知识价值或市场价值的创造。"现如今，量变引起了质变，这些变化的累积足以从根本上改变科研的性质。在许多方面，高等院校和外界的联系已日益密切，我们已经不能再称高等院校为'象牙塔'了。现今，研究型大学肩负多重任务，在进行研究之外，它们还致力于促进经济发展，满足国家的其他需求等。"① 当然，所谓创业型大学并不是与教学型大学、研究型大学截然不同的新大学，而是教学型大学和研究型大学的"升级"版。以创新创业为目标导向的创业型大学，并不是全新的高等教育机构，而是在传统大学的机体里注入创新创业的"基因"，使传统大学趋向创新创业。具体来说，以教学型大学为基础发展而来的创业型大学可称之为教学创业型大学，以研究型大学为基础发展而来的创业型大学可称之为研究创业型大学。

我们强调基于市场逻辑和创业思维的创业型大学的重要，并非意味着教学型大学和研究型大学没有为经济社会发展作出贡献。它们的差异可能只是时代不同，贡献的方式有所不同。"大学一直在它们的社区中扮演重要的角色，然而，参与的方式正发生迅速转变。"② 在科学逻辑主导下，大学里的学术研究为经济社会发展提供人力资本和智识资源，至于人力资本和智识资源的有效使用则有赖于企业或其他社会机构的主动性或能动性。

---

① 德里克·博克. 大学的未来：美国高等教育启示录 [M]. 曲强，译. 北京：中国人民大学出版社，2017：330.
② 美国商务部创新创业办公室. 创建创新创业型大学：来自美国商务部的报告 [M]. 赵中建，卓泽林，译. 上海：上海科技教育出版社，2016：20.

如果没有企业愿意应用大学的科研成果，大学也无动于衷，它的职责仅满足于作出发现或给出解释，并公开发表。在这一过程中，即便有大学在客观上为社会提供了知识服务，并创造了经济价值，其态度也是消极的或被动的。而在市场逻辑下，大学的学术研究被视为创新创业的引擎，只有通过深度开发科研成果的市场潜能并创造社会价值，才能实现大学对经济社会发展的积极影响。与传统的人才培养、科学研究和社会服务职能有所不同，在创新创业过程中，大学"不仅要担当创业者的角色，努力实现创新，还应专注于向创业公司和成熟公司转让自身研发的技术"。[①] 为了适应创新驱动发展的现实需要，大学必须基于这种新的学术研究范式对自身适合从事何种活动、提供何种服务进行新的决策。

在知识经济和知识社会兴起的背景下，大学的学术研究不能再仅仅关注政府拨款或科研资助的增长，也不能再满足于学术论文在顶级刊物上的发表与引用，而应努力创建能让教师和学生参与地方经济社会发展的新项目，并通过校企合作研究、创立新公司、孵化新成果、申请新专利、转移新技术、开拓新产业等，使其成为创造就业机会和促进地方经济社会健康发展的引擎。以斯坦福大学为例，"对一些公司，尤其是制药公司来说，通过专利方式进行技术转移是非常重要的。对于计算机和信息网络公司来说，斯坦福大学的贡献在于研究和创建能够迅速向市场推出新产品的公司。对于高科技领域已经成立的公司来说，贡献则在于研究生教育，它一方面不断补充着智库，另一方面通过远程课程不断为行业中的工程师提供继续教育"[②]。受到几百年来大学里所形成的公共科学体制以及学院文化的影响，加之学科制度的严格规训，在现有学术环境中注入创业思维和市场逻辑并不容易。但一旦我们能够成功地把创业思维和市场逻辑添加到大学院校的想法和观念中，并成为高深知识生产、传播与应用的"主旋律"，

---

① 伊丽莎白·波普·贝尔曼. 创办市场型大学：学术研究如何成为经济引擎[M]. 温建平，译. 上海：上海科学技术出版社，2017：34.
② 李锺文，等. 创新之源：硅谷的企业家精神与新技术革命[M]. 陈禹，等，译. 北京：人民邮电出版社，2017：188.

它将使宏伟的愿景转变为现实。[①] 创业型大学快速发展的事实证明，在市场逻辑和创业思维的驱动下，全球范围内大学的学术研究在最近几十年里所取得的成就一点也不亚于它们在过去几百年里所取得的成就。"关于'论文专利组合'的研究证实了许多科学家都是玩转学术和商业领域的专家，而且这两个领域的活动经常是互补的。"[②] 市场逻辑和创业思维的引入非但没有妨碍大学的基础研究，反倒刺激了学术创新和基础研究的进步。

尽管如此，仍然有人担心，由市场逻辑所诱发的学术资本主义将会侵蚀大学的精神，损害科学的理性。但"在总结商业化对学术研究质量和诚信的整体影响的过程中，令人感到欣慰的是，从有商业价值的科学中发现营利的机会，似乎对高等院校研究人员的生产力影响很小，或者说不明确。商业或咨询活动也没有导致科学家发表的文章，在质量或重要性上明显下降。像麻省理工学院、斯坦福大学等几十年来一直鼓励创业活动的高校，其学术声誉没有遭到任何损伤的事实可以表明，如果高等院校保持警觉、认真对待，就能有效处理技术转移问题"[③]。客观而言，市场逻辑之于现代大学的危险或风险不是不存在，但通常情况下可能会由于人文主义情结而被人为夸大。科学的逻辑远不像我们想象的那么脆弱且容易被驱逐，市场的逻辑和创业思维也远不像我们想象的那么野蛮而有力。由于大学组织的复杂性以及学术研究本身的特殊性，实践中市场的逻辑和科学的逻辑在更多情况下只会共存而不会是相互替代。"与其说市场逻辑取代了科学逻辑，不如换另一种说法更加准确，即当市场逻辑在高校内得到强化，就会成为科学逻辑的一个更加有形且合法的替代物，从而与科学逻辑艰难共

---

① 霍尔登·索普，巴克·戈尔茨坦. 创新引擎：21世纪的创业型大学［M］. 赵中建，等，译. 上海：上海科技教育出版社，2018：137.
② 艾伯特·N. 林克，唐纳德·S. 西格尔，迈克·赖特. 大学的技术转移与学术创业：芝加哥手册［M］. 赵中建，等，译. 上海：上海科技教育出版社，2018：59.
③ 德里克·博克. 大学的未来：美国高等教育启示录［M］. 曲强，译. 北京：中国人民大学出版社，2017：340.

存，而不是取而代之。"① 当前大学里市场逻辑的兴起，充其量是为学术研究在科学逻辑之外提供了另一种选择，而不可能是将科学的逻辑完全排除在学术研究之外，更不可能使大学成为一个反学院文化的纯粹创业的场所。由于制度逻辑的不可通约性，学术研究中市场逻辑和科学逻辑的共存注定是艰难的。大学学术研究领域的变革既不会是科学逻辑完全压倒市场逻辑，也不会是市场逻辑完全压倒科学逻辑。无论哪一种逻辑都不可能完胜。正是由于市场逻辑和科学逻辑之间存在着不可消除的张力，大学的学术研究才一直为基于其他逻辑的创新留有可能空间，并保有成为制度化实践的可能。在推进大学从"教学型""研究型"向"创业型"或"创新创业型"范式转型的过程中，既要避免科学逻辑可能带来的保守，又要警惕市场逻辑可能导致的激进。基于经济社会发展的现实需要，并秉承创新驱动发展的时代精神，当前大的趋势应是淡化科学逻辑对于大学学术研究的绝对主导，以创业思维助力市场逻辑的成长。

最后需要指出的是，无论"创业型"还是"创新创业型"，大学之所以为大学，意味着它并不适合于成为纯粹的产业研发基地或生产专利的公司。"高等教育界不仅可以直接参与各种创新活动，还可以通过完成其教育使命来确保供应未来的创新人才资源以促进国家创新发展。"② 为了确保学术研究的教育性并有利于人才的培养，大学的科研活动仍应以基础研究和开放式科学为主。为适应创新驱动发展的需要，大学需要变革的不是基础研究的定位而是基础研究的定义。大学需要思考的不是要不要从事基础研究，要不要开放科学，而是从事何种意义上的基础研究，如何从事开放科学。"越来越多的科学家工作在巴斯德第四象限中，既产生了基础研究成果，也解决了实际问题。……与发明相关的活动改变了教授从事基础研

---

① 伊丽莎白·波普·贝尔曼. 创办市场型大学：学术研究如何成为经济引擎 [M]. 温建平，译. 上海：上海科学技术出版社，2017：182.
② 傅晓岚. 中国创新之路 [M]. 李纪珍，译. 北京：清华大学出版社，2017：28.

究的方向。教授可以从事能回答特定问题和具有商业价值的基础研究。"[1] 实践中无论第 1 种基础研究或第 2 种基础研究,也无论教学型大学、研究型大学还是创新型大学、创业型大学,它们之间都不是非此即彼的关系,而是不断演化的过程。"从历史角度看,创业型大学是大学延续中世纪保存和传播知识的机构进而发展成为创造新的知识并将其转化到实际应用中去的多功能机构。"[2] 无论在大学还是在科学共同体中,第 1 种基础研究、第 2 种基础研究以及最后的产品化研究,彼此之间都并非相互替代或相互排斥的关系而是演化与共生的关系。当前需要做的是,根据创新驱动发展的要求和经济社会发展的实际情况,在大学和科学共同体中凸显第 2 种基础研究和产品化研究的重要性,并以第 2 种基础研究和产品化研究为基础推动教学型大学、研究型大学向创新创业型大学演进,而非肆意贬低或排斥第 1 种基础研究,更不意味着放弃传统的研究型大学。无论如何,研究型大学都是未来的资产,进一步维持和强化这些学校的运营,可以为科学和技术带来益处。[3] 按吉川弘之和内藤耕的说法:整个学术共同体要"怀着相同的目的及研究理念,推进第 1 种基础研究的研究者将自己的成果不断发表在《自然》《科学》等学术杂志上;而推进产品化研究的研究人员则通过产业界、学术界及政府之间的具体联合,或自主创业,将科研成果推广到社会中去。另外,为了架起第 1 种基础研究与产品化研究之间的桥梁,推行第 2 种基础研究的研究者会整合多种学科,建立起相关的临时领域,并将各种理论进行最合理化的应用,从而生成各种社会价值"[4]。长远来看,只有作为一种研究方法论的第 2 种基础研究在大学里逐渐成熟,创

---

[1] 保拉·斯蒂芬. 经济如何塑造科学 [M]. 刘细文, 译. 北京:北京大学出版社, 2016:58.
[2] 亨利·埃兹科维茨. 麻省理工学院与创业科学的兴起 [M]. 王孙禺, 袁本涛, 等, 译. 北京:清华大学出版社, 2007:13.
[3] 美国科学院研究理事会. 会聚观:推动跨学科融合——生命科学与物质科学和工程学等学科的跨界 [M]. 王小理, 等, 译. 北京:科学出版社, 2017:15.
[4] 吉川弘之, 内藤耕. 产业科学技术哲学 [M]. 王秋菊, 陈凡, 译. 沈阳,辽宁人民出版社, 2015:101.

新创业作为大学发展的一种新范式才能真正落到实处，创新驱动发展才能变成现实。

## 第三节 创新创业作为大学新范式的必要

历史上，为了追求真理，学术创新一直被高度重视，但创业问题一直被忽视。受人文主义的影响，大学的经济活动或市场逻辑一直不被认可。传统观念一直认为，大学的开放式科学与企业的开放式创新之间存在不可避免的冲突。"学者对研究主题的选择通常反映了他们探索新的科学成果的意向，而不是将一个研究项目的商业有效性最大化。企业通过保护或占有知识来创造商业优势的行为可能与开放式科学的理念不一致。知识产权保护可能会阻碍或减缓思想的自由流通，而思想的自由流通正是开放式科学所必需的。"[1] 大学的责任只是为社会培养人才和生产高深知识，就业或创业是社会的问题，似乎和大学无关。人们一直认为，"大学和公立研究机构在市场需求的新产品和工艺方面不擅长组织和管理，企业擅长"[2]。

由于社会结构和产业结构的限制，基于大学的创新而带来的创业一直被视为一种偶然事件或偶发行为。因此，基于创新的创业也不在高等教育或大学的职责范围内。大学既没有在课程与专业设置上考虑学生创业能力的培养，也没有考虑基于大学的创新创业的具体问题。"这些专业的核心学科在传统上没有能力也不倾向于去讲授创新、创业和企业创建方面的内容。"[3] 现代大学在基础研究中的科学创新能否转化为生产力完全被交给了运气。但事实上，创新的方向是可以引导的，创业的理念是可以激发的，创新创业的思维和技能与其他能力一样也是可以培养的。德鲁克就主张，

---

[1] 艾伯特·N. 林克，唐纳德·S. 西格尔，迈克·赖特. 大学的技术转移与学术创业：芝加哥手册［M］. 赵中建，等，译. 上海：上海科技教育出版社，2018：47.

[2] 保拉·斯蒂芬. 经济如何塑造科学［M］. 刘细文，译. 北京：北京大学出版社，2016：216.

[3] 霍尔登·索普，巴克·戈尔茨坦. 创新引擎：21世纪的创业型大学［M］. 赵中建，等，译. 上海：上海科技教育出版社，2018：46.

创业不是一种人格特质,而是一种基于概念与理论的、可以传授的知识。[①]作为世界高等教育强国,美国"很多大学意识到学生对于创新和创业的需求,扩展了所提供的课程及项目。一些大学在传统的文学学士和理学学士学位之外,还提供着重于创新和创业的本科及硕士课程。很多商学院打破传统障碍,鼓励不同专业的学生通过跨学科课程和项目的学习进行创业"[②]。近年来,创业型大学的实践也证明,随着大学向教师提供越来越多的关于创新创业的激励措施,向学生提供越来越多的关于创新创业的教育机会,传统的学院文化会逐渐发生变革,会逐渐形成一种创新创业的制度文化。在这种制度文化的激励下,大学可以通过创新以及经由创新所带来的创业为社会创造更多的价值。

根据美国商务部的报告,大学支持的创新和创业的领域,包括:促进学生创新和创业,鼓励教师创新和创业,积极支持大学技术转移,推进大学和企业之间的合作,推动区域与地方经济发展。"创新创业生态系统主要包括创新创业课程、校园孵化器、强大的技术转移办公室、创新创业师资队伍以及支持和衔接这些创新主体的创新网络。"[③] 实践中,大学的创新创业涉及的范围远比我们想象的要更加广泛。创新不仅是科学技术创新,也包括观念创新,创业不仅是创办新公司,也包括隐性知识的扩散和转移。大学对于创新创业的贡献不仅包括培养具有创新精神和创业能力的人才,生产具有创新和创业价值的知识,还包括培养并传播创新创业文化。以创新和创业活动为基础,创新创业型大学不仅意味着大学是创新创业精神的培育者,而且要求大学成为创新创业生态系统的合作者,和政府、产业等其他社会组织一起为构建国家创新体系而共同努力。麦肯锡全球研究所的创业报告表明,无论对于发展富饶的创新生态系统、培养创业文化还

---

① 霍尔登·索普,巴克·戈尔茨坦. 创新引擎:21 世纪的创业型大学[M]. 赵中建,等,译. 上海:上海科技教育出版社,2018:109.
② 美国商务部创新创业办公室. 创建创新创业型大学:来自美国商务部的报告[M]. 赵中建,卓泽林,译. 上海:上海科技教育出版社,2016:22.
③ 美国商务部创新创业办公室. 创建创新创业型大学:来自美国商务部的报告[M]. 赵中建,卓泽林,译. 上海:上海科技教育出版社,2016:157.

是为新项目提供持续的融资,大学的推动作用或参与程度都在不断加大。[①]作为创新创业的区域中心,大学在地方经济社会发展中可以发挥"源链接"的作用。大学既可以利用自身的实验设施、科研成果和人才储备直接发起创新和创业活动,也可以作为制度平台汇聚各方利益相关者,主要是政府和企业,为更好地解决创新和创业所面临的具体问题、促进地方经济社会发展寻找更有效的新方法。

  基于创新驱动发展的理念,当前在世界范围内,创业型大学不乏成功的先例。从教学型和研究型大学向创业型大学转型逐渐成为一种潮流。"学术创业"也逐渐取代"社会服务"成为关于大学第三种使命的新表述。但即便如此,对于创新创业型大学的未来我们仍然只能持"谨慎的乐观"。毕竟,"产业科研与学术研究两种文化之间虽然较以往越发靠近彼此,但两者之间的差异依然很大……如何实现长期的理论导向的学术研究与短期的实用导向的商业开发两者之间平衡,依然是一项非常严峻的挑战"[②]。整体上,当前现代大学的主要范式仍然是"教学型"和"研究型",现代大学的战略意图、愿景或使命以及核心价值观均围绕教学和研究展开。实践中,"发生重大变革已经成为常态,这是组织能力造就的现实。相比之下,我们用以解释、分析现实的概念却没能同步发生改变"[③]。部分国家高等教育的改革仍然集中于寻找创业型大学赖以建立的有效方式,而非把"创新创业"本身作为一种"更高的概念",即大学发展的新范式。由于制度逻辑的惯性和学院文化的惰性,对于整个高等教育系统而言,致力于创新创业的大学仍然是绝对的少数,甚至被认为是"异数"。

  由于大学自身的保守性以及创新创业本身严苛的条件限制,"创业型大学"或"创新创业型大学"作为一种大学范式,其扩散仍然十分艰难。

---

① 美国商务部创新创业办公室. 创建创新创业型大学:来自美国商务部的报告[M]. 赵中建,卓泽林,译. 上海:上海科技教育出版社,2016:18.
② 伊丽莎白·波普·贝尔曼. 创办市场型大学:学术研究如何成为经济引擎[M]. 温建平,译. 上海:上海科学技术出版社,2017:183.
③ 罗伯特·W. 里克罗夫特,董开石. 复杂性挑战:21世纪的技术创新[M]. 李宁,译. 北京:北京大学出版社,2016:19.

在新的大学范式尚未取得压倒性成功之前，关于大学介入创新创业的悲观预测或非理性指责总是显得理由更为充分，也更能满足人们关于大学的某种"怀旧情绪"。同样的，由于"教学型"和"研究型"的范式仍然主导和决定着大学内部个人知识的合法性，与"教学型"和"研究型"范式不一致的个人知识在试图验证个人信念时往往会遭遇怀疑。[①] 因此，"要想使那些通过支持经济发展领域的创新和创业而开创了新局面的大学获得认可，还有很长一段路要走"[②]。未来在促进现代大学从传统的"教学型""研究型"范式向"创新创业型"范式转变的过程中，文化或观念远比结构和制度更重要。结构和制度的改变可以仰赖外部的强制性力量，而文化的变迁则需要组织内部生态环境的根本变化以及大学自身的"遗传"或"基因"的改变。当前虽然有部分创新创业型大学在促进经济社会发展方面取得了成功，但由于整体上大学在创新创业方面的作用尚未充分发挥，关于大学是否适合创新创业的争论依然会存在，并可能会长期存在。直到今天，绝大多数的大学人仍然习惯于接受那些对于大学的浪漫主义和人文主义的想象，而不愿正视经济社会发展的现实。全球范围内创建新企业或通过知识创造价值仍很少被视为大学的中心任务，最多只是挂在口头上或写在政策文本上。

为实现创新驱动发展，对于创新创业作为大学新范式的认识，不能限于一种经济活动，也不能止于技术进步，创新真正成为促进经济社会发展的引擎需要成为一种体系和文化。对于创新创业的认识，也不能简单将其等同于从事投机或赚钱的生意。本质上，创业是一种可以扩大创新影响力的实践活动或思维方式。[③] 为了促使创新创业体系的构建和文化的形成，政府需要将创新作为一种政策框架，将学术研究活动纳入创新创业的范

---

① 竹内弘高，野中郁次郎. 知识创造的螺旋：知识管理理论与案例研究 [M]. 李萌，译. 北京：知识产权出版社，2016：129.
② 美国商务部创新创业办公室. 创建创新创业型大学：来自美国商务部的报告 [M]. 赵中建，卓泽林，译. 上海：上海科技教育出版社，2016：53.
③ 霍尔登·索普，巴克·戈尔茨坦. 创新引擎：21世纪的创业型大学 [M]. 赵中建，等，译. 上海：上海科技教育出版社，2018：13.

畴，以创新创业框架来重塑政府、大学及产业界的思维和行为方式，最终形成一种以政府—高校—产业创新体系为主导的、全社会共同参与创新创业的核心价值观和共同信念。换言之，为真正实现创新驱动发展，创新创业应成为高等教育发展的一种普适性理念，而不能只是某些学校的特权或责任。受高等教育金字塔层级效应的影响，人们通常认为只有那些研究型大学，尤其是理工科的一流研究型大学，才适合于开展创新创业活动。世界范围内那些卓有成效的创业型大学，大都拥有雄厚的研究实力，且以科技创新见长。"在研究型大学进行基于问题的创新，可以汇聚与所面临的挑战相关的多学科的资源，并由此创造出新的知识和经济增长。"[①] 但事实上，仅有以斯坦福大学和硅谷为代表的基于研究型大学的创新和创业中心，对于区域经济社会的发展来说，是远远不够的。地方经济社会的发展必须基于一个创新创业生态系统，新创公司必须扎根地方或社区，才能保障地方经济社会的可持续发展。

此外，创新创业也不限于经济领域，营利模式也不是唯一的选择，在创新驱动发展的大框架下，营利性与非营利性的区分不再具有决定性的意义。社会创业的兴起使人们意识到，"做得好"（doing well）和"做好事"（doing good）并非是相互排斥，社会变化过程中同样也需要注入创新。[②] 随着社会对于创新驱动发展的需求日益迫切，如果创新仍局限于少数研究型大学，而不是整个高等教育系统，如果创新创业仍局限于新建企业能否营利或营利多少，那些暂时取得成功的创业型大学也有可能遭遇创新创业的障碍，甚至会停止创新创业。究其根本，创新创业的实现需要人们有改变世界、完善社会的冲动，更需要一个友好的生态系统和制度文化以包容并支持那种通过知识创造价值的意愿。"在整个美国，州政府和地方政府、经济发展机构、非营利性机构、大学和商业团体正在努力地发展创新生态

---

① 霍尔登·索普，巴克·戈尔茨坦. 创新引擎：21 世纪的创业型大学［M］. 赵中建，等，译. 上海：上海科技教育出版社，2018：9.
② 霍尔登·索普，巴克·戈尔茨坦. 创新引擎：21 世纪的创业型大学［M］. 赵中建，等，译. 上海：上海科技教育出版社，2018：53.

系统——鼓励聚焦市场的创新和培养新创公司，以推动就业。"① 在创新驱动发展的背景下，对于大学变革而言，无论是科学创业还是社会创业都需要以创新的知识为基础，而创新知识的生产又需要创业思维的引入，因此，急需创造一种能够鼓励创新的政策环境和激励创业的制度文化。只有当整个社会、整个高等教育系统普遍地把创新创业、知识商业化以及为经济社会发展创造价值作为办学理念，传统大学才会向创新创业型大学转型，大学"转型效应"（Transformative effect）的积极影响才会显现，现有的创新创业型大学才会有美好的未来，一种新的适合于知识经济和知识社会发展需要的高等教育创新体系才能建立。

当然，对于将创新创业作为新的大学范式，将大学的学术研究作为经济社会发展的引擎并非全无可以指责的地方。无论如何，大学的学术研究若过度地卷入经济世界都会造成棘手的利益之争，甚至会导致学术资本主义和科学的政治化，损害大学作为非营利组织的公共性和开放科学的开放性。因此，站在人文主义和自由教育的立场，创业型大学甚至是反大学的。② 但从新自由主义与经济合理性的视角看，创业型大学又可视为继研究型大学之后，大学作为社会机构的又一次"创业"或"颠覆性创新"。在创新驱动发展的新时代，创业型大学或许不能满足人文主义者关于"好大学"的定义，但对经济社会发展会十分有用。任何事物都具有两面性。"对一流智慧的检验标准就是看它同时驾驭两种对立思想，并仍然能够保证运转自如。"③ 一种转变之所以发生，绝不在于它有没有缺点，而是要看它带来的积极影响是否大于消极的影响。"斯坦福大学与硅谷的繁荣至少证实了，研究型大学存在着一种全新的发展路径，知识创造与价值创造绝不是割裂的，而是可以进行有效的整合，大学完全有能力去影响甚至塑造

---

① 美国商务部创新创业办公室. 创建创新创业型大学：来自美国商务部的报告 [M]. 赵中建，卓泽林，译. 上海：上海科技教育出版社，2016：15.
② 王建华. 学科的境况与大学的遭遇 [M]. 北京：教育科学出版社，2014：278.
③ 竹内弘高，野中郁次郎. 知识创造的螺旋：知识管理理论与案例研究 [M]. 李萌，译. 北京：知识产权出版社，2016：1.

一个具有自己风格的企业群落，甚至创造新的产业，并通过科学的商业化创造和积累财富，改善学校办学条件，赢得更好的发展环境。"[1] 西方发达国家经济社会转型和大学转型的实践也证明，作为经济社会发展的引擎，"高校创造的知识是创新的源泉，可创造新产品、新职业，甚至新产业"[2]。以创新创业作为大学发展的新范式，它所创造的积极效应可能远远超出其本身可能带来的问题；而且随着教育理念的变化以及大学在创新创业方面不断取得成功，大学能否处理因利益冲突而对传统学术价值观造成的冲击会越来越微不足道。毕竟，观念的转变本身也是创新的一部分。创新创业型大学的建立和发展，绝不会止于创造新产品、新职业和新产业，还会创造新观念。

面向未来，真正决定大学在经济社会发展中轴心地位的既不是一流的本科教育，也不是一流的学科建设，甚至也不是一流的管理，而是创新创业的成败。某种意义上，"创新创业"既是一种大学的理念，也事关大学的理想。如果大的方向上搞错了，我们做的越好可能结果越糟糕。大学是遗传与环境相互作用的产物，[3] 当外部环境变化时，大学必须调整自己的策略以应对挑战，并抓住机遇。"如果某一制度逻辑在一个领域处于统治地位，则基于其他逻辑的实践就会面临挑战——会被认为是不合法的，甚至会被该领域内的组织或国家所禁止。可以想象一个人采用居于非统治地位的逻辑进行创新，可能会经受反对或是专业抵制，或是难以说服他们参与或采纳这项新实践。"[4] 今天，创新驱动发展已经成为时代精神的主流，市场逻辑和创业思维在医疗、军工、港口、公路、供水、教育等许多原本

---

[1] 夏清华. 学术创业：中国研究型大学"第三使命"的认知与实现机制 [M]. 武汉：武汉大学出版社，2013：49.

[2] 伊丽莎白·波普·贝尔曼. 创办市场型大学：学术研究如何成为经济引擎 [M]. 温建平，译. 上海：上海科学技术出版社，2017：34.

[3] 阿什比. 科技发达时代的大学教育 [M]. 滕大春，滕大生，译. 北京：人民教育出版社，1983：7.

[4] 伊丽莎白·波普·贝尔曼. 创办市场型大学：学术研究如何成为经济引擎 [M]. 温建平，译. 上海：上海科学技术出版社，2017：196.

非市场领域逐渐普及，现代大学只有融入这股潮流，用创新创业的新范式和市场的逻辑重新界定或定义学术研究的思维与行动，方能在新的时代铸就新的辉煌。

## 第二章
## 以创业思维重新理解学科

**本章要点**：现行学科制度下，大学的学术研究主要围绕学科建设进行。基于科学的逻辑，以学科建设为中心的学术研究主要以论著公开发表的形式来展开。凭借开放科学体制和基于匿名评审的出版制度，现代大学极大地促进了学术的进步和科学的繁荣。但在创新驱动发展的新时代，为学科自身而进行学术研究和学科建设越来越受到质疑。为避免学科制度的失灵，学术研究和学科建设需要引入创业思维。作为创新的引擎，大学的学科建设要转向学术创业，学术研究的逻辑要从开放科学转向知识市场，科学的范式则要从学院科学转向创业科学。

对于事物的认识需要有"流变"的眼光。事物的形成史和它的现在史有可能完全不同。比如，中世纪大学的性质和现在的大学就不可同日而语。再比如，近代科学兴起时的状态也和现代科学的旨趣迥异。实践中人类对于事物的认识会不可避免地陷入一种"路径依赖"。为了认知上的安全极容易忽略环境或条件的变化，总喜欢或希望找到一种永恒不变的本质。比如，受纽曼大学观的影响，直到今天对于理想的大学仍有很多人抱有"象牙塔"式的幻想；同样的，受到默顿科学规范的影响，对于大学的科学研究仍有很多人认为需要基于"闲逸的好奇"，并追求弗莱克斯纳所谓的"无用之用"。但事实上，我们的时代已经高度知识化和信息化，知识的生产、扩散与应用已成为驱动经济增长和社会发展的重要源泉。基于创新驱动发展的需要，为科学而科学、为学科而学科已经不合时宜，知识本身不再必然就是目的。"很大程度上，这个环境与由工业生产驱动的国家经济向知识和创新驱动的全球经济的转变相联系。"① 无论是大学内还是大学外，科学研究都必须考虑知识的合理使用和向应用转化，而不能总是以"无用之用"来自我安慰。"只顾一味地继续研究的做法是不足取的，必须在方向上对迄今的做法作一个大的转变。"② 在以知识为基础的现代社会里，大学为研究而研究既不符合公共利益的要求也有违科学的本质，更不利于大学和学科自身的可持续发展。毕竟，"坚持不懈地应对现实社会的需求，才最有可能产生未来最具生产性的学科"③。如果大学的科研过于强调"纯粹"或过度强化"以学科建设思维为统领"④，将一流学科或学科排名作为一流大学建设的关键词；如果学科建设的成果主要满足于以论文和著作的形式在科学共同体和学科共同体内部分享，而不是尽快转化为可以被全社会所接受或利用的价值，那么大学的学科建设，甚至大学本身都将失去合法性或面临失去合法性的危险。

## 第一节 传统学科建设范式面临的挑战

科学研究是人类特有的一种理性活动。古典时代的研究多局限于个人式的思辨。中世纪大学里学问的进展仍主要通过口头发表。在西方，活字印刷术的发明极大拓展了文字和思想的传播，并从根本上改变了学术的形态和学者的生活方式。近代以来，随着学术呈现方式从耳听到目视的转型，学术写作能力变得越来越重要。最终，伴随大学科研职能的确立和学

---

① 克利夫顿·康拉德，劳拉·达内克. 培养探究驱动型学习者：21世纪的大学教育［M］. 卓泽林，译. 上海：上海科技教育出版社，2017：2.
② 吉川弘之，内藤耕. 产业科学技术哲学［M］. 王秋菊，陈凡，译. 沈阳：辽宁人民出版社，2015：4.
③ 吉川弘之，内藤耕. 产业科学技术哲学［M］. 王秋菊，陈凡，译. 沈阳：辽宁人民出版社，2015：87.
④ 张伟，张茂聪. 我国高校一流大学建设的校际经验——基于6所高校一流大学建设方案的文本分析［J］. 中国高教研究，2018（5）：26.

术发表制度的不断强化，论文公开发表逐渐主宰了科学研究。科学研究与发表论文几乎成为了同义词。回溯历史可以发现，自 1749 年起，普鲁士政府就开始采用"不出版，就滚蛋"的政策。"在 1749 的规章实施后，出版物的地位陡然上升。最能体现学术资本的是附件、清单和出版物。"① 经过此后两百多年的不断强化，"不出版，就出局"成为了研究型大学发展的"潜规则"和"铁律"。作为科学共同体的一种承认方式和激励机制，以科学优先权为核心的论文发表制度极大地促进了科学的进展和学科的制度化。现代科学史上的那些重大发现，无不以学科的名义和论文的形式首先为学科和科学共同体内部的同行所分享。其结果，学科制度化进程中对于论文发表和著作出版的不断强化不但促进了科学的进步，也重塑了大学。20 世纪中期以来，研究型大学作为以科研论文发表为主要项目的学术锦标赛的获胜者，在世界范围内迅速崛起，并最终成为了大学之所以为大学的黄金典范。

　　二次世界大战以来，在以论文发表为主导的开放科学体制下，在以研究型大学为典范的现代大学里，在以学科为基本建制的学术研究中，以牛顿经典物理学为范式的自然科学研究强化了高深知识生产对于实在和属性的关注，功能和价值被视为有可能影响研究的科学性的消极因素。以客观性和价值性为两端，致力于发现原理或规律、强调研究的物质性的学术性学科被称之为硬科学，而那些解释问题、阐明价值、强调研究的意义性的学术性学科则被称之为软科学。但在现代大学里，软科学也并不甘心为软科学，软科学的"硬化"一直是学术界的"暗流"。受到自然科学研究范式的影响，在量化方法和实证主义方法论主导下，以人文社会科学为代表的软科学的关键词，比如，功能、价值、意义逐渐被硬科学的实体、结构、属性等概念所同化。在牛顿主义自然科学范式下，高深知识生产越来越远离社会实践。此外，基于开放科学的体制，传统观念也一直认为，大学只适于从事基础学科的研究或纯科学研究，知识本身就是目的，学科建

---

　　① 威廉·克拉克. 象牙塔的变迁：学术卡里斯玛与研究性大学的起源［M］. 徐震宇，译. 北京：商务印书馆，2013：302.

设就意味着为学问而学问,学科本身就是目的,学术研究不能有明显的功利目的,更不能去"营利"。大学里以学科为基本单位的学术研究,追求分门别类的知识的客观性和精确性,而不会太在意或关注知识之于社会的可应用性。在牛顿主义科学观的影响下,大学的学术研究以学科建设为中心,一直是实体优先,价值被认为是实体问题解决之后的自然结果。零星的实践也表明,一旦实体问题获得了解决,即发现了某种自然的规律或新的法则,最终也可以为人类社会创造出积极的,甚至巨大的价值。需要注意的是,在牛顿主义范式下,科学研究从实体到价值的转变,时间非常漫长,且具有很大的不确定性或偶然性。由于社会实践中学科与产业、学术界与企业界之间缺乏有效衔接的循环链,大学里很多科学发现最终都成了成果转化和价值创造链条上的"失踪者"。

究其根源,作为知识分类的一种制度安排,传统意义上的学科大多是科学的分支或知识的分支。学科的逻辑也即科学的逻辑,学术研究以学科建设为中心,强调知识自身作为目的的自足性,是一种正常现象。历史上,基于科学逻辑的学科制度奠定了现代大学学术研究的基础,也正是以学科作为高深知识生产的制度性场域,现代科学才得以蓬勃发展。"在18世纪以及19世纪的大部分(如果不是全部)时间内,学科创建者可以获得英雄般的地位。他们一旦成功,就被开山神话团团包围了起来。"[①] 但近几十年来,随着学科的分化和制度化不断加剧,以及社会问题的日趋复杂,大学里以学科建设为中心的学术研究范式面临严峻挑战。一份来自美国艺术与科学研究院的报告就指出:"当今科技正处在一个转变的关键时刻:从解决原来的高度细化和特定的问题转变为需要通过整合和协作方法来解决复杂的挑战。"[②] 科研的实践也表明,整合多个领域的知识要比单一的学科更容易在科技与社会前沿问题上取得突破。于是,为应对学科模式在知

---

① 威廉·克拉克. 象牙塔的变迁:学术卡里斯玛与研究性大学的起源[M]. 徐震宇,译. 北京:商务印书馆,2013:175.
② 美国科学院研究理事会. 会聚观:推动跨学科融合——生命科学与物质科学和工程学等学科的跨界[M]. 王小理,等,译. 北京:科学出版社,2017:15.

识应用和促进科学进步方面的不足，以跨学科的形式实现学科的跨越及利益相关者的会聚，成为实现从以学科建设为中心的学术研究范式向以创新创业为中心的学术研究范式转变的重要策略。

在实现科学会聚的过程中，"专业知识构成了研究活动的'宏观'模块，而各个'宏观'模块又组合形成一个更大的整体。一旦能实现高效的整合，这些会聚在一起的'宏观'模块将能为新想法、新发现、新思维、新工具的产生提供一种新的范式，从而促进基础研究的发展，实现新的发明、创新、治疗流程，发展教育与培训的新模式、新策略"①。当然，实践中无论科学会聚还是跨学科研究，仍然需要以学科作为必要的基础，如果学科本身研究的范式或学科建设范式的局限性无法克服，跨学科研究和科学会聚仍然有可能会重复学科的逻辑，即"为了学科自身"而跨学科。其结果，要么由于缺乏不同学科教师间有效的合作，要么由于缺乏以目标为导向的愿景和有效的项目管理，这种模式很容易失败。为从根本上改变"为了学科自身"而跨学科或进行科学会聚，"最激进的途径是完全改组传统的学系，用能够基本反映不同组织原则的学术联盟将其取代"②。这种激进的变革不是不可以，但实施起来需要强而有力的领导和诸多支持条件。由于大学和学科制度变革中不可避免地受系科结构和学院文化的约束，学科和学系作为基本的组织机构在短时间内仍然无法避免。在新的跨学科研究和科学会聚机制普遍建立之前，系科结构仍然有其存在的价值。就像在现代大学里学科制度和系科结构的建立曾是一个漫长的过程一样，学科制度和系科结构的瓦解以及跨学科研究和科学会聚制度的创建也不可能一蹴而就。

历史地看，作为一种人造物，学科制度的产生受时代精神和当时政治经济环境的影响。现代大学里诸多学科均产生于19世纪，带有那个时代的

---

① 美国科学院研究理事会. 会聚观：推动跨学科融合——生命科学与物质科学和工程学等学科的跨界［M］. 王小理，等，译. 北京：科学出版社，2017：13.

② 霍尔登·索普，巴克·戈尔茨坦. 创新引擎：21世纪的创业型大学［M］. 赵中建，等，译. 上海：上海科技教育出版社，2018：66.

鲜明烙印。社会科学的学科分类及其制度化服务于资本主义制度的合法性预设，自然科学研究的建制化则以研究对象的物理区隔为基本原则。后来人文科学的兴起则服膺于科学主义的意识形态，强调客观性与精确性。应该说，形成于 19 世纪的学科分类及其制度安排对于人类知识的演进和现代大学的繁荣作出了卓越贡献。实践中，为了满足学术合法性的要求，19 世纪以来，在世界各国的大学里，几乎所有学术领域皆通过概念体系化，组合成了不同的学科，同时，几乎所有学科又都蒙上了科学主义的面纱。当前我们对于整个世界的认知，既受益于同时也受制于起源于 19 世纪的学科分类及其制度安排。甚至可以说，源于 19 世纪的学科制度奠定了我们今日认识世界的概念框架，也形塑了我们的认知和思维方式。对此，加德纳曾形象地称之为"学科头脑"[1]，即习惯于运用一门学科的知识或能力去解决一个问题。但就像人类社会任何其他的制度安排一样，学科制度也存在"疲劳"现象。如果说滥觞于 19 世纪中叶，以分科和知识分化为主要特征的学科制度化曾经促进了知识的进步、学术的繁荣，并成功应对了人类社会从传统向现代转型过程中的种种挑战，那么自 20 世纪 80 年代以来，随着后工业社会人类在科学世界和生活世界所面临的问题的复杂性的不断增加，以学科建设为中心的学术研究范式，以学科为基本单位的知识地图，在应对不确定的未来时越来越显示出了其局限性。

  当今世界那些重大而复杂的问题足以令任何单一学科的知识失灵。"由此可以得出一个结论，即以现有的学科为基础，不断制造出所需的东西，这种 20 世纪的技术与科学的关系已经出现了某些漏洞。仅凭各自所拥有的科学知识展开独立行动，是根本不能解决这一问题的。"[2] 当前世界范围内，以气候变化、环境污染、重大传染性疾病、核扩散、信息安全、恐怖主义和极度贫困等为代表的一系列重大而复杂的问题，正直接威胁着人

---

[1] 霍尔登·索普，巴克·戈尔茨坦. 创新引擎：21 世纪的创业型大学 [M]. 赵中建，等，译. 上海：上海科技教育出版社，2018：23.
[2] 吉川弘之，内藤耕. 产业科学技术哲学 [M]. 王秋菊，陈凡，译. 沈阳：辽宁人民出版社，2015：86.

类的生存和社会的发展。"它们很难通过单一学科产生清晰的应对方案，它们复杂且含糊不清，并且需要从根本上解决现状的新方法。"① "攻克它们需要前所未有的资源和能够补充传统学科的非传统途径。"② 经过几百年的学术积累，现代科学技术和研究方法的进步使得那些传统社会里的所谓难题变得易解，但对于整个人类社会而言，未知的领域不是变得更少而是更多，面临的问题不是更易而是更难。面向未来，为了克服传统学科制度和学科建设范式的局限，为了促进学术自身的创新，也为了开发创新性的项目以应对现实世界的巨大挑战，大学的学科建设需要或必须引入创业思维。"（大学的）心脏和灵魂……正是它的创业思维。""我们需要学习如何将创业思维运用到完全不同的背景中。"③

## 第二节 如何重新理解学科建设

无论从知识史还是大学史来看，最初的学科都涵盖较大的领域，随着学术研究的深入，在大学里学科越分越细、越分越多。如果"任其发展下去的话，学科会继续变得细化而精致"④。学科的细分可以带来两方面的影响：有利的一面是，人类对于某些越来越小的领域，认识得越来越深入；不利的一面是，随着学科的细化和增多，学科与学科之间缝隙也会越来越多，整个知识体系的"罅隙"也越来越多。现行学科制度下，每一学科的论文产出都在不断增加，每一门学科的研究者都以为自己知道的知识越来越多；但一旦要运用某些学科的知识来解决具体问题，马上就会发现还有

---

① 霍尔登·索普，巴克·戈尔茨坦. 创新引擎：21世纪的创业型大学 [M]. 赵中建，等，译. 上海：上海科技教育出版社，2018：16.
② 霍尔登·索普，巴克·戈尔茨坦. 创新引擎：21世纪的创业型大学 [M]. 赵中建，等，译. 上海：上海科技教育出版社，2018：15.
③ 霍尔登·索普，巴克·戈尔茨坦. 创新引擎：21世纪的创业型大学 [M]. 赵中建，等，译. 上海：上海科技教育出版社，2018：87.
④ 吉川弘之，内藤耕. 产业科学技术哲学 [M]. 王秋菊，陈凡，译. 沈阳：辽宁人民出版社，2015：78.

很多细节,我们实际上一无所知。究其根本,问题是整体性的,而学科则是分门别类的。问题的解决需要整合不同学科的知识成为一个学术体系。但在传统学科建设范式下,"那些关于学科之间关系的研究,在某种意义上并没有被认作是一种学术问题"[1]。研究者只关心学科内部的学术问题,大量处在学科之外或学科与学科之间的实践领域无人关注。

当然,受制于人的认知结构和有限理性,当前学科作为一种知识生产方式没有必要废除,也不可能废除。即使我们废除了一种学科分类,也势必要发明另一种学科分类;摆脱了一种学科制度,也必须基于另一种学科制度。至少在目前,若没有知识分类制度和系科结构,专业化的高深知识生产、传播与应用无法进行。"尽管我们坚定地相信解决大问题几乎总是需要一种多学科的方法,同时大学也应该鼓励跨学科科学,但是我们并不提倡取消传统学科,比如化学、物理学和生物学。创造新的跨学科单位只会增加管理的复杂性和组织结构的额外空间,而这些组织机构已经占用了太多的空间。鼓励一种在传统学科内接受和推进跨学科工作并跨越传统障碍的文化将具有更大的影响力。"[2] 因此,根据经济社会发展的需要以及高深知识生产的内在逻辑,我们能够做的也是适宜做的,不是去彻底废除传统的学科制度以及与其相应的系科结构,而是以新的思维去重新理解学科及其建设,即在保持学科这一知识生产范式作为分类符号和制度安排基本不变的基础上,重新考虑它们实现许多最基本功能的方式,以更新我们对于学科的认知,打破学科间的壁垒,拓展或调整学科的边界,通过知识的交叉或会聚形成符合我们时代需要的新的学科发展范式。

具体而言,在创新驱动发展的政策框架下,在高等教育体系中可以通过学科链、专业链与产业链的深度融合,使知识分工与社会分工相互匹配、学术研究与产业科研达致均衡,经由大学内外不同学科的研究者,整

---

[1] 吉川弘之,内藤耕. 产业科学技术哲学 [M]. 王秋菊,陈凡,译. 沈阳:辽宁人民出版社,2015:79.

[2] 霍尔登·索普,巴克·戈尔茨坦. 创新引擎:21世纪的创业型大学 [M]. 赵中建,等,译. 上海:上海科技教育出版社,2018:34.

合若干传统学科而形成若干临时的学术领域;最终,基于创新创业的需要,促进现代大学里作为知识分支或科学部门的学科逐渐被改造成为学术-产业领域。换言之,为能够解决现代大学里传统学科制度和学科建设范式中科学逻辑的局限性,在无法抛弃学科概念和系科结构的前提下,我们有必要引入市场的逻辑和创业思维重新理解学科及其建设,以便在研究、创新与商业化之间建立更紧密的关系,并借助行业或企业内部领先的知识反推大学的基础研究和学科发展。这将显著提高跨学科研究和知识向实际应用转化的可能性。可行的办法之一就是进行创业思考,即以创新创业项目为切入点,围绕一个特定的新兴知识领域组建一个中心或机构,然后依托这个中心或机构,"综合所有知识,继而创造出具体的事物。即研究者需要通过选用不同学科领域的知识,创造出一种实际存在的、具有价值与意义的产品的研究方法论"[①]。

现行学科制度下,大学里的学术研究仍多围绕学科建设来进行,所谓的问题意识也多是从特定学科视角出发的学科问题意识,而非直面真正的社会实践问题。对于学术研究和社会实践的关系,人们有一种不切实际的幻想或神秘主义的期待,认为只要科学研究一直在进行,相关学科的理论知识就会慢慢渗透到社会实践领域。在这种观念指导下,大学里论文一旦发表往往就意味着研究的结束。接下来的一切都交给了命运,理论能否指导实践、知识能否改变实践,似乎完全不在研究者的职责和大学的职能范围内。传统观念一直认为,社会有分工,知识领域也有分工。研究者的职责主要是生产知识、传播知识,无法同时兼顾知识的推广和转化。一旦触及知识的推广和转化就会牵涉到成果的科学性,以及如何推广与转化等操作性和政策性的问题。研究者本人也无法确认自己的成果是否值得以及如何推广和转化。很多学术成果,国家耗费了巨资,研究者也辛辛苦苦做出来了,但最终并不能应用于实践,创造社会价值,这无疑是巨大的浪费。在创新驱动发展的今天,"为研究而研究本身会不经意间带来实用成果这

---

① 吉川弘之,内藤耕. 产业科学技术哲学[M]. 王秋菊,陈凡,译. 沈阳:辽宁人民出版社,2015:31.

种想法日益遭受质疑"①。为改变或避免学科建设中科研成果的浪费，有必要引入市场逻辑和创业思维，以转变大学的研究范式和制度安排。

长期以来，大学的学术研究和学科建设以学者为中心，科研成果的潜在分享对象主要是科学或学科共同体。这种模式既不利于研究本身的创新，也不利于科研成果的扩散与转化。在创新驱动发展的新时代，应更多关注高深知识向实际应用的转化。"尽管基础研究的应用前景在未来充满不确定性，但相关机构和科学工作者已经充分感受到正日益增长的将基础研究与更广阔的应用目标相联系的压力。现阶段，众多科研问题都需要通过综合的专业知识来分析解决。大学专利申请等商业化活动仍会持续增加。"② 无论如何，科学研究的真正的目的或最终的目的，不能仅仅满足于认识世界或解释世界，而是要改造世界或创造价值。大学的存在不能仅满足于为经济社会的创新提供学术资源或咨询建议，而是其本身就要成为创新的引擎。站在学术研究范式转型的十字路口，如果学科建设不能认清社会、大学和科学发展的大趋势，仍限于研究型大学的传统科研范式（不出版，即死亡），将学术研究的重心和精力主要集中于高水平论著的发表，将不可避免地陷入高科研投入、低技术创新的悖论。

奥德斯等的研究发现，在知识和人力资本上的大量投资并不能必然地、自动地产生预期的竞争力和经济增长。他用历史上的"两个悖论"，即"瑞典悖论"（Swedish Paradox）和"欧洲悖论"（European Paradox）来支持他的观点。由此他提出了知识溢出型创业理论，即由于在新知识的投资和商业化之间存在一个过滤器，知识不会自动地完全商业化，因此，一定的传导机制是需要的，而创业就起到了传导器的作用。为了保证在知识上的投资产生竞争力和经济增长，政府应该通过鼓励创业便利知识溢出

---

① 伊丽莎白·波普·贝尔曼.创办市场型大学：学术研究如何成为经济引擎[M].温建平，译.上海：上海科学技术出版社，2017：41.
② 美国科学院研究理事会.会聚观：推动跨学科融合——生命科学与物质科学和工程学等学科的跨界[M].王小理，等，译.北京：科学出版社，2017：8.

和商业化。[①] 在未来的知识经济和知识社会里，为实现创新创业，大学必须重视知识溢出和商业化；一旦大学的科研对于创新创业的贡献不足，一旦国家和地方层面的创新驱动发展战略失败，政府对于大学的科研资助不可避免地会逐渐缩减，进而也将不利于学术研究自身的进步。

那么，如何激活对于学科及其建设的重新理解呢？一个可能的途径就是引入市场逻辑和企业家精神，促使大学的学术研究从开放科学转向知识市场，以驱动学院科学向创业科学转型。"学院科学也可以是创业科学吗？我们认为答案是肯定的。创业的想法可以帮助回答所有学术研究的阈值问题：我们应该寻求什么样的新知识？我们认为答案与'影响力'相关——发现什么新知识将拥有最大影响力的需求。创业思维在思考大局时是特别有用的，在科学的背景之下，这意味着把所有的线编织在一起，包括学院科学的需求、对全球性重大问题的理解、对不同的外部资金来源的熟悉度以及对商业化进程的熟悉程度。尽管创业思维跟商业化不是一回事，但市场的确在影响学院科学时发挥了有效作用。"[②] 当然，在大学学科建设中引入市场逻辑和创业思维，促使学院科学向创业科学转变，并非要消除或否定学院科学存在的价值，更不意味着反对研究型大学以论著形式发表科研成果和进行学科建设。关键是学科的建设"必须超出'学科的'知识生产与交换，延伸至包括知识的应用、它的受益人，以及被包含进和被排除出关于科学未来方向协商的各方的特征等问题。如元科学所描述的一个智力的会聚或结合是必要的，其重点在于科学、技术和社会的相互适应性"[③]。对于大学而言，基础研究和学院科学的价值是无法否认的，也没有比大学更适合于基础研究和学院科学发展的专业机构。"创业科学模型是在开放科学模型基础上发展起来的，反过来讲，创业科学模型是开放科学模型的

---

① 夏清华. 学术创业：中国研究型大学"第三使命"的认知与实现机制［M］. 武汉：武汉大学出版社，2013：45.
② 霍尔登·索普，巴克·戈尔茨坦. 创新引擎：21世纪的创业型大学［M］. 赵中建，等，译. 上海：上海科技教育出版社，2018：38.
③ 达里尔·E. 楚宾，爱德华·J. 哈克特. 难有同行的科学：同行评议与美国科学政策［M］. 谭文华，曾国屏，译. 北京：北京大学出版社，2011：204.

延伸，在现在的经济系统中两者是同时存在和相互协同共生的。"①

现在的问题是，如果由学院科学和学院文化主导现代大学发展，如果我们的学科建设仍然只是或主要是以论著的发表来检测科研活动的绩效，将会使得现代大学虽然拥有知识、人才、设备，却不足以解决现代社会人类发展所面临的重大而复杂的问题。"像所有的生意一样，大学需要认识到，经常是'你加强什么，就会得到什么'。"②像任何组织一样，大学亦不能沉迷于昔日的辉煌，用陈规旧习扼杀各种新生事物，必须积极地拥抱对立的矛盾，通过"创造性毁灭"（Creative destruction）或"颠覆性创新"（Disruptive innovation），正面地培育各种矛盾，运用矛盾作为寻觅最佳途径的请柬，以实现"动态非均衡"③。从学院科学向创业科学，从学院文化向创业文化，从开放科学向知识市场的转型，并不意味着学院科学和学院文化的彻底消失，也不意味着大学的学术研究要放弃学科建设的追求和开放科学的规范，而只是意味着要打破学院科学、学院文化和学科建设范式对于大学知识生产的绝对主导，在知识生产的治理机制上兼顾市场与非市场的双重性，为创业科学和创业文化的引入留有相应空间，以有助于基于大学的学术创新和基于学术创新的创业，以有利于实现创新驱动发展。

总之，辩证地看，如果说在过去科学主要是学院的科学或纯科学，遵循的是学科的逻辑或科学的逻辑，大学里的学科建设追求的主要是知识本身的价值，科学或学科本身就是目的，那么现在的科学必须是社会的科学、产业的科学、创业的科学，需要遵循的是市场的逻辑，追求知识的使用价值或可应用性。"在一个以解决问题为中心的高校中，不同学科背景

---

① 张学文，陈劲. 面向创新型国家的产学研协同创新：知识边界与路径研究[M]. 北京：经济科学出版社，2014：133.
② 艾伯特·N. 林克，唐纳德·S. 西格尔，迈克·赖特. 大学的技术转移与学术创业：芝加哥手册[M]. 赵中建，等，译. 上海：上海科技教育出版社，2018：262.
③ 竹内弘高，野中郁次郎. 知识创造的螺旋：知识管理理论与案例研究[M]. 李萌，译. 北京：知识产权出版社，2016：1—2.

的教师应该在没有内部障碍的情况下向感兴趣的议题靠拢。因此，方法就是消除学科壁垒，创建一个'后学科'（Post-disciplinary）高校，不设置系科独立且过度聚焦的学院。"① 如果说在 20 世纪 60 年代以前，在经济全球化的起步阶段，大学还可以置身于经济世界之外，在知识从生产到应用的接力赛上，从始至终只扮演一个知识生产者和传播者的角色，那么随着经济全球化的迅速推进，市场逻辑已经渗透进社会生活的方方面面。大学必须系统思考自身在经济社会发展中可能起到的和必须起到的作用，需要从始至终参与知识从生产到应用的全过程。作为这方面的成功案例，哈佛大学的威斯研究所就不仅以在期刊发表文章这一典型学术指标来评价其研究人员，他们还关注知识产权、企业联盟、许可协议和 5 年技术储备等指标，这使得其研究所的文化不同于传统的学术机构，而更像一个初创技术公司。②

### 第三节　从学科建设转向学术创业

虽然从中世纪开始应用研究就一直存在于大学之中，20 世纪初以来，为社会服务还成为了大学的第三职能，但实践中学术研究对于社会需求的回应总是被动的，为社会服务并不是大学的中心工作。现代大学呈现出"一个只是由学科组成的训练有素的平和景象"③。当前，随着科学研究和市场的联系日益紧密，大学的学术工作不能再简单地以学科建设为中心，为研究而研究或为发表而研究，而必须将学术研究与社会需求紧密结合起

---

① 菲利普·G. 阿特巴赫，莉斯·瑞丝伯格，贾米尔·萨尔米，伊萨克·弗鲁明. 新兴研究型大学：理念与资源共筑学术卓越［M］. 张梦琪，王琪，译. 上海：上海交通大学出版社，2020：146.
② 美国科学院研究理事会. 会聚观：推动跨学科融合——生命科学与物质科学和工程学等学科的跨界［M］. 王小理，等，译. 北京：科学出版社，2017：26.
③ 克利夫顿·康拉德，劳拉·达内克. 培养探究驱动型学习者：21 世纪的大学教育［M］. 卓泽林，译. 上海：上海科技教育出版社，2017：30.

来,"通过解决具体问题来促进学问的发展"①,将学科所研究的问题与实践需要统一起来,坚持学术研究从实践出发,而不是从概念出发,研究的旨趣是力争解决实际问题、创造经济和社会价值,而不是从不同角度解释问题或只是提供一种不同的解释。

当前由于受到研究型大学范式关于大学和学科评价标准的束缚,尤其是受各种世界大学和学科排行榜的影响,无论一流大学还是一流学科建设仍偏重论文的发表,尤其是重视那些可能影响大学和学科排名的高水平论文的发表。基于传统的基础研究方法论,研究者的精力仍然集中于通过实验发现科学的原理或某种新的法则,并争取发表在科学共同体公认的权威刊物上,以扩大研究者自身的影响,并提升大学和学科排名。这种科研取向符合大学和科学的传统,也更容易获得科学共同体和社会的承认,并可以满足研究者自身的利益诉求。但在这种以学科建设为中心的科研范式下,大学里很多理论上重要的发现,在经历过发表之初激动人心的时刻之后,最终大多不了了之,唯一起过的重要作用或许就是影响所在大学和学科的排名。"遗憾的是,仅为提升外部排名而进行的工作会造成与机构使命相悖的意外结果,形成筒仓心态。"② 所谓"筒仓心态",即每个学科只以学科本身的发展为目的进行学术研究,知识在学科内部不断循环或越挖越深,而不向社会转化。

是什么原因导致了基础科学研究的重大发现最终未能走向市场应用呢?关键原因在于,科研体制以及由这种体制所塑造的研究方法论和学术文化。基于开放科学的规范,现代大学推崇知识的自由发现和公开发表。按照默顿所总结的科学规范(普遍主义、公有性、无私利性以及有组织的怀疑态度),公开发表论文既是科学共同体的美德,也是责任所在。③ 学术

---

① 吉川弘之,内藤耕. 产业科学技术哲学[M]. 王秋菊,陈凡,译. 沈阳:辽宁人民出版社,2015:5.
② 霍尔登·索普,巴克·戈尔茨坦. 创新引擎:21世纪的创业型大学[M]. 赵中建,等,译. 上海:上海科技教育出版社,2018:104.
③ 默顿. 科学社会学(上册)[M]. 鲁旭东,林聚任,译. 北京:商务印书馆,2004:365.

论文一旦在相应期刊发表，研究者的任务就算结束，课题就算完成，相关的基金也便不再资助。在这样的制度安排下，大学里科研工作的取向便是"论文挂帅""发表为王"。论文发表的刊物的级别几乎成为了检测科学研究成果水平高低的唯一标准。基于此，审查排名就成了检验大学绩效责任和学科建设水平高低的最具吸引力的做法。"排名迫使大学变成一个'执行陷阱'，因为脱颖而出的唯一途径就是超越同行。这个陷阱，往往会演变成一场包括对学生的资助水平以及宿舍或运动设施的质量等一切项目在内的'军备竞赛'。从短期来看，持续进行改进举措的效果可以反映在排名中，但在某些方面，则会引发收益递减的现象。最终，赢得这场比赛的唯一方法是继续参与竞赛，这将形成一个简单的公式，即筹款最多的就是赢家。"① 如何走出这种科研的迷局和排名的误区呢？如何经由知识市场从学科建设转向学术创业呢？如前所述，作为跨学科研究的一种扩展形式，"学科会聚"是一种解决问题的方法，这种方法以各学科最新取得的重大进展为基础，直面社会和科学的挑战，有效突破相关领域的原有界限，整合各领域的专业知识，以形成一个全面的、综合的框架。"会聚的过程可适用于基础科学发现及其转化应用。因为实施会聚研究通常关注寻找前沿知识领域中特定挑战的应对措施，因此，很多会聚研究取得的成果都包含了有利于新公司形成的环境及经济创新方面的创业行为。"② 通过大规模开展会聚研究，一方面可以会聚不同领域的最前沿知识，以形成一个全面的、综合的、可以解决问题的知识框架，另一方面也可以在既有系科结构的基础上，逐步建构起可以支持会聚科学的组织结构和制度文化，为现代大学里基础教学和科研之外的创新创业行为奠定基础或作好准备。2018年9月，为聚焦解决国家战略需求和全球重大挑战问题，浙江大学就先后发布了三项"会聚研究计划"，分别是"量子计算与感知会聚研究计划""生

---

① 霍尔登·索普，巴克·戈尔茨坦. 创新引擎：21世纪的创业型大学［M］. 赵中建，等，译. 上海：上海科技教育出版社，2018：122.
② 美国科学院研究理事会. 会聚观：推动跨学科融合——生命科学与物质科学和工程学等学科的跨界［M］. 王小理，等，译. 北京：科学出版社，2017：11.

态文明与环境科技创新会聚研究计划"以及"农业设计育种会聚研究计划"。这三大计划是浙江大学创新 2030 计划（面向 2030 的学科会聚研究计划）的重要组成部分，也是继"双脑计划"（脑科学与人工智能会聚研究计划）之后，加快推动学科交叉融合与会聚造峰的新举措。①

历史上，研究型大学的兴起以及近代的科学革命，其主要目的就是发现知识或寻找规律，知识的应用被认为是一个自然而然的过程，即随着科学原理的被发现，相关知识会经由另外一些人的应用研究，慢慢渗透至人类社会生活或工业实践中并最终促进经济社会的发展。科学家们相信，基础研究自然会走向应用研究，但应用研究却总是驱逐基础研究。② 然而，最新的研究却发现，大学知识商业化并没有导致基础研究的减少。③ 长期以来，科学逻辑的兴盛，使学术研究逐渐远离市场，大学科研活动的开展主要依赖公共资助或私人捐赠；科学家对于成为学术企业家或投身学术创业不感兴趣而热衷于学术锦标赛。当前随着工业社会向知识社会转型，创新驱动发展成为政策和社会共识，大学以学科建设为中心的学术研究范式必须作出相应的调整，大学不能再只是新学科的潜在孵化器而是要成为创新的引擎。早在 1994 年，德国总理科尔就提出，要造就"企业家型的科学家"和"科学家型的企业家"，即学术型企业家。他们一般都属于顶尖级学术专家，能够通过对最新科技成果的商品化、产业化，使其参与到市场竞争中去，并带来直接的经济效益。此外，他们还保留了一流专家的学术高度、科研强度和成果密度。④ 近年来，为实现学术创业目标，造就"学术型企业家"成为各国政府创新创业政策的核心；反映在资助政策上，政

---

① 面向 2030 的学科会聚研究计划（创新 2030 计划）. http://www.innovation2030.zju.edu.cn/main.htm.

② 伊丽莎白·波普·贝尔曼. 创办市场型大学：学术研究如何成为经济引擎 [M]. 温建平，译. 上海：上海科学技术出版社，2017：25.

③ 夏清华. 学术创业：中国研究型大学"第三使命"的认知与实现机制 [M]. 武汉：武汉大学出版社，2013：52.

④ 夏清华. 学术创业：中国研究型大学"第三使命"的认知与实现机制 [M]. 武汉：武汉大学出版社，2013：222—223.

府对于基础研究的资助越来越多采取"产出导向",课题研究的目标也更多锁定在促进经济增长和社会可持续发展。"它们要求项目显示出可商业化以及产生社会效益的潜力。""也要求将创新方法尽快应用到实际问题中。"①

当然,像所有其他的变革一样,研究范式和学术文化从学科建设向学术创业的转变也不可避免地会遭遇大学和大学人的抗拒。"我们对大学要改变并去接受一笔大买卖的呼吁,很多大学管理者乐意接受,更难说服的人可能是教职工。在科学、工程和医药以及人类学、社会科学和职业教育领域取得成功的学者们才是有组织的创新取得成功的最具挑战性的障碍。"②但经济社会发展的大趋势以及创新驱动发展的时代精神不会以大学和大学人的态度和喜好为转移。作为一个负责任的社会机构,大学所能做或应做的就是适应经济社会发展的需要和时代精神的变化,积极推动学院科学向产业科学的转型,并基于知识市场大力发展创业科学、积极开展创新创业教育,通过在学术研究中解决具体问题,促进全社会的创新创业。在这方面,美国有许多成功案例,远远走在世界前列。例如,加利福尼亚大学定量生物科学研究所就训练其研究生和博士后如何创建公司,并以"研究所内的初创公司"概念支持他们。③

虽然当前世界范围内创新驱动发展已成共识,但科学的逻辑和学院文化依然统治着很多大学的学科建设。"在大学的部门设置中,以学科为基础的部门通常构成具有牢固基础的组织结构。这些单位有自治的传统。"④要适应创新驱动发展的时代需要,转变大学的学科建设取向和科学研究范

---

① 霍尔登·索普,巴克·戈尔茨坦. 创新引擎:21世纪的创业型大学[M]. 赵中建,等,译. 上海:上海科技教育出版社,2018:22—23.
② 史蒂夫·C. 柯拉尔,等. 有组织的创新:美国繁荣复兴之蓝图[M]. 陈劲,尹西明,译. 北京:清华大学出版社,2017:136.
③ 美国科学院研究理事会. 会聚观:推动跨学科融合——生命科学与物质科学和工程学等学科的跨界[M]. 王小理,等,译. 北京:科学出版社,2017:26.
④ 美国科学院研究理事会. 会聚观:推动跨学科融合——生命科学与物质科学和工程学等学科的跨界[M]. 王小理,等,译. 北京:科学出版社,2017:30.

式，绝不能完全指望大学的自觉。鉴于人性的因素以及制度变革中路径依赖的存在，在实现知识创造价值的过程中不可避免地会存在各种个人的和组织的壁垒。所谓个人壁垒，即个体层面会抵制改变认同；所谓组织壁垒，即组织层面会面临新范式冲突。① 对于大学的学科建设，科学的逻辑和学院文化有天然的合理性，符合高等教育认识论哲学和学术场域的惯习。在传统认知框架里，对于通过创新驱动发展以及知识市场化，大学总是有所抵触或不积极；大学总是一厢情愿地认为，技术创新或促进经济发展是企业的问题，大学所能做的工作只是生产和传播知识，所谓社会服务也只是为政府和企业提供一些技术咨询或人才培训。大学的理想是政府有义务为大学提供科研资助，而无须过问这些资助都干了些什么。但事实并非如此。如果说这种状况在社会和大学发展的某些阶段或某些国家的某个时期确实存在过，那么现在也明显地不合时宜了。"在不远的将来，基于问题的研究或者应用性研究将成为常规而不是例外。"② 要真正实现创新驱动发展，大学自身必须成为创新的引擎而不仅是为创新提供资源或帮助。

为改变大学过时的办学行为和学术研究范式，政府必须出台相关政策，在政治议程上确认创新创业在经济社会发展中的重要性以及大学的学术研究对于推动创新创业的重要性，以"建立一个更有利于在学术科学中市场逻辑实践发展的环境"③。此外，在推动学科建设向学术创业转型的过程中，国家还需要投入大量资金支持那些超越传统学科边界的新兴问题研究，并全过程协调创新创业生态系统的跨行业、跨部门、跨学科的诸多利益相关者，以激励创新创业活动的深入广泛开展，并加快推进科研成果不断向实际应用转化。

最后，大学知识的商业化或学术创业也存在着一个选择性和适度性问

---

① 竹内弘高，野中郁次郎. 知识创造的螺旋：知识管理理论与案例研究 [M]. 李萌，译. 北京：知识产权出版社，2016：120—125.

② 霍尔登·索普，巴克·戈尔茨坦. 创新引擎：21 世纪的创业型大学 [M]. 赵中建，等，译. 上海：上海科技教育出版社，2018：28.

③ 伊丽莎白·波普·贝尔曼. 创办市场型大学：学术研究如何成为经济引擎 [M]. 温建平，译. 上海：上海科学技术出版社，2017：65.

题，过度的商业化会损害大学的公共性和开放科学的开放性。[①] 促进学术研究领域市场导向型实践的发展，其目的也绝不是要把大学的科学研究和学科建设完全变成经济增长和社会发展的附庸，抑或通过学术研究谋利来增加大学的办学经费。基于市场的逻辑和创业的思维，即便大学可以通过专利转让或创新创业获得可观的经济回报，也不能成为减免政府资助大学学术研究和学科建设的理由。相反，在创新驱动发展的新时代，政府只有不断加大科研资助并通过政策引导，大学的创新创业才能更具全球竞争力。"在这样一个需要许多领域的思想、方法、模型和知识发现过程汇合，通过综合性方法来解决重大时代问题的时代"[②]，以创业思维重新理解学科建设，其目的主要是促进科研成果向实际应用的转化，提升国家科技事业的社会价值。我们时代的大学不是不需要学科忠诚，而是需要多重的忠诚。从根本上讲，将学术研究融入社会，以创业思维重新理解学科建设既是为了经济社会发展的需要，也是为了解决大学自身发展的合法性问题。"要在高校获得成功，创业必须被明确定义为一个创新的必要因素、一个解决问题的特定方法以及奠定文理科基础的关键方法（而非替代方法）。它不能被视为纯粹的商业化、财富积累或管理的过程。"[③] 像所有教学活动一样，对于大学的学术研究和学科建设也"必须首先按照教育性的而非企业性或经济性的活动进行处理"[④]。毕竟，衡量大学办学成败的最终标准绝不是市场逻辑产生的经济价值（利润大小），而是市场逻辑产生的知识价值（创新程度）。

---

[①] 夏清华. 学术创业：中国研究型大学"第三使命"的认知与实现机制 [M]. 武汉：武汉大学出版社，2013：55.

[②] 美国科学院研究理事会. 会聚观：推动跨学科融合——生命科学与物质科学和工程学等学科的跨界 [M]. 王小理，等，译. 北京：科学出版社，2017：64.

[③] 霍尔登·索普，巴克·戈尔茨坦. 创新引擎：21 世纪的创业型大学 [M]. 赵中建，等，译. 上海：上海科技教育出版社，2018：13.

[④] 艾伯特·N. 林克，唐纳德·S. 西格尔，迈克·赖特. 大学的技术转移与学术创业：芝加哥手册 [M]. 赵中建，等，译. 上海：上海科技教育出版社，2018：146.

## 第三章
# 以创业思维重新定义一流

**本章要点**：在排名体系下，一流大学背后总隐含着一定的指标偏好。一种指标体系下的一流大学在另一种指标体系下可能就不再是"一流"。当前在世界范围内，对一流大学的评价主要围绕大学的科研职能展开，过度强调论文的发表和科研获奖对于提升排名的重要性。作为一种价值选择和制度安排，大学重视科研乃至最终形成研究型的范式，具有充分的时代合理性。但在某个时代具有合理性的价值选择与制度安排，也不可避免地会对另一个时代的价值选择造成障碍或留下隐患。当前随着创新创业成为新的时代精神，我们需要以创业思维重新定义"一流"。只有以新的时代精神不断丰富"一流"的内涵，世界一流大学建设才能摆脱旧范式的束缚、朝向新范式转型。

近年来，高等教育领域"一流"作为一种话语实践的流行和大学排名的盛行密切相关。一方面为了证实"一流"的真实存在，催生了各种各样的排行榜；另一方面排行榜的盛行又使得"一流"作为一种话语方式更加深入人心。表面上看，各种排行榜均有相应的指标体系以及可量化、可证实的数据作为支撑，一流的标准似乎是清晰的、客观的；但实质上，所谓的"一流"，其标准又非常的不确定。同一所大学同一年份在不同的排行榜上，排名的差距有时会很大。同一所大学在同一排行榜上相隔一年排名有时也会差距很大。除排名位次存在不确定性或异常波动之外，由于排名系统属于常模参照，强调机构间的相对评价，排名背后的分数与大学的真实表现也存在一定的差距，甚至是不相关。"尽管排名为全球竞争划定地标，并帮助改进大学表现，排名本身并没有为世界一流大学的辨认提供可验证的重要基础——原因是排名系统是常模参照而不是标准参照，即大学排名能告诉我们一所大学相对于其他大学的位置，但不能告诉我们它的能力或产出的客观量度处于何种位置。"[1] 在排名系统中，所有人和所有大学都非常关心作为排名结果的"一流"，但并不知道或不在乎什么才算真正的一流。从排名上人们能看到的只是大学的相对位次而不是大学的真实表现。对于大学的发展而言，其使命既有永恒不变的一面，也有情境化的一面。我们既不能为了时代而放弃永恒，也不能为了永恒而放弃时代。不过，无论是对于永恒的使命还是时代的任务，大学的发展都需要有明确的目标和定位，都需要有服务于经济社会发展、改进人类社会实践，以使世界变得更加美好的卓越表现。当前，"我们面临的挑战是：要么高等教育的利益相关者决定其未来发展方向，要么高等教育被无法抗拒的外力无情塑造"[2]。在大多数情况下，大学缺乏应对市场挑战的经验和策略。那种以"市场化"排名系统为参照，看似精确实际上充满不确定性的"一流"话语无法为我们时代的大学发展提供有价值的指导，也很难引领大学永续发展。

## 第一节 大学排名的兴起

很多情况下，高等教育之于人和社会发展的影响很难直接测定。实践中，对一所大学的好坏的评价更多地是参考其长期积累下的声誉而不是具体的能力或表现。历史上，大学声誉的积累非常缓慢，但声誉一旦形成则具有相对的稳定性。由于大学评价中声誉机制的特殊性，世界各国高等教

---

[1] 王琪，程莹，刘念才. 世界一流大学：共同的目标[M]. 上海：上海交通大学出版社，2013：18.
[2] 克利夫顿·康拉德，劳拉·达内克. 培养探究驱动型学习者：21世纪的大学教育[M]. 卓泽林，译. 上海：上海科技教育出版社，2017：48.

育系统内部虽然都会呈现出一定的层级性,但无论一国之内还是国家之间,在 20 世纪中叶之前,公开的、精确的排名系统一直没有出现,即便有零星的排名也影响不大。究其原因,传统大学远离社会的中心,社会关注度不高,一国之内或国家之间,精英的大学虽然客观存在,但彼此之间并不细分。民众对于精英大学的心理认同,以及精英大学之间的相互承认,更多的是靠一种声誉机制而不是市场逻辑。二次世界大战之后,随着传统大学走出象牙塔,日益走近社会的中心,基于民主化和市场化的基本原则,公众和媒介迫切希望获得关于大学办学水平或表现的"精确"信息。但事实上,无论是整个高等教育系统还是单个的大学组织均十分复杂,高等教育系统之外的非专业人士,如果不满足于既有的声誉机制,单凭自己的能力很难真正了解一所大学的好坏或优劣,即便少数人勉强可以做到,也往往成本过高。"'一流'(excellence)是学术生活的神圣目标。可对于何为一流与如何达到一流,尤其是在科研领域,却罕有跨学科的一致意见。这种差异的产生并非是由于学术事业垮掉了或变得毫无意义,而是因为不同学科的成员看问题角度不同,或以各不相同的方式定义质量。而且,评估质量或一流的标准肯定也被有所不同地侧重,并且是激烈争论的对象。"[①] 在此背景下,参照商业领域中相关企业发布产品排行榜的经验,由市场化组织以商业化原则提供简单易懂的大学排行榜就成为最佳的选择。20 世纪 80 年代以来,经过几十年的成长,以大学排行为代表的第三方评价成为高等教育市场和媒体的宠儿。人们近乎一厢情愿地认为,以大学排行榜为代表的第三方评价是独立的、客观的、可信的、权威的,对客户也是友好的;他们没有注意到的是,"排名很可能把非常有意义的质量差异转化成单调的数量等级判断。大学更高的社会目标是塑造高素质的人,但是大学排名无法衡量这个职能"[②]。作为特定历史时期经济社会和高

---

① 米歇尔·拉蒙特. 教授们怎么想——在神秘的学术评判体系内[M]. 孟凡礼,等,译. 北京:高等教育出版社,2011:1.
② 刘念才,Jan Sadlak. 世界一流大学:特征·排名·建设[M]. 上海:上海交通大学出版社,2007:58.

等教育大发展的副产品,隐藏在大学排名背后的动机,更多的还是"生意"而不是为了大学的卓越。

  大学排名的兴起,除了市场逻辑驱动之外,和大学自身从传统向现代的转型也密切相关。毕竟,与传统大学相比,现代大学也更适合于排名。传统大学以本科教学为主,"自由教育"是大学的中心工作和精华所在。不同大学提供的本科教育各有特色,同一所大学提供的不同专业的本科教育也各有所长。由于缺乏公认的、统一的且具有可比性的衡量标准,传统大学很难放在一个排行榜上进行精确的比较和排名。但现代大学,尤其是那些一流的研究型大学,以研究生教育为主,英语作为最主要的科研语言日益全球化,科研活动成为大学的中心工作,高质量的科研成果成为所谓一流大学的重要"标志物"。"现代综合性大学是一种全新事物,……更大程度上是科学推动的研究公司。"[1] 与教学质量的模糊性不同,科研成果经由同行评审和公开发表更容易测量,量化后的统计数据也更具可比性和可信性。正是基于科研工作的这种特殊性,现有排行榜主要围绕大学的科研职能展开,而那些不能或不便排名的职能则相对遭到忽视。其结果,"由于缺乏更好的办法来衡量真正的进步与成就,公开排名对大学的办学目标造成了极大的影响。他们试图为'优秀'下一个统一的定义,但这个定义在不同种类的大学中并不适用,也不能满足各类学生的需求。由于这些排名看上去客观准确,并且能对校友捐赠和学生录取产生影响,所以各所高等院校更加努力地提高学校的影响力,而不是为更有益的目标努力"[2]。实践中由于缺乏衡量机构好坏的明确的客观标准,作为对排名的一种应对,系科的扩张就成了大学发展所要追逐的主要目标。因为在现行评价指标体系下,规模扩张是提升排名的有效途径。最终,本应致力于内涵式发展的大学改革全部转向了一些外延式的增长目标上。比如,成立新的学院、建

---

[1] 安德鲁·德尔班科. 大学:过去,现在与未来[M]. 范伟,译. 北京:中信出版社,2014:121.
[2] 德里克·博克. 大学的未来:美国高等教育启示录[M]. 曲强,译. 北京:中国人民大学出版社,2017:40-41.

设新的校区或大楼、招聘新的教师、为新的项目募集更多资金,以便大学和学科在排行榜上一展抱负。

历史上,大学一直就有追求"卓越"的传统,但古典的"卓越"与现代的"一流"有所不同。古典意义上的"卓越"主要是一种定性的评价,侧重的是大学的声誉以及大学之所以为大学的本质,而现代的"一流"偏向定量的评估,侧重的是市场化或商业化的排名。此外,"卓越"理念具有包容性和未来性,"此"大学的卓越与"彼"大学的卓越可以美美与共、相安无事。但基于排名的"一流"则具有当下性和排他性。一所大学排名第一,另一所就不能排名第一;今年排名一流的大学明年就未必还是一流。此外,受排名线性序列和榜单长度的限制,一旦约定了排行榜上所谓"一流"的名次范围,世界一流大学的数量永远是恒定的。"大学排名本质上是一场'零和游戏',一些国家高校排名名次的进步必然导致其他国家的下降。"[1]为了在一年一次的名次竞争中获得"最好"的位次,排名本身成为一个庞大的产业或生意。为了进一步提升排名或避免名次的下滑,很多学校明知排行榜有这样或那样的缺陷仍屈从于相关的指标以排名来驱动学校发展。"许多高等院校不是重视学生入学后所学知识的多少,而是注重学生的入学分数;不是重视教学,而是认为研究至关重要;不关心学术质量和创新,而是看重发表文章的数量。"[2]

近年来,由于有越来越多的国家或地区的大学加入排名竞争,单从排行榜上的数据看,我们时代的大学似乎一片繁荣、形势大好,但若拨开量化数据的迷雾,或许会发现我们时代的大学正陷入由于过度重视量化排名所带来的危机之中。正如卡耐基基金会相关研究报告所指出的,把等级制度规范化的一个后果是:"很多高校力争'提升'在分类系统上的'排名'。今天的学术文化把研究型大学看作现有高校系统中最先进的一类,

---

[1] 刘念才,程莹,王琪. 从声誉到绩效:世界一流大学的挑战[M]. 江小华,译. 上海:上海交通大学出版社,2017:23.
[2] 德里克·博克. 大学的未来:美国高等教育启示录[M]. 曲强,译. 北京:中国人民大学出版社,2017:39.

并且隐含着——或至少导致人们这样推断——排名位于其下的高校显示出有不同程度的短缺或不足。"①

作为排名结果传播的一种媒介，当前无论在印刷品上还是网络上，大学的科研职能由于排名的盛行而被频繁曝光和过度关注，公众对于大学日益形成了一种错误的心理期待或刻板印象，即只有科研好或发表论文多的大学才是好大学。但事实上，绝大多数大学的绝大多数毕业生并不从事科研工作。科研至上的价值观使大学的发展高度同质化，并不可避免地对本科教育造成实质性的损害。"尽管地方大学和社区大学几乎根本没有开展研究，它们也采用综合型、研究型大学的模式和标志，有院系和院长，终身教职，强调学术自由，开设博士点。"② 最终在很多大学里，本科人才培养工作逐渐被边缘化，大学作为一种制度安排的功利价值凸显而理性价值逐渐暗淡。"政府所面临的一大挑战在于能否实施有效的反激励措施，以避免大学间的同构、同质趋势以及恶性竞争，防止在建设世界一流大学的过程中牺牲了高等教育体系的其他部分。制定政策时所面临的关键问题在于：成功建设卓越和多样化的高等教育体系的策略是什么？换言之，如何在平衡国家利益的同时，成功实现高等教育体系的多样性和卓越性？"③ 高等教育改革和发展实践中，无论大学还是政府，对于排名系统都既爱又恨。对于排名，大学和政府既不能没有反应，又不能过度反应。但无论是爱还是恨，都不能改变全球大学排名蓬勃发展的事实。毕竟，这是一桩有利可图的生意。当前在世界范围内，大学排名正在趋于制度化。"即使排名存在问题，排名本身仍然存在。排名无法（事实上也没有）被忽略。"④

---

① 安德鲁·德尔班科. 大学：过去，现在与未来 [M]. 范伟，译. 北京：中信出版社，2014：95.

② 凯文·凯里. 大学的终结：泛在大学与高等教育革命 [M]. 朱志勇，韩倩，等，译. 北京：人民邮电出版社，2017：60.

③ 程莹，王琪，刘念才. 世界一流大学：对全球高等教育的影响 [M]. 上海：上海交通大学出版社，2015：140.

④ 王琪，程莹，刘念才. 世界一流大学：国家战略与大学实践 [M]. 上海：上海交通大学出版社，2011：130.

在有些情况下,排名或者被排名甚至还成为国家与国家之间的政治问题。为避免自己所在组织或国家被已有的某个排名系统边缘化,新的排名系统不断诞生。[①] 对于大学排名的积极和消极影响,学界已有很多的研究,结论很明确。很多政策文件也表明,政府对于大学过度依附排名主导的高等教育市场及其可能带来的风险也有清醒的认知。"从政府的角度来看,真正重要的是高等教育对经济和社会的贡献,这种贡献是由客观能力和绩效决定的。换句话说,从高等教育竞争的外部来看,重要的不是大学等级体制中的最终位置,而是赖以维持一所大学地位的基础活动。按照这种观点,一所大学对毕业生、雇主、国家和世界的价值不在于它的排名,而是关乎其工作的质量。"[②] 问题的关键在于,当前由于几乎所有重要国家的重要大学都卷入了排名的游戏,在激烈的排名竞争中,加大投入、重点建设或推进大学合并成为了很多国家高等教育发展政策的理性选择。"在越发激烈的全球竞争的背景下,国家主导的大学兼并的目的越来越远离'整理(sort out)教育体系',更多的是为了追求声望与卓越,建设世界一流大学。"[③] 很显然,政府的行为受到其自身利益和官僚逻辑的驱动,在加大投入的前提下,绝不会轻易放弃对于大学发展的控制或主导。而政府如果要在世界一流大学建设中占据主导的地位,以排名为参照的绩效评价无疑是最为有效的政策工具。最终,在政府的"支持"和大学的"默认"下,在大学和市场的"共谋"下,以第三方评价作为合法性基础,大学排名"产业"日益发达,对于世界一流大学建设的影响愈来愈深。

---

[①] 郑俊新,罗伯特·K. 陶克新,乌尔里希·泰希勒. 大学排名:理论、方法及其对全球高等教育的影响[M]. 涂阳军,译. 长沙:湖南大学出版社,2018:147.
[②] 王琪,程莹,刘念才. 世界一流大学:共同的目标[M]. 上海:上海交通大学出版社,2013:18.
[③] 程莹,王琪,刘念才. 世界一流大学:对全球高等教育的影响[M]. 上海:上海交通大学出版社,2015:138.

## 第二节 以排名论一流的危害

我们时代在消费领域存在一种"炫耀性消费",消费不是为了消费本身,而是成为一种炫耀的途径。① 高等教育领域也存在类似的状况。高等教育发展原本是一种内涵式的过程,无论个人接受高等教育还是高等教育促进社会与个体的发展,大多时候都处于一种"看不见"的状态。世界一流大学建设将大学的发展过程与结果呈现于各种公共媒介,强化一种外延式的增长,并以排名的方式进行公开展示。其结果,"世界一流大学建设"成为了国家高等教育改革和发展的一种"品牌"或"标识",其对于经济社会建设以及人的发展的真正价值反倒被忽视。现有政策框架内,我们似乎只是想要世界一流大学,要越来越多的世界一流大学,但并不清楚世界一流大学到底可以干什么、有什么作用。"最好的高等教育系统并不是那些能吹嘘拥有最多排名靠前的大学的体系。政府应该少操心世界一流大学数量的提升,而是投入更多的精力用于构建世界一流大学体系,这样的体系不仅涵盖不同使命、定位明确的各类高质量的高等教育机构,也能够满足各类个体、社区和国家的整体需求,而这种需求也反映着经济体的活力和社会的健康状况。"② 遗憾的是,当前在很多国家以排行榜上的位次为标志的世界一流大学的数量,正在成为一种大学和政府努力追求的政策目标,而隐含在大学发展背后的教育价值、学术贡献和社会责任则被有意无意地忽视。在不断强化国际和校际竞争的背景下,由于中央和地方政府的强势介入,对于"世界一流"的非理性追逐正在把很多国家和地区的大学带入一种"学术浮夸"的新时代。"高等教育系统原本对科研、论文和研究生学位没有太多的需求,但公共政策为其创造了市场。政策通过不断地奖励同样的内容(博士学位、专职教师、科研、论文发表),相互增强了

---

① 凡勃伦. 有闲阶级论 [M]. 蔡受百, 译. 北京: 商务印书馆, 2013: 55.
② 刘念才, 程莹, 王琪. 从声誉到绩效: 世界一流大学的挑战 [M]. 江小华, 译. 上海: 上海交通大学出版社, 2017: 38.

彼此的影响力。"① 最终在建设世界一流大学进程中,隐藏在巨额财政资助背后的更多的是一种"经济上正确"的思维和强国民族主义的情绪,而不是对于科学或学术的尊重。

当前世界一流大学建设的导向作用使得越来越多的高校开始在各种排行榜上展开竞争,院校分化不可避免地受到抑制,学术的同质化日益严重。"改革最大的阻力源于建立在院校趋同基础上的学术同质观念。"② 表面上,有更多国家的更多的院校参与世界一流大学的竞争,有更多的资金投入和人员参与,会有利于促进世界一流大学建设以及高等教育的大发展,但事实上,由于资源和优秀的人才在竞争中不断地被稀释和消耗,世界一流大学建设反倒会更加困难。"任何一个国家都无法负担一个完全由'世界一流研究型大学'组成的系统,所以竞争的结果是二流模仿,也就是说,大学花更多精力在改进声誉,而不是努力提升学校绩效,也不是花更多精力发展必要的多元化来满足不断变化的学生需求和外部环境。"③ 此外,大学排名的短周期效应也使世界一流大学的建设过度关注短期绩效、缺乏长远的眼光。在变化迅速的新时代重视绩效甚至年度绩效没有错。如果一所大学所有工作都不受时间限制,那么这所大学不可能存在,更谈不上发展;但如果过度追求年度排名的上升也不符合大学发展的客观规律。大学的办学水平并非如竞技体育的世界纪录那样显而易见或可以被不断地打破。"大学排名系统过度强调以文献计量学来分析学校表现,常常忽略了高等教育机构的一个任务,即大学需要服务并适应我们所处的社会经济环境。"④ 不同国家、不同时期,基于不同的需要和价值观,人们对"一

---

① 菲利普·G. 阿特巴赫,乔治·巴兰. 世界一流大学:亚洲和拉美国家的实践[M]. 吴燕,宋吉缮,等,译校. 上海:上海交通大学出版社,2008:209.
② 菲利普·G. 阿特巴赫,乔治·巴兰. 世界一流大学:亚洲和拉美国家的实践[M]. 吴燕,宋吉缮,等,译校. 上海:上海交通大学出版社,2008:248.
③ 王琪,程莹,刘念才. 世界一流大学:国家战略与大学实践[M]. 上海:上海交通大学出版社,2011:39.
④ 王琪,程莹,刘念才. 世界一流大学:共同的目标[M]. 上海:上海交通大学出版社,2013:151.

流"的内涵会有不同的理解,对于什么是世界一流大学也很难有绝对的共识。判断哪些大学不是世界一流可能很容易,但要说哪些大学一定是世界一流则充满争议。由于一流标准的不确定性以及大学排行榜的多样性,从而为大学的"虚荣"留下了巨大的空间。人类历史上从没有像今天这样有如此之多的大学被贴上"一流"或"世界一流"的标签。"各个国家的不同大学都声称自己是世界一流的——但通常几乎没有什么正当理由。"[①] 在全球性的世界一流大学建设运动中,"世界一流"大学降低到了很多国家通过重点建设或大学合并就可以达到的高度。没有哪个国家的政府会承认本国世界一流大学建设没有实现既定目标。其结果,在很多国家,世界一流大学建设与其说是把国内一流大学建成了世界最高水平,倒不如说是把世界一流大学拉低到了国内一流大学通过努力或宣传就可以达到的水平。

无论何时,从绝对水平来看,真正的世界一流大学都是极少的,至少不会像现在各种大学排行榜显示出来的那么多。"虽然发展中国家对研究型大学非常热望,但必须面对现实。除了中国和印度等少数非常成功的发展中国家之外,希望与哈佛、牛津竞争,或者建立世界最一流的大学,都是不合理的目标。发展中国家最好与工业化世界中的那些排名稍逊,但也非常卓越的研究型大学竞争,诸如美国的印第安纳大学或内布拉斯加大学,英国的约克大学,或者荷兰的阿姆斯特丹大学。"[②] 客观上,世界一流大学的形成,条件极为苛刻。首先,世界一流大学所在的国家用以发展高等教育的资金要非常充裕。因为世界一流大学在形成过程中对国家经济社会发展的贡献要远小于国家对它的经济付出,至少其回报严重滞后于国家对它的经济付出。其次,这个国家还要有制度优势,能够吸引并汇聚全球的科学精英。高等教育发展实践表明,单靠一个国家自己的人才绝对无法支撑起一所世界一流的大学。由于这两个条件的限制,大学史上那些一流

---

① 刘念才,Jan Sadlak. 世界一流大学:特征·排名·建设[M]. 上海:上海交通大学出版社,2007:49.

② 菲利普·G. 阿特巴赫,乔治·巴兰. 世界一流大学:亚洲和拉美国家的实践[M]. 吴燕,宋吉缮,等,译校. 上海:上海交通大学出版社,2008:17.

的大学往往伴随大国的兴衰而更替。从意大利的博洛尼亚大学到法国的巴黎大学，从英国的牛津、剑桥大学到德国的柏林大学，均是如此。二次世界大战以后，伴随美国的崛起，以哈佛、耶鲁等为代表的美国大学迅速成为世界高等教育的"圣地"或"塔尖"。与意大利、法国、英国、德国那些昔日的高等教育中心相比，美国作为一个国家更加"大而富有"，因此，其所成就或拥有的世界一流大学也就更多。需要警惕的是，美国高等教育的巨大成功，导致了许多后发外生型国家在发展高等教育时会"倒果为因"，认为美国之所以强大是因为美国拥有诸多的世界一流大学。真实的逻辑恰恰相反，即美国之所以拥有诸多世界一流大学是因为美国强大。[①] 其他国家在学习美国建设世界一流大学时一定要清楚大学崛起与大国崛起之间的先后关系。

当前在很多国家，排名成为认知和推动世界一流大学建设的主流范式，什么是真正的世界一流大学反倒被有意无意地忽视。"排名可能将其意识形态内化到高等教育领域，而这正是对高等教育排名最大批评与最担忧的事情。"[②] 由于种种原因，很多人对排名之于大学的消极影响还有一些不切实际的认知。有人认为排名越多越好，似乎只要排名足够多，大学就可以摆脱某一个排行榜的影响，进而摆脱排名本身的影响。这种认识忽视了排名背后有其自身的逻辑。越来越多的排名在为大学提供可以自我证明的多样化选择的同时，也会进一步张扬排名背后的价值观和行为准则。更多的排名将不可避免地牵扯大学更多的精力。"人为的排名指标就成为大学自身采用和强制执行的新规则，并且有自我加强的趋势，可能对新理论和领域的产生、研究的多样性和交叉学科的合作产生负面影响。"[③] 此外，过多的排名还会刺激一种可怕的念头，即所谓的世界一流大学就是要在所

---

[①] 叶赋桂，陈超群，吴剑平，等. 大学的兴衰［M］. 北京：清华大学出版社，2016：24.

[②] 郑俊新，罗伯特·K. 陶克新，乌尔里希·泰希勒. 大学排名：理论、方法及其对全球高等教育的影响［M］. 涂阳军，译. 长沙：湖南大学出版社，2018：207.

[③] 刘念才，Jan Sadlak. 世界一流大学：特征·排名·建设［M］. 上海：上海交通大学出版社，2007：129.

有主要的排行榜上都能占据前100。"各种排名采用不同的指标,这使得学校可以挑选适合'证明'自己学术成就的标准和排名。但是认为在任何排名中都能够名列前茅就真的代表学校质量高,确实是一种危险的想法。"[①]不同的排名背后有不同的价值考量,不同的排名系统有不同的方法和指标,要求大学在尽可能多的排行榜上名列前茅,会扼杀院校的多样性,无论如何都不是什么好事情。

还有人认为,世界一流大学建设中,通过排名可以全面提高大学的整体水平,而不仅是选出最优秀者。通过市场竞争这种强激励,排名的确可以刺激世界各国加大对于高等教育的投入,也可以激励大学本身不断改进教学与科研工作水平,提高学术生产力。但试图通过排名全面提升大学的水平或高等教育的质量是不可能的。毕竟,无论如何扩展(从前300名到前500名到前800名再到前1500名),能够登上世界大学排行榜的大学的数量总是极其有限的,与世界各国大学的总数相比仍然是极少的。对于那些已经上榜或有可能上榜的大学,为了进一步提高大学排名,会强化它们对于政府或其他利益相关方的资源依赖;而对于那些没有上榜希望的大学,排名的激励并不会存在,反倒会因为自身无法进入排行榜而导致资源的相对剥夺,从而影响质量的提升。事实证明,"竞争实际上可能带来不利影响,会将投资基金分流到提高'市场'形象的领域,或者如同在一个经合组织报告中形象的说法,为保持大学之舟的不沉,'粗心地去把它们最好的资产扔出舷外'"[②]。此外,大学"排名具有很强的'降低均衡化'效果"[③]。在大学排名的影响下,高等教育系统中的"马太效应"将愈发明显,大学与大学之间层级分化将越来越显著。

也有机构试图通过改进排名的方式、方法或指标体系来避免大学排名

---

① 刘念才,Jan Sadlak. 世界一流大学:战略·创新·改革 [M]. 上海:上海交通大学出版社,2009:62.
② 菲利普·G. 阿特巴赫. 世界级大学领导力 [M]. 姜有国,译. 北京:中国人民大学出版社,2014:25.
③ 刘念才,Jan Sadlak. 世界一流大学:特征·排名·建设 [M]. 上海:上海交通大学出版社,2007:102.

的消极影响。比如，不但对作为机构的大学进行排名，而且试图对不同的学科、不同的高等教育系统进行排名；不仅对大学的科研职能进行排名，还试图对大学的教学职能和社会服务职能进行排名；不仅从单一维度对大学进行排名，还试图从多维度对大学进行排名，甚至允许消费者订制排名。事实上，这些都只是徒劳或心理安慰。"所有因排名系统而造成的失误与排名本身相比，都显得微不足道，这点极为重要。这也是为什么对排名的联合抵制或对抗都很难奏效的原因。"① 大学排名的最大功效不是披露高等教育质量的事实，而是满足公众的社会心理期待。"如果排名太'中性'，那么排名就有丧失向政府和大学规划者传递残酷事实的风险。"② 在媒介传播中，如果排名维度过多，指标过于复杂，排名结果的指向过于模糊或名次不够精确，反倒会因其挑战性不足而让公众和媒体失去对于排名的兴趣，从而影响政府的关注和投入。虽然每个人都知道细微的得分差距对于判断大学的好坏并非一定具有显著的意义，但无论公众还是大学对于能够排在排行榜的前面总是非常在意。由于排名逻辑的盛行，当前公众和政府对于大学名次的在意已经超过对于高等教育质量本身的关心。

最后一种"幻觉"是，既然竞争性排名无法避免，那么就为它镀上一层理想主义的色彩。"一所世界一流大学应该将自身的地位看成一种责任，力求成为其他高等教育机构的'行为榜样'，所以它不仅应当关注研究表现，而且应当重视其他方面，如道德行为，同时坚持精英教育理念。"③ 世界一流大学不是不关注道德行为，也不是不可能坚持精英教育，但只要排名仍然是主导大学竞争的核心机制和基本规则，那些排行榜上的世界一流大学就不太可能成为其他高等教育机构的"行为榜样"，而只会成为被追逐、被模仿的"竞争标杆"。"排名主导性政策的另一个风险是容易诱使高

---

① 郑俊新，罗伯特·K. 陶克新，乌尔里希·泰希勒. 大学排名：理论、方法及其对全球高等教育的影响［M］. 涂阳军，译. 长沙：湖南大学出版社，2018：179.
② 刘念才，Jan Sadlak. 世界一流大学：战略·创新·改革［M］. 上海：上海交通大学出版社，2009：131.
③ 刘念才，程莹，Jan Sadlak. 大学排名：国际化与多元化［M］. 上海：上海交通大学出版社，2009：209.

校将排名靠前的大学视为'榜样',复制它们的政策和发展方向,最终导致自身独特性的丧失。不考虑本地和本国的实际情况,一味模仿所谓的'最佳实践'可能会导致高等教育系统的单一化,从而破坏高等教育的多样性和复杂性,同时威胁本地和本国的语言、文化和使命。"[1] 说到底,竞争性排名能够排出的只能是名次上的世界一流,而排不出真正卓越的大学和道德的领袖。

## 第三节　重新定义一流大学

世界一流大学建设的时代背景是知识经济和知识社会的兴起,原本和大学排名无关。1999 年世界银行提出过一个分析框架,用以指导世界各国发展知识型经济。该框架强调了四个相互协调、互为补充的重要战略维度,即适当的政治经济体制、丰富的人力资源基础、先进的信息基础设施和高效的国家创新体系。[2] 世界一流大学建设只有成功嵌入上述分析框架,基于适当的政治经济体制,融入高效的国家创新体系,凭借先进的信息基础设施,生产丰富的人力资源,才能成为创新的引擎,切实为知识经济的发展提供助力。在这一过程中,"一个关键问题是,大学不能只以自己为参考系,这不仅是因为大学不够支撑自己、没有外部支持就不能维系,也因为大学的核心功能要求其与社会互动并努力认知世界"[3]。相反,如果忽视了适当的政治经济体制的约束,如果大学孤立于国家创新体系之外,以自我为中心,热衷于排名的游戏,世界一流大学建设不但难以迎来高等教育发展的黄金时代,还有可能会在知识经济时代面临合法性危机。

由于排行榜的盛行,当前世界一流大学建设正面临工具主义挑战。

---

[1] 刘念才,程莹,王琪. 从声誉到绩效:世界一流大学的挑战 [M]. 江小华,译. 上海:上海交通大学出版社,2017:220.

[2] 王琪,程莹,刘念才. 世界一流大学:国家战略与大学实践 [M]. 上海:上海交通大学出版社,2011:1.

[3] 王琪,程莹,刘念才. 世界一流大学:国家战略与大学实践 [M]. 上海:上海交通大学出版社,2011:40.

"大学总是作为国家的延伸而进行竞争。"[①] 在国与国的竞争中，大学被"经济上正确"和强国民族主义所"绑架"，成为炫耀国家强大的一种宣传工具。表面上看，我们时代的大学发展高度繁荣，政府给了大学充足的经费，大学则回馈以更高的排名。但实质上，由于思想的式微，我们时代的大学正在趋于平庸。现代大学虽然科研成就斐然，但思想层面并没有走在时代变化的前端，反而是被时代思潮裹挟着走。卓越的大学原本应为社会"造钟"，即创造环境以强化某种共同的核心理念，而现在却只能是"报时"，即为特定的对象提供"叫醒"服务。很多国家对于高等教育发展的需求并不明确，只是机械地模仿其他国家进行所谓的"世界一流"大学建设。"世界一流研究型大学确实是发展的标志，但还不清楚它们处在欠发达社会和发达社会，对国家发展的贡献是否一样大？……以大学的表现作为指标来比较这些院校在各自国家所起的作用，必须首先精确定义我们期望大学起什么作用，并且明白各种指标如何帮助我们确定既定的作用是否被实现。因此，就必须从发展的意义上彻底地审视需要与潜能。"[②] 面向未来，为了确保大学作为一种重要的社会机构能够基业长青，世界一流大学的建设必须超越排名的羁绊，重申大学"造钟"而非"报时"的定位。

所谓"造钟"，也就意味着一种"创业精神"，即"一种白手起家创造和建设新的愿景的能力：从本质上来说，这是人类的一种创造性行为"[③]。这意味着大学的发展不能只是"守成"，而是要"创新创业"。某种意义上，创新创业是我们时代的大学面临的首要的"政治"任务。在时代的巨变中，大学转型是不可阻挡的潮流。如果不想被时代淘汰，大学必须创新

---

[①] 王琪，程莹，刘念才. 世界一流大学：国家战略与大学实践［M］. 上海：上海交通大学出版社，2011：32.

[②] 菲利普·G. 阿特巴赫，乔治·巴兰. 世界一流大学：亚洲和拉美国家的实践［M］. 吴燕，宋吉缮，等，译校. 上海：上海交通大学出版社，2008：193.

[③] 李锺文，等. 创新之源：硅谷的企业家精神与新技术革命［M］. 陈禹，等，译. 北京：人民邮电出版社，2017：85.

创业，既注重"水平进步（重复）"又注重"垂直进步（创新）"。① 只有从1到n的增长，而没有从0到1的创新，世界一流大学建设不会有美好或远大的未来。现代大学必须从创新创业的时代精神中汲取力量，以实现"垂直进步"。按德鲁克的说法："关于创业精神的发展历史，没有比现代大学尤其是美国大学的创立和发展更好的'课本'了。……1870年后的30年里，一群杰出的美国大学校长创立并发展了新型的美国大学——它们既具有明显的新颖性，又有独特的美国特征。"② 当前创新驱动发展的时代浪潮在给大学的核心价值观带来冲击的同时，也为世界一流大学建设提供了难得的机遇。2000年后，随着新加坡国立大学提出21世纪"从传统学术使命向创业导向型转变"的新使命，商业化的研究和创新得到了政府战略和政策的关注。这一制度化的战略表现在营造教学、培训和实习中的创业氛围，鼓励创办企业，鼓励专利申请和知识产权的商品化。③ 事实证明，这种发展战略的转变，极大提高了新加坡国立大学的全球竞争力。

近年来，在"双一流"建设政策激励下，在我国部分经济发达的中心城市，"经营大学"逐渐成为政策热点，有越来越多的大学从地方政府获得了充沛的资源。在中央政府和地方政府的共同支持下，有些大学在"创业"的起步阶段，极短时间内就拥有了先进的科研设施和育人条件，为从优秀走向卓越奠定了必要的物质和制度基础。但要成为一所卓越的大学仅有资源是远远不够的，还必须从时代精神中发现"正确的"理念，并将其嵌入大学的价值体系，以驱动大学的永续发展。"学术界的竞争有两个方面。一是资源的竞争。第二个主要方面是比谁更优秀。"④ 在世界一流大学

---

① 彼得·蒂尔，布莱克·马斯特斯. 从0到1：开启商业与未来的秘密[M]. 高玉芳，译. 北京：中信出版社，2015：5.
② 彼得·F. 德鲁克. 创新与创业精神[M]. 张炜，译. 上海：上海人民出版社，2002：28.
③ 王琪，程莹，刘念才. 世界一流大学：国家战略与大学实践[M]. 上海：上海交通大学出版社，2011：226.
④ 丹尼尔·若雷，赫伯特·谢尔曼. 从战略到变革：高校战略规划实施[M]. 周艳，赵炬明，译. 桂林：广西师范大学出版社，2006：11—12.

群体中,我国部分顶尖大学在资源上愈来愈有竞争力,劣势主要集中在学术原创性和卓越贡献方面。"尽管中国大陆对顶尖高校的设施和一流硬件的投入令人印象深刻,但学术系统的软件要素,即机构治理和学术文化则不太能够促进科研和教学质量与数量之间取得更好的平衡。"[①] 从长远来看,无论是基于大学自身创业的现实需要,还是经由学术创业以实现创新驱动发展的时代使命,我国的世界一流大学建设都必须经由研究型到创新创业型的范式转换,尽快从 1.0 版本过渡到 2.0 版本。我国的世界一流大学建设,在强化资源优势的同时应尽可能通过创新创业提高大学自身服务于经济社会发展的能力,在大学、政府与产业的三重螺旋中实现知识创造价值。

**大学教育重心的转移**[②]

| 2000 年以前<br>(前全球化世界) | 2000—2015 年<br>(全球化世界) | 未来<br>(后全球化世界) |
| --- | --- | --- |
| 基本能力 | 全球能力 | 全球本土化能力 |
| 课程 | 沟通能力 | 创新能力 |
| 教师 | 跨文化交往能力 | 创业能力 |
| 设施设备 | 跨学科能力 | 超越经验(改变想象力) |
| 学分、师生比例 | 道德 | 精神和道德价值 |
| 质量保障和认证 | 社会责任 | 可持续发展概念 |
| 国内排名 | 全球排名 | 创新和相关排名 |

高等教育的三大职能由来已久,但在以资源为基础的工业经济体系里,知识的重要性并不突出。历史上,根据工业经济在不同发展阶段的不同需要,大学可以在教学、科研和社会服务三大职能间进行选择。大学要

---

① 刘念才,程莹,王琪. 从声誉到绩效:世界一流大学的挑战 [M]. 江小华,译. 上海:上海交通大学出版社,2017:144.
② 刘念才,程莹,王琪. 从声誉到绩效:世界一流大学的挑战 [M]. 江小华,译. 上海:上海交通大学出版社,2017:194.

么重视教学,要么重视科研,要么重视对所在区域的服务,无论选择哪一种职能作为工作的中心,均可以成就一所优秀的大学。但在以知识为基础的经济体系里,大学的使命是成为创新创业的引擎。此时,教学、科研和社会服务职能不再是大学的"可选项"而是成为了"必选项",大学的职能不再是"单选""双选"而是"全选"。作为三重螺旋模型的主体和创新创业的"发动机",我们时代的大学必须面对多维的评价,并尽可能满足不同利益相关者的不同需求。"大学功能的多样性正在增加。这是因为将技术、新科学应用到日常生活中(比如应用于商品和服务的生产)的需求不断增加,使科学的边界扩大了。在总体层面上,可以由教学(基础和继续教育)和科研(生产和传播知识)这两种使命来确定大学的特征。但是大学服务社会的第三使命愈来愈重要:大学对社会和经济的影响(盈利和非盈利产出)。"[1] 一所优秀的大学或力争成为世界一流的大学必须同时做好教学、科研和社会服务的工作。"我们应当鼓励大学在所有职能上都表现优秀,而不应仅限于第一职能和第二职能。"[2] 如果说在工业社会中大学在三大职能上还可以"有所为,有所不为",那么知识社会中的大学则必须力争在尽可能多的事务上都要有所为,并努力在每个职能上均表现优秀并追求卓越,而不能只是在科研排名上表现优异。

基于创新驱动发展的需要,在知识经济体系和知识社会中被凸显的不只是大学的教学、科研和社会服务职能本身,更是这些职能的实现方式以及隐藏在其背后的方法、手段、价值观以及资源和权力的分配与运行方式。在知识经济体系中大学的三大职能本身并没有太大的变化,但三大职能所产生的"输出"以及"输出"的方式会有根本的不同。在传统大学里,教学就是传授知识,科研就是生产知识,为社会服务就是应用知识或传播知识。但基于知识的经济和社会环境,要求无论教学、科研还是社会

---

[1] 刘念才,Jan Sadlak. 世界一流大学:特征·排名·建设[M]. 上海:上海交通大学出版社,2007:122.

[2] 刘念才,程莹,Jan Sadlak. 大学排名:国际化与多元化[M]. 上海:上海交通大学出版社,2009:182.

服务都必须注重创新能力和创业思维的培养（创新创业必须以不损害教学、科研、社会服务的质量为前提）。在创新创业范式下，"大学能够以不同的形式服务社会，我们可以从财政的角度对大学的第三职能进行划分。向社会提供服务的途径之一是'不追求经济回报'的服务活动。这一类第三职能我们称之为'社会的第三职能'。第二种类型是'企业的第三职能'。大学期望通过对社会、产业、其他机构的服务拓宽经费来源渠道、增加收入，因此服务所得不仅要能够支持各种直接间接成本，还要'为大学带来经济回报'。第三类职能的最后一种类型是'创新的第三职能'，它是指那些可以被转化的科研服务、产品和成果。此类服务超越了传统的技术转移，他们试图自己寻找风险资本和投资人并创立公司"[1]。当前各种的大学排名仍然主要以源自19世纪的研究型大学范式为基础，以科研生产力或论文发表作为主要测量对象。各种排行榜不但忽略了大学的教学和社会服务职能的重要性，科研活动中的"非竞争性产品"也基本被排除，严重阻碍了大学从教学型、研究型到创新创业型的范式转换。

由于事关重大，我们时代大学的范式转型不可能再像历史上那样将大学置于未知的危险之中，而必须在风险可控的前提下进行渐进式改革和创新。在世界范围内，自20世纪90年代以来，随着创新创业理念的普及和创新创业型大学的兴起，研究与经济的关系更加紧密，大学的运营也更加企业化和市场化。但整体上，当前研究型大学仍然是世界一流大学建设的重要和主要取向。"虽然旧的范式已经受到损害，但也没有证据表明新的范式已经取代了旧的范式。"[2] 由于深受排名系统的影响，在世界一流大学建设中，教学型大学和研究型大学向创新创业型大学的范式转型仍然很难实现。由于缺乏创业思维，大学传统的教学、科研、社会服务职能很难适应创新驱动发展的需要。好的排名不但成为大学获取资源的"杀手锏"，

---

[1] 刘念才，程莹，Jan Sadlak. 大学排名：国际化与多元化［M］. 上海：上海交通大学出版社，2009：178－179.

[2] 菲利普·G. 阿特巴赫，乔治·巴兰. 世界一流大学：亚洲和拉美国家的实践［M］. 吴燕，宋吉缙，等，译校. 上海：上海交通大学出版社，2008：193.

也成为了其逃避现实的"避风港"。很多人将大学的排名与其质量等同，似乎只要各类排名足够好，大学到底在做什么并不重要。排名的盛行以及竞争的压力促使大学把自己的中心工作调整到了与排行榜所设定的指标体系相一致。大学更着迷的是利用指标体系和统计学方法来预测下一年度大学和学科的各类排名进展，而不是10年或20年后大学创新发展的愿景。同样受排行榜的影响，对于世界一流大学有助于大国崛起的坚信（大学可以与政府一起塑造国家的命运），不是建立在数据或证据的基础上，而是基于一种浪漫主义的想象。"各国有关世界一流大学建设的大肆宣传已经远远超过了国家的需要和能力范围。"① 为了避免高等教育发展，尤其是世界一流大学建设的某种非理性，"必须在适当的背景下探索推动世界一流大学建设的压力和动力，以避免过于夸大世界一流大学的价值和重要性，扭曲高等教育资源的分配格局"②。无论何时，大学发展对于国家建设或经济社会发展的贡献都是有条件的而不是无条件的。不同国家、不同时期对于大学的需求也是不同的。大学的发展不应超越国家发展的阶段。某种意义上，一流的大学只有在一流的国家才能发挥一流的作用。二流的国家很难建成一流的大学。当今世界真正的科技创新主要集中于少部分发达国家有其内在必然性。"中等收入的经济体更容易产生'中间'创新与中等水平的技术。"③ 实践表明，大学地位与影响力的上升和国家地位与影响力的上升基本是同步的。世界一流大学的形成更多地是大国崛起进程中的连带效应，④ 而不全是大学自身努力的结果。因此，"我们不应该对中等收入新兴经济体中大学的作用过度乐观，这些经济体中的大学与主要发达国家的

---

① Jamil Salmi. 世界一流大学：挑战与途径 [M]. 孙薇，王琪，译校. 上海：上海交通大学出版社，2009：11.
② Jamil Salmi. 世界一流大学：挑战与途径 [M]. 孙薇，王琪，译校. 上海：上海交通大学出版社，2009：10.
③ 傅晓岚. 中国创新之路 [M]. 李纪珍，译. 北京：清华大学出版社，2017：98－99.
④ 叶赋桂，陈超群，吴剑平，等. 大学的兴衰 [M]. 北京：清华大学出版社，2016：25.

大学之间依然存在着较大的差距，特别是在研究质量及其影响上。即使新兴经济体国家在科学出版物数量方面可以宣称自己在新兴技术的某个领域领先，然而一份对文献引用数及替代指标的深入分析表明，它们仍需要提升其科学研究的影响力"[1]。如果政府和大学有意忽视了这个"残酷"事实，世界一流大学建设很容易陷入一种非理性的狂热，即对于世界一流大学建设的投入远远大于这些大学对于经济社会发展的回馈。作为一种常识，"虽然拥有高质量的科学家和专业很重要，但同样重要的是，要保证它们回馈给社会的比从社会汲取的好处要多。为这个政策问题寻找最佳答案，就必须把高质量的科研看作是前提而非目标，或者是看作达到其他目标的途径，而非把科研看作终极目标"[2]。

总之，世界一流大学建设中，对于大学排名的消极影响我们必须高度警惕。为应对因排名可能引发的潜在的危机，我们需要以创业思维重新定义一流。"当今排名方法的局限性主要表现为对质量和卓越的狭隘定义。如果大学过分强调排名的重要性，就会导致无法完成高等教育本身应担当的责任。"[3] 随着创业型社会的来临，"在这个社会里，创新与创业将是十分平常、相对固定、持续不断的工作。正如管理成为所有当代机构的特定工具以及我们这个组织社会的综合性工具一样，创新与创业精神也应成为我们的机构、经济和社会赖以存在的主要活动"[4]。在创新创业型社会里，大学的所有活动都不能只是为了大学的声望，而是要关注对于经济社会发展的实质贡献。"当一种制度所付出的代价与其收益相等或大于收益时，

---

[1] 傅晓岚. 中国创新之路 [M]. 李纪珍，译. 北京：清华大学出版社，2017：177.

[2] 菲利普·G. 阿特巴赫，乔治·巴兰. 世界一流大学：亚洲和拉美国家的实践 [M]. 吴燕，宋吉缮，等，译校. 上海：上海交通大学出版社，2008：188.

[3] 王琪，程莹，刘念才. 世界一流大学：共同的目标 [M]. 上海：上海交通大学出版社，2013：120.

[4] 彼得·F. 德鲁克. 创新与创业精神 [M]. 张炜，译. 上海：上海人民出版社，2002：325.

这种制度是没有效率的。"[①] 与过去相比，创新创业精神之于我们时代大学转型发展前所未有地重要。但在排名体系下，今天的世界一流大学建设仍然以研究密集为主要特征，获得科研成就的条件、过程和价值等共同构成了大学发展的目标，并在大学的组织结构中实现了制度化。在可以预见的未来，如果我们仍然坚持以排名作为衡量世界一流大学的标准，那么大学对于经济社会发展的贡献就会处于可替代的位置，创新创业就只能是大学教育的一个子目标（创新创业教育），而不可能成为大学的全部任务或转型发展的新范式。[②] 面向未来并从社会实践的现实需要出发，世界一流大学建设应是一个"创新创业"的过程，而不应是主要围绕科研职能在排名上进行攀比。

---

① 让·波德里亚. 消费社会 [M]. 刘成富，等，译. 南京：南京大学出版社，2001：22.
② 王建华. 创新创业：大学转型发展的新范式 [J]. 南京师大学报（社会科学版），2018（5）：24—32.

# 第四章
# 为创新而治理：大学治理变革的方向

**本章要点**：创新治理是公共治理理论和技术在创新领域中的应用，目的是通过治理来提高创新的效率。当前大学治理以学术治理为主导，以行政管理范式来应对科技创新，忽视了创新治理的必要。在创新驱动发展的新时代，创新的内涵更加丰富，创新创业之于经济社会发展的重要性凸显。作为国家创新体系和知识社会的轴心机构，大学需要为创新而治理。

长期以来，"创新治理"被等同于"国家创新治理"或"企业创新治理"。大学以高深学问为合法性基础，受传统的学术治理范式主导，忽视了创新体系建设和创新治理的重要性。在学术自治和学术自由的框架下，大学的创新几乎处于"无组织"的状态，有组织创新严重匮乏。随着大学在国家创新体系中地位的提升以及创新创业之于经济社会发展重要性的凸显。创新工作应该作为一种"事业"，而不仅仅是大学的一种"职能"。[①]大学需要更新对于创新创业的认知，将创新体系建设置于大学工作的中心地位，时刻准备创新，并为创新创业而治理。我们时代大学仅发现新的科学技术或创造新的社会技术是不够的，还必须把它们投入使用。发现和发明只是这一过程的开始，下一步是革新，而革新是政治问题，[②]必然需要

---

① 陈荣平. 管理大师中的大师——彼得·德鲁克［M］. 保定：河北大学出版社，2005：149.
② 丹尼尔·贝尔. 后工业社会的来临［M］. 高铦，等，译. 南昌：江西人民出版社，2018：296.

治理。

## 第一节 创新需要治理

对于创新，不同学科、不同领域有不同的认知。在高等教育中，对于创新的理解主要集中于教学和科研两个方面。教学方面主要体现为创新型人才培养，科研方面主要体现为科技创新。不过，无论人才培养还是科学研究，高等教育中的创新主要体现在"知"或"认识"的层面。与高等教育领域相比，经济领域对于创新的认识更为全面和深刻，并发展出了创新经济学。历史上，熊彼特最早从经济学的角度阐明了创新的内涵。他在《经济发展理论》一书中指出："我们所说的发展，可以定义为执行新的组合，这个概念包括下列五种情况：（1）采用一种新的产品。（2）采用一种新的生产方法。（3）开辟一个新的市场。（4）掠取或控制原材料或半制成品的一种新的供应来源。（5）实现任何一种工业的新的组织。"[1] 在熊彼特的定义里，"创新"是一种非常特殊的概念——企业家"决策"。如他所言："创新不是一个科学家或工程师的工作，而是一个企业家冒险投资于新业务的决策。"[2] 在熊彼特从企业家决策的角度阐明创新与经济发展的关系后，德鲁克进一步丰富了创新的内涵，提出了科技创新、社会创新、管理创新、制度创新、市场创新以及系统化创新等概念，使创新从经济学和管理学的重要范畴发展成为一门相对独立的学问。如他所言：在过去的半个世纪中，"在技术上或在社会上有目的的创新本身就已经成为一门有组织的学科，是一门既可教又可学的学科，这可能是最大的变革"[3]。在熊彼特和德鲁克之后，使创新这一概念广为人知，并对经济社会发展产生巨大

---

[1] 约瑟夫·熊彼特. 经济发展理论 [M]. 何畏，等，译. 北京：商务印书馆，2019：76.

[2] 弗里茨·马克卢普. 美国的知识生产与分配 [M]. 孙耀群，译. 北京：中国人民大学出版社，2007：145.

[3] 彼得·德鲁克. 巨变时代的管理 [M]. 朱雁斌，译. 北京：机械工业出版社，2019：67.

影响的另一位学者是迈克尔·波特。他在《国家竞争优势》一书中将国家经济发展分为四个阶段：要素导向阶段、投资导向阶段、创新导向阶段和富裕导向阶段。根据波特的国家竞争优势理论，前三个阶段是国家竞争优势发展的主要力量，通常会带来经济上的繁荣。第四个阶段则是经济上的转折点，国家经济有可能因此而走下坡路。[①] 当前在世界范围内伴随工业社会向后工业社会转型，创新已经成为国家发展的战略资源。美国国家科学院发布的2005年和2010年的美国竞争力报告强调了国家对创新的依赖程度。2010年的报告更是明确指出，全国只有4%的劳动力是由科学家和工程师组成，但是这些人却不成比例地为其余96%的人提供了工作。[②] 在创新驱动发展的新时代，为更好应对创新的复杂性，避免创新政策和创新系统的失灵，提高创新的效率，必须建立创新治理体系。

我们时代创新之所以需要治理和创新范式的转变以及经济社会发展所处阶段密切相关。首先，创新治理和创新范式的转变有关。"创新管理体制的变革直接来自于创新范式的演进，创新管理体制的变革紧跟创新范式变化。线性创新观下的科技管理认为，研发端的要素推动可以促进创新，政府单向的投资、管控是最直接有效的措施。创新系统观下的创新管理认为，产学研互动才能促成创新的成功，系统内部各要素的良性互动推动创新发展，政府利用政策工具刺激各创新主体在国家计划中协作。创新生态系统视角下的创新治理中，创新不是通过刺激就能输出的静态系统，创新不是确定的、必然的事件。创新治理通过公共与私人部门、社会各组织的紧密协作，合力在创新活动的各方面提高创新成功的机率。"[③] 其次，创新治理和经济社会发展所处的阶段有关。"从科技管理这种单纯的行政手段向创新治理演化既有科技本身发展的需要，同时也是经济社会发展及全球

---

① 迈克尔·波特. 国家竞争优势（下）[M]. 李明轩，邱如美，译. 北京：中信出版社，2012.
② 史蒂夫·C. 柯拉尔，等. 有组织的创新：美国繁荣复兴之蓝图[M]. 陈劲，尹西明，译. 北京：清华大学出版社，2017：7.
③ 吴晓烨. 创新生态系统视角下的创新治理研究[D]. 武汉大学硕士学位论文，2018：32.

化发展的必然要求。"[①] 当经济社会发展所需要的创新主要源于个人智慧时无须特别的治理；当创新只是属于单个组织的内部事务时也无须专门的治理。然而，当创新的实现受社会系统中各要素的相互制约，并对经济社会发展具有重大影响时，为了提升创新能力、提高创新效率、降低创新风险，就必须建立创新治理体系，为创新而治。

当前在国家层面，为了建立创新型国家，实现创新驱动发展战略，需要将公共治理理论引入创新领域，"强调创新政策制定多方主体的参与性、合作性以及民主性"[②]。在大学层面，为了建立创新创业型大学，并使其成为创新的引擎，也需要建立大学创新治理体系，为创新而治。与国家创新治理不同，大学之所以需要为创新而治，虽也和创新范式的变化有关，但最主要受大学发展范式的变化影响。传统上，大学的创新主要局限于认识论的层面，受个人"闲逸的好奇"所驱动。创新的实现依赖个人的天赋与知识的积累。受学术自治和学术自由相关制度的保护，大学作为探究的场所自成一体，创新与否是一个自然的或随机的过程，较少受其他非学术因素干扰。"我们的学术文化经常强调好奇心驱动的研究而不是现实和接地气的调查。由于一个要求原创发明的激励体系，大学研究倾向于极端专业化而实际影响很小的增量式研究"[③]。但今天创新已不局限于以追求真理为目的的科技创新，创新成为一项跨组织、跨学科、跨行业、跨区域、多主体、网络化、全球性的活动。那些有组织的系统性创新主要不再由人的好奇心支配，而是深深植根经济社会发展的现实需要。对于经济社会发展而言，"科技创新不能简单理解成为发表论文和专利，视作仅仅是高校和科研院所的活，是科学家肩负的任务。创新的内容包罗万象，创新的范围覆盖各行各业。创新驱动需要政府、企业、高校、科研院所、社会

---

① 陈套. 从科技管理到创新治理的嬗变：内涵、模式和路径选择 [J]. 西北工业大学学报（社会科学版），2015（3）：4.

② 杨继明，冯俊文. 从创新治理视角看我国科技宏观管理体制改革走向 [J]. 科技进步与对策，2013（3）：99.

③ 史蒂夫·C. 柯拉尔，等. 有组织的创新：美国繁荣复兴之蓝图 [M]. 陈劲，尹西明，译. 北京：清华大学出版社，2017：25.

中介、金融机构和大众等共同参与和协同发展。创新驱动发展不是科技专家的单兵作战，各创新主体的共同参与成为国际上创新治理的主要趋势。未来的创新不仅是科学发现和技术发明，还包括产品创新、业态创新、模式创新、组织创新等"[1]。基于此，大学及整个社会都要走出对"创新"的误解——创新仅仅与市场有关、创新源于个人智慧以及创新在很大程度上是偶然的，[2] 从"无组织的创新"走向"有组织的创新"。为适应创新的复杂性、不确定性、系统性和高风险，并避免科层管理对于创新的消极影响，需要引入公共治理的理论和技术，加强大学创新治理体系和创新治理能力建设。

除创新范式的变化之外，大学需要为创新而治理的另一个原因是大学发展范式的转变。在传统范式下，教学和研究是大学的两个中心，大学与经济社会发展之间的关系相对疏远。伴随着从工业社会向后工业社会的转型，大学在经济社会发展中的地位发生了显著变化。在《后工业社会的来临》一书中，丹尼尔·贝尔就指出："如同商业公司由于组织大批量生产的功能而在过去一百年间成为社会中的核心机构一样，大学（或其他形式的知识机构）作为发明和知识的新源泉将成为未来一百年的核心机构。"[3] 在知识社会中，为满足创新驱动发展和创业革命的需要，教学型大学和研究型大学需要向创新创业型大学转型。伴随创新创业范式的扩散，创新创业在大学中的地位将显著提高，并将最终成为大学工作的中心。在此背景下，就像为适应创新范式的变迁，科技管理将转型为创新治理一样，为适应大学发展范式的转型，传统的学术治理也将向创新治理转变。在旧的范式下，无论教学型大学还是研究型大学，其合法性基础都是高深学问。以高深学问为基础，大学以学术治理为主体，学术治理的目的则主要是为了

---

[1] 陈套. 中国创新体系的治理与区域创新治理能力评价研究 [D]. 中国科学技术大学博士学位论文，2016：2.
[2] 史蒂夫·C. 柯拉尔，等. 有组织的创新：美国繁荣复兴之蓝图 [M]. 陈劲，尹西明，译. 北京：清华大学出版社，2017：32—33.
[3] 丹尼尔·贝尔. 后工业社会的来临 [M]. 高铦，等，译. 南昌：江西人民出版社，2018：324.

学术本身。与学术治理相比，创新治理则是为了系统化创新。为了学术的学术治理主要考虑的是学术的发展，而为了创新的创新治理则要着眼于大学成为创新的引擎和创业的孵化器。

总之，我们时代科技创新与经济社会发展之间的交互性显著增强。"科学与社会的关系从传统的'科学与社会'（science and society）、'社会中的科学'（science in society）开始向'科学伴随社会'和'科学为了社会'（science with society and for society）的范式目标转移。新兴科学技术创新的治理也开始从科学共同体的内部自治转向更广泛社会层面的治理"[1]。知识和创新经济发展的实践也表明，在基于知识的后工业社会里，大学作为知识组织的工具性力量将显著增强，为创新而治理成为必然选择。如德鲁克所言，20世纪，通过管理制造业的体力劳动者的生产率增长了50倍；21世纪，管理需要做出的最重要的贡献与20世纪类似，它要提高知识工作和知识工作者的生产率。[2] 因此，就像20世纪里通过"全面质量管理"保障工业品的高质量一样，在21世纪里必须通过"全面创新治理"来保障知识人的创新能力和知识产品的创新性。

## 第二节　大学创新治理的必要

当前在高等教育实践中，治理作为一种学术和政策话语十分流行，但就大学的组织结构和制度安排而言，与治理的理念并不匹配。大学的很多工作仍然是基于科层制度由职能部门的行政管理所主导。学界关于大学治理的讨论也多集中于管理层面，尝试将过去属于管理的事务以治理的方式来处理，有为治理而治理的嫌疑。与对治理的关注相比，学界关于创新的研究大都将其定义的创新限制在观念产生和设计界定这一步骤上，而少有

---

[1] 梅亮，陈劲，吴欣桐. 责任式创新范式下的新兴技术创新治理解析——以人工智能为例 [J]. 技术经济，2018（1）：2.
[2] 彼得·德鲁克. 21世纪的管理挑战 [M]. 朱雁斌，译. 北京：机械工业出版社，2019：152.

研究对创新进行治理的组织结构问题。① 对于大学而言，治理是工具而不是目的。大学的治理必须服务于大学的中心任务。在治理的内涵日益泛化的今天，必须清楚大学治理的边界和方向，弄清楚大学的哪些核心事务是非治理不可解决的，哪些事务可能根本不属于治理的范畴。需要治理的要强化其治理体系和治理能力，不需要治理的应着力提升其管理的专业化水平。

我们时代大学作为创新的引擎，迫切需要强化创新治理。"知识的本质是异质和分布的：它是多个具有不同特征及分工的技术模块和过程交互作用的结果。这就决定了创新总是与程度不同的知识交易、通信和协调成本无法分割。系统要以最有效率的方式结合内外部的技术资源来进行创新，或者说以最优的路径运用知识，必须建立合适的治理机制。"② 遗憾的是，当前关于大学治理的研究以及相关治理变革基本不涉及创新治理，而关于创新治理的研究和改革实践也较少关注大学的创新实践。在创新驱动发展的新时代，作为创新的引擎和国家创新体系的核心，大学不但对于国家创新治理体系的建立至关重要，大学自身的创新治理也同样重要。"创新治理旨在提高创新效率，降低创新成本，提升创新资源的配置效率及科技创新与社会、经济等方面的发展协同。"③ 推进国家创新治理体系和创新治理能力现代化的过程中，完善大学的创新治理体系、提升大学的创新治理能力是不可或缺的重要一环。

当前虽然创新治理在高等教育领域还是一个新课题，但在经济学、科学学、公共管理、科技管理等领域已有长期的研究和丰富的成果。无论理论上还是实践中，从"科技管理"和"创新管理"向"创新治理"转变已是大势所趋。对于国家而言，所谓"创新治理"就是政府为了实现公共目

---

① 顾骅珊，陈劲. 企业创新治理层级分解形式的演化交易成本经济学解释 [J]. 社会科学辑刊，2011（2）：78.

② 任重. 基于分布式的创新治理机制研究 [J]. 科学学与科学技术管理，2009（6）：50.

③ 陈套. 从科技管理到创新治理的嬗变：内涵、模式和路径选择 [J]. 西北工业大学学报（社会科学版），2015（3）：2.

标，与学术界、企业界、民间社会等多元利益主体，平等参与、交互作用、共同创新的契约管理过程。其实质就是公私合作或政府与社会合作，以最大限度实现公共创新目标。[①] 以创新驱动发展为背景、以国家创新治理为参照提出大学创新治理并非为了发明一种新的与大学治理相关的概念，而是基于创新范式与大学发展范式的变迁，对于大学内部传统的科研管理和学术治理内容的重新发现，以及对大学治理变革的理性解读。大学为创新而治理绝非治理时尚的肆意蔓延，而是大学创新实践的需要，是"一种伴随组织创新行为的治理模式适应"，即通过治理变革来提高对创新进行"搜寻"的效率。[②]

治理绝不限于国家治理，创新治理当然也不限于国家创新治理。大学作为创新的引擎，创新治理本是大学治理的题中应有之义。作为国家创新体系的核心，有组织的创新架构是将大学作为科技发明和商业化的资源进行使用的最佳途径。[③] 实践证明："美国是当今世界科技最为发达的国家，其州立大学的科技创新之所以取得了举世瞩目的成绩，与其治理体系的现代化有着直接关系。在先进治理理念指导下，实现了治理主体的多元化、治理结构的网络化、治理制度的规范化和理性化以及治理手段的法治化和市场化。"[④] 有学者从创新治理的视角对日本新型科研院所的治理进行研究也发现："新制度以创新治理代替创新管理、从供给导向转为需求导向的做法更加符合技术开发阶段的研究特点和科研机构的发展规律，体现出政府创新激励方式的变化，为实现高质量科技成果转化，促使科技经济更紧密结合提供了制度性支撑。"[⑤] 长期以来，我国大学治理的理论和实践中没

---

[①] 郭铁成. 近年来国外创新治理实践及启示 [J]. 中国科技论坛, 2017 (8): 186.
[②] 顾骅珊　陈劲. 企业创新治理层级分解形式的演化交易成本经济学解释 [J]. 社会科学辑刊, 2011 (2): 79.
[③] 史蒂夫·C. 柯拉尔, 等. 有组织的创新：美国繁荣复兴之蓝图 [M]. 陈劲, 尹西明, 译. 北京：清华大学出版社, 2017: 68.
[④] 郭广生, 肖念, 王绽蕊, 齐书宇. 美国州立大学科技创新治理体系现代化的启示 [J]. 中国高校科技, 2014 (8): 4.
[⑤] 赵旭梅. 创新治理视角下日本新型科研院所制度研究 [J]. 科技管理研究, 2019 (17): 97.

有给予大学创新治理体系和创新治理能力建设以足够的关注,反映了高等教育理论研究和改革实践的滞后,没有意识到有效的大学创新治理能力是一种稀缺的战略资源。

在国家创新体系下,大学如何有效获取外部知识,尤其是有经济价值的知识,以及如何将这些知识向全国扩散,对于提升创新系统的效率至关重要。[①] 在创新驱动发展和创业革命的新时代,如果仍以传统的教学和科研的管理经验以及科技管理范式来应对创新创业,只会导致创新创业的失灵。现行科研管理制度下,"大量的经费被投到毫无知识附加值的研究领域,而真正能够从事知识生产和创新的人才得不到所需要的资助"[②]。为适应创新创业的需要,大学需要由管理驱动向创新驱动转变。创新驱动大学就意味着大学要以创新为中心。"不创新,就死亡"。在即将到来的知识社会里,文凭和学位的授予将不再是大学的"护身符",大学也将不能再垄断高深知识的生产、传播与应用。在此社会情境下,即便是那些管理良好的大学,如果没有创新或创新效率低也将被淘汰。"所有问题的核心,是如何充分调动各创新行动者的积极性并形成协调有序的联结机制,以保持创新要素的互动、衔接、转化和融合。"[③] 大学仅拥有教学和科研方面的创新资源是不够的,还必须为创新而治理,通过治理提高创新效率。事实证明,"大学太重要,不能只让知识界来管理;其成本太高,不能掉以轻心;其面临的危险太多,不能只是修修补补。大学须用新的方式来协调和控制。今天人们对大学的要求是,要有新的规划,能满足复杂的需求,并实行理性管理"[④]。此外,在国家创新驱动发展战略中,"创新"主要是经济和社会概念而不是技术和教育概念。高等教育发展要嵌入国家创新驱动发

---

① 李根. 经济赶超的熊彼特分析:知识、路径创新和中等收入陷阱 [M]. 于飞,陈劲,译. 北京:清华大学出版社,2016:42.

② 郑永年. 郑永年论中国:中国的知识重建 [M]. 北京:东方出版社,2018:35.

③ 章文光,吴映雄. 国家自主创新示范区创新治理行动者网络构建 [J]. 新视野,2020 (1):65.

④ 弗雷德里克·E. 博德斯顿. 管理今日大学:为了活力、变革与卓越之战略 [M]. 王春春,赵炬明,译. 桂林:广西师范大学出版社,2006:2.

展战略必须拓展和更新对于创新的理解,以使高等教育中的创新能够与经济社会发展中的创新相对接。世界范围内,大学的科研与经济社会发展脱节是一个痼疾。推进创新治理必须打通科技和经济社会发展之间的通道,减少直至消除无效科技供给,提供高质量的有效科技供给。[1] 在现代社会中,创新的实现不是简单增加科研投入和引进人才可以决定的,而是必须建立创新治理体系,将大学的创新与经济社会发展相衔接。

## 第三节　大学的创新治理体系

无论在哪个领域,创新的产生都受很多因素制约,因此,创新一直是稀缺的。高等教育中的创新同样如此。传统上,人们认为创新源于少数人的天才,是偶然的,大学倾向"得英才而教之"。稍后,人们认为创新的产生合乎某种概率分布,只要有更多的人接受过高等教育,就会有更多的创新。很多国家开始增加投入、扩大高等教育规模,试图通过大力发展高等教育来实现国家的创新驱动发展战略。但更大规模的高等教育以及更多接受过高等教育的人口并不必然带来更多的创新,也不会必然导致国家创新驱动发展战略的实现。在真实的社会情境中,创新能否实现受到交易成本和认知成本的双重制约。所谓交易成本,即相关制度安排可能提供的便利或造成的阻碍。所谓认知成本,即人的有限理性。在从已知通往未知的过程中人们意欲创新,但只能有限如此。归根结底,创新要由知识工作者做出,而知识工作者的工作受个体的创新能力和制度环境的制约。因此,世界各国高等教育规模的大小与创新成果的多少并不成正比。有些国家以较小的人口规模和高等教育规模,提供了大量创新性的成果,而有些国家虽然有巨大的人口规模和高等教育规模却只产生了较少的创新性成果。这其中一个重要的影响因素就是制度环境和创新能力所导致的交易成本和认知成本的差异。创新并非主观愿望能够决定的,而是由知识组织的创新治理体系以及知识工作者的创新能力决定。"交易成本以及认知成本的存在

---

[1] 郭铁成. 近年来国外创新治理实践及启示 [J]. 中国科技论坛, 2017 (8): 192.

都会导致创新十分困难,从而可以看到创新远比我们想象的更加复杂,对这一现象的正确认识有助于提供更加符合现实需要的创新治理的制度或政策"①。社会实践中,提高知识组织和知识工作者生产率的一个可行的策略就是建立创新治理体系,通过创新治理以降低制度的交易成本,并以组织的集体智慧来对抗个人的有限理性。

具体而言,大学的创新治理体系可以分为外部创新治理体系和内部创新治理体系。所谓外部创新治理体系是指政府在国家创新体系和区域创新体系的框架下,通过协调各创新主体的相互关系,强化大学的创新治理。长期以来,政府部门基于线性的创新观,对于科技以及经济领域的创新政策习惯于行政管理。在工具选择上以行政命令和科技政策为主,在体制机制上强调以自上而下的行政手段配置科技资源,②不利于国家创新能力的提升以及创新驱动发展战略的实现。在国家创新体系中,"高校是创造力的供应者,金融系统是创造力的支持者,它们在将创新的想法转化为实际的业务方面是非常重要的。产业部门需要与大学合作,不仅是因为大学是人力资源的重要传统供应者,也因为它们可以为产业部门进行研发,并为创建公司直接提供相关资源。'知识产业化'的新概念变得越来越重要,因为越来越多的行业正把科学视为基础,而不是基于现场的经验"③。近年来,伴随创新范式从线性模式向生态系统模式的变迁,为增强国家和大学的创新能力,世界上很多发达国家开始改革创新治理体系,强化大学的外部创新治理。比如,韩国在 2004 年将科技部提升为副总理级,全面负责科技相关政策的规划、协调、评估以及研发预算的分配,2008 年又将科技部与教育与人力资源部合并,成立了教育科技部;英国在 2007 年将负责教育和科技的两大部门合并,成立了创新、大学与技能部,2009 年又将创新、

---

① 汤吉军,郭砚莉. 创新治理的经济学分析及政策涵义 [J]. 济南大学学报(社会科学版),2017 (3):100.

② 高杰,丁云龙. 交易成本与创新治理视阈下创新群体组织性质及治理模式分析 [J]. 科技进步与对策,2018 (12):19.

③ 李根. 经济赶超的熊彼特分析:知识、路径创新和中等收入陷阱 [M]. 于飞,陈劲,译. 北京:清华大学出版社,2016:154.

大学与技能部并入商务、创新与技能部，组建后的商业、创新与技能部更突出强调了围绕提升创新经济竞争力的政策整合；西班牙在2008年将原来的教育与科技部和产业、旅游与贸易部的部分职能合并，组建了科技与创新部；丹麦于2006年重组了科技部内部机构，对科技部及其执行机构的职能进行了明确划分，形成了现在主管创新的超级部——科技创新部；芬兰政府为了促进大学创新及其成果转化，教育部和原贸易产业部（后并入就业经济部）联合成立了大学发明工作委员会，围绕改善大学和技术学院创新成果的商业化法制环境问题，联合制定了大学改革法和大学发明产权法。[①] 为了在创新主体之间实现更有效的资源整合和成果共享，加强企业科技创新能力，法国也从整合创新主体入手，在横向上在不同区域打造各具特色的"竞争极"，建立"大学—科研机构共同体"；在纵向上以科研领域为基础建立五个"优先领域研发联盟"，形成立体的科技创新网络，并以整合后的创新主体为主要资助对象，增强创新资源配置的统筹性和竞争性。2013年，法国在"科研与高等教育极"基础上将全国高校组成25个区域或区域间的"大学—科研机构共同体"，实现集群内高等教育机构人力、物力、财力资源转移与共享，共同参与国际学术竞争。[②] 与上述各国国家创新治理体系改革相比，我国大学在外部创新治理体系方面存在明显的条块分割问题。虽经多次改革，从科技管理向创新治理的转型仍未完成。政府的科技管理仍局限在科学技术活动的管理，没有覆盖完整的创新链；科技政策仍主要局限在研发政策，没有与经济政策和产业政策有效协同。[③] 创新实践中，政府、高校系统、科学院系统与产业系统仍然很难形成合力，学术链、创新链、产业链、资金链与政策链很难实现真正的协同。

与外部创新治理体系相比，大学内部创新治理体系更加薄弱，甚至是暂付阙如。约翰·加德纳曾指出："任何一流大学都有许多创新，但大学

---

① 杨继明，冯俊文. 从创新治理视角看我国科技宏观管理体制改革走向 [J]. 科技进步与对策，2013（3）：101.
② 石成，陈强. 法国政府创新治理能力建设的行动逻辑及实践启示 [J]. 中国科技论坛，2016（10）：143.
③ 孙福全. 加快实现从科技管理向创新治理转变 [J]. 科学发展，2014（10）：64.

自身几乎从来就没有对其结构或实践进行有意识的创新工作。大学人热衷于在大学之外进行创新。"[1]受科层化管理体制的影响,大学内部主要通过职能部门进行科技管理而非创新治理。"当前世界上90%的大学依然采用层级式的管理结构,在大学工作的人都深知这种体系的缺陷,但无心或无力跳出。"[2]在我国受行政隶属关系的影响,大学科技管理的主要任务只是项目申报、中期检查、课题结项以及年度科研成果统计等。在行政管理的视角下,大学呈现为一个科层组织,职能部门和学院共同维持大学的运行,创新处于"无组织"的状态。在大学里,"通常把分散做的课题成果和发表的文章收集在一起,加以形式上的概括,就认为是'重大成果'了。显然,这种用'业余'时间以'各自为战'的方式做科研的教师组成的团队,很难形成有内在联系的研究力量去从事重大课题的研究"[3]。由于大学的管理范式与知识组织和知识工作者的工作性质不相匹配,严重抑制了大学的创新能力。此外,受社会分工的影响,"一般认为,创新创业活动应由企业主导,因此领域内研究多集中于企业创新生态系统治理,即企业通过正式与非正式的制度安排,优化配置内外部创新资源,协调成员企业等利益相关者的权责利关系,进而共创价值"[4]。然而,事实并非如此。创新创业并非企业的"专利"。在基于知识的创业社会中,大学正在成为创新的引擎和创业的孵化器。为实现创新驱动发展和推进创业革命,大学需要强化创新创业,并为创新而治理。

当前在国家创新治理的大背景下,大学内部能否从科技管理走向创新治理的关键是大学能否实现发展范式转换。如果大学沿袭旧的发展范式,仍然以教学和科研为中心,创新创业很难成为大学的中心工作,现有体制

---

[1] 乔治·凯勒. 大学战略与规划:美国高等教育管理革命[M]. 别敦荣,译. 青岛:中国海洋大学出版社,2005:34.
[2] 席酉民. 理性"狂"言:教育之道[M]. 北京:中国人民大学出版社,2016:10.
[3] 饶毅,鲁白,谢宇. 繁荣与危机:科学"知识分子"精选集[C]. 北京:人民邮电出版社,2017:25.
[4] 胡雯,刘笑. 海外人才创新创业治理模式选择——基于上海和武汉的双案例比较研究[J]. 科学学研究,2019(3):527.

下科技管理仍然是适宜的。只有大学以创新创业为发展范式,创新成为大学的中心工作,创新治理才可能成为现实。但反之,如果没有建立创新治理体系,大学的教学、科研工作又将很难与创新创业相对接,也就无法促成创新创业型大学的建立和扩散。如马克思所言:"在全部的发展潜力实现以前,任何社会制度都不会自行消失。"[1] 大学制度的变迁也同样如此。任何一种大学制度在释放尽最后的潜力之前也不会自行消失。面对创新治理的困境,大学不能单纯依靠创新治理体系来提高创新效率,增加经费和人才投入也是提高大学创新能力的重要途径。那些成功的创新创业型大学的确会建立有效的创新治理体系;但反之,一所大学若只是建立了创新治理体系并不能保障其能够成为创新创业型大学。实践中虽然创新治理体系不等于创新能力,更不等于创新,但如果缺乏有效的创新治理体系,即便大学有创新能力也可能会出现能力失灵。为提升大学的创新效率和知识工作者的创新能力,我们需要以推进国家治理体系和治理能力的现代化为契机,以国家和区域创新治理体系为基础,通过创新治理体系的建立强化大学创新能力建设,[2] 最终实现创新驱动发展战略。

---

[1] 丹尼尔·贝尔. 后工业社会的来临 [M]. 高铦,等,译. 南昌:江西人民出版社,2018:348.

[2] 王建华,黄文武. 创新能力建设:大学治理的新挑战 [J]. 西北工业大学学报(社会科学版),2019(3):57—64.

## 第五章
# 重审大学发展范式

**本章要点**：在不同时代大学有不同的发展范式。大学发展范式的核心是决定什么对于大学的发展是最重要的，抑或将何种价值放在大学事务的中心位置。发展范式变迁既是大学发展的动因也是大学发展的结果，既意味着大学发展过程中需要遵循的规则，也意味着对这种规则的遵守所要导向的目标。我们时代有多种大学发展范式共存，对于符合时代需要的发展范式的选择决定着大学能否实现卓越。就像在研究至上的时代教学型大学难以实现卓越，在创新创业的时代，研究型大学要实现对于卓越的追求，也需要向创新创业型大学转变。

历史长河中，大学与时代精神、经济社会发展需要之间存在广泛而复杂的关系，它们彼此既相互依赖，也相互改变。时代精神和经济社会发展的需求驱动大学的转型发展，大学的转型也在重塑时代精神和经济社会发展对其的需要。大学在促进创新创业的同时，创新创业也在重塑大学。从研究型大学到创新创业型大学的范式变革，既有"变"也有"不变"。"变"的是大学服务经济社会发展的内容与方式，"不变"的是大学之所以为大学的本质。大学发展范式的每一次变迁都意味着对于大学本质的一次"扬弃"。那些适应经济社会发展的大学的本质被继承下来，那些不适应经济社会发展的大学的属性则发生改变或被抛弃。从教学型大学到研究型大学再到创新创业型大学，是一个大学发展范式不断丰富和完善的过程。当前，为适应创新驱动发展和创业革命的需要，研究型大学已经站在了转型的"十字路口"。面对范式革命的压力,大学需要守旧,更需要创新。没有对于传统的坚守,大学将随波逐流;而如果缺乏创新想象力和对于创业的执着,大学将有可能被时代所淘汰。我们时代变革与继承对于大学同等重要,对两者之间的平衡必须有清醒的认识,继承与变革之间的把握需要坚持不懈,避免出现改变应该继承的东西,而继承应该变革的东西。[①] 大学转型发展的出路在于守正创新。

## 第一节 大学发展旧范式面临的挑战

从19世纪至今,经过两百多年的发展,研究型大学无论从理念还是制度看均已"根深叶茂"。无论哪个国家的高等教育系统中,研究型大学从生源到师资的高选拔性已成为社会共识。研究型大学成为现代社会"精英治理"的样板。相比之下,无论对于政府还是学界,创新创业型大学通常还只是被作为大学的一种新类型,对其认知还局限于机构层面,远没有上升到一种大学理念和制度。由于缺乏理念的引领和制度的保障,即便有些大学希望向创新创业型大学转型,也只是局限于组织职能的增加。反映在机构设置上,通常是在旧有的行政机构之外,新增一个新的负责创新创业工作的部门。但事实上,由于大学内部的机构设置和运行具有惯性和黏性,在现有制度框架下,依然主要服务于教育和科研,大学的教师、学生和管理者在理念上仍然遵循学院科学的规范、认同基于开放科学的知识生产和传播,单一的负责创新创业的行政部门被旧有的组织结构所"掣肘",根本无法改进大学在面对创新驱动发展和创业革命挑战时的行动能力和主动性,创新创业的职能很难落到实处。结果就是:"文化上和管理上根深蒂固的制约因素妨碍着大学的前进,使变革不能实现。往往越是在学校工

---

[①] 查尔斯·维特斯. 麻省理工学院如何追求卓越[M]. 蓝劲松,主译. 北京:北京大学出版社,2013:219.

作中极力口头上强调创业精神的学校越是在管理上创业性不够强。"[①] 而在那些真正意义上的创新创业型大学里，对于创新创业的理解和制度安排则完全不同。创新创业不是大学某个部门的工作，而是需要整个学校的所有部门（学术部门和非学术部门）和所有人（管理者、教师和学生）共同努力。以斯科尔科沃科学技术学院为例，作为一所新建立的以创新创业为导向的大学，其创新计划的目标就是，鼓励学校所有师生共同投身于创业和创新，从而助力学校成为经济发展的引擎。上述目标的实现取决于一大战略，即向学校师生传授创业和创新所需的知识、能力和思维；鼓励其投身于实践活动；建立学校与斯科尔科沃创新中心创新创业生态系统之间的联系，以及加速研究成果商业化并产生更为广泛的社会影响。[②]

历史上，"教学与研究相统一"是研究型大学得以兴起的一个非常重要的理念。19世纪初，洪堡之所以倡导"教学与研究相统一"，其目的主要是为了打破大学内部强势的教学文化对于研究的排斥，并以研究来统一教学。遵循着"教学与研究相统一"的原则，现代大学完成了从教学型向研究型范式的转变。吊诡的是，在研究型大学里研究至上的学术文化又对教学产生了排斥，"教学与研究相统一"最终演变成了"重研究、轻教学"。时至今日，在研究型大学里"教学与研究相统一"的原则虽然在形式上还维持着，但实质上"研究至上"已是"公开的秘密"。"研究型大学的教师通常有少量的教学任务。在大多数发达国家和研究型大学中，教授每学期的教学任务很少超过两门课程，在有些学校和学科甚至更少。"[③] 逻辑上，研究型大学的教师教学工作量少，与"教学与研究相统一"的原则

---

① 迈克尔·夏托克. 成功大学的管理之道 [M]. 范怡红，主译. 北京：北京大学出版社，2006：164.
② 菲利普·G. 阿特巴赫，莉斯·瑞丝伯格，贾米尔·萨尔米，伊萨克·弗鲁明. 新兴研究型大学：理念与资源共筑学术卓越 [M]. 张梦琪，王琪，译. 上海：上海交通大学出版社，2020：158.
③ 菲利普·G. 阿特巴赫，贾米尔·萨尔米. 世界一流大学：发展中国家和转型国家的大学案例研究 [M]. 王庆辉，王琪，周小颖，译校. 上海：上海交通大学出版社，2011：14.

第五章　重审大学发展范式　97

并不矛盾，甚至研究型大学教师普遍对教学不感兴趣，也并不一定意味着他们的教育质量差。[①] 但经验和常识理性告诉我们，研究型大学的教师主要追求研究的卓越而忽视教学是不争的事实。究其根本，现代社会中高校的整体设计并不是以教学为出发点的，越知名的学校，其制度设计越是偏离教学。研究型教授成了教授的标准。[②] 当前，无论哪个国家，研究型大学在高等教育系统中都居于"塔尖"地位，研究型大学作为一种理念和制度也在大学的理念和制度中居于主导地位。在此背景下，创新创业型大学的崛起需要一个具有"中介性"的理念作为指引。

和研究型大学取代教学型大学成为大学发展的主流范式需要更新大学的理念一样，创新创业型大学要取代研究型大学在后工业社会中发挥轴心机构的作用也必须更新对于大学的认知。我们必须认识到，就像"教学与研究相统一"之于研究型大学至关重要一样，"知识创造价值"也是大学在后工业社会中继续取得成功的关键。如果我们无法在大学理念的层面上建立对于创新创业的信仰，即知识创造价值，并在实践中持久遵循，那么基于研究型大学的以知识本身为目的的学院文化将难以被突破，创新创业型大学的建立也很难成功。长期以来，在研究型大学范式下，那些在知识谱系中偏向基础研究一端的人（例如诺贝尔奖获得者）往往受到过度认可。在创新创业型范式下，大学必须对整个知识谱系中的投入进行表彰，关注从知识发现到应用、从想法到结果的知识连续体。[③] 就目前的经济社会发展和高等教育发展而言，无论是高等教育市场化、学术创业、知识生产新模式、学术资本主义还是创新驱动发展、创业革命等话语实践，其核

---

① 菲利普·G. 阿特巴赫，贾米尔·萨尔米. 世界一流大学：发展中国家和转型国家的大学案例研究 [M]. 王庆辉，王琪，周小颖，译校. 上海：上海交通大学出版社，2011：88.

② 威廉·德雷谢维奇. 优秀的绵羊 [M]. 林杰，译. 北京：九州出版社，2016：166－167.

③ 菲利普·G. 阿特巴赫，莉斯·瑞丝伯格，贾米尔·萨尔米，伊萨克·弗鲁明. 新兴研究型大学：理念与资源共筑学术卓越 [M]. 张梦琪，王琪，译. 上海：上海交通大学出版社，2020：146.

心都是"知识创造价值"。对于研究型大学而言,"知识创造价值"是对其知识生产职能和社会服务职能的延伸与整合,没有陌生感也不会产生排斥感。而对于创新创业型大学而言,"知识创造价值"标志着一种新的大学观和大学发展新范式,可以为以创新创业为中心建构一种新的大学制度提供理论合法性。简言之,以"知识创造价值"作为新理念,既能够为传统的研究型大学所接受,也能够为新兴的创新创业型大学提供广阔的制度空间,有利于促进研究型大学向创新创业型大学转变。

就目前而言,尽管旧的大学发展范式已经面临挑战,但由于高等教育发展和大学的转型受经济社会发展,尤其是社会转型的制约,鉴于工业社会向后工业社会转型将是一个漫长的过程,研究型大学向创新创业型大学的范式变革在短期内也不会成为定局。历史上,研究型大学萌芽于近代早期,"发端于新教德国各邦"[①]。19世纪初,柏林大学的成立被视为研究型大学兴起的里程碑,但直到二次世界大战后,伴随美国研究型大学的崛起,研究型大学作为一种主流范式才传遍全球,成为大学之所以为大学、卓越大学之所以卓越的"黄金标准"。粗略算来,研究型大学作为一种大学范式从萌芽(约1770年)到初步形成(1810年)再到成功地向全球扩散(1980年)前后历经三个世纪、两百余年。作为一种不同于研究型大学的新的大学发展范式,创业型大学的实践萌芽于二次世界大战后的冷战时期,而作为一个大学概念正式被提出则要到20世纪80年代,21世纪以来在部分国家获得了较快速的发展,但时至今日,将创新创业型大学作为一种大学发展范式仍处于理论探索阶段,尚未在政府层面转化为普遍的政策和行动。究其根本,作为一种保守型组织,大学发展范式的转型主要受经济社会发展的驱动而非教育观念的驱动。因此,即便有新的教育观念被提出,只要经济社会的发展还没有产生强有力的倒逼机制,大学仍然会遵循旧范式继续存在并发展。在旧的范式下,大学有时也能产生适合新的需求的成果。这种偶然的成功会进一步强化旧范式大学的自满。比如,当前在

---

① 威廉·克拉克. 象牙塔的变迁:学术卡里斯玛与研究性大学的起源[M]. 徐震宇,译. 北京:商务印书馆,2013:1.

创新驱动发展过程中，有些研究型大学取得了成功，这也激励着更多的国家以研究型大学为标准范式来建设世界一流大学。但事实上，研究型大学和创新创业之间与其说是"因果"关系，不如说是"伴随"关系。换言之，不是因为是研究型大学，所以在创新创业方面取得了成功；而是尽管是研究型大学，仍然在创新创业方面取得了成功。更复杂的问题还在于，那些在创新创业方面获得成功的研究型大学，因为创新创业的成功正在被"重塑"，逐渐向创新创业型大学转型；但更多"不明真相"的国家和大学由于没有认清大学转型发展的新趋势，仍然还在按照旧范式，集中资源和精力建设传统的研究型大学。

## 第二节　大学发展新范式的涌现

回顾历史，如果说由洪堡创建的柏林大学拉开了研究型大学的序幕，那么在特曼主导下改造的斯坦福大学则可以视为创业型大学的先驱。和洪堡一样，特曼也并非大学校长，但对全球大学的制度转型和范式变革同样产生了决定性的影响。此外，特别值得注意的是，无论是洪堡创建柏林大学还是特曼改造斯坦福大学，其最终目的似乎都不在于大学本身。洪堡的理想在于通过柏林大学的建立以创造一种新的政治秩序，[①] 而特曼则希望通过大学实现一种新的社会模式，即大学、政府、企业三角关系，并使大学成为这个新的社会模式的最重要组成部分。[②] 实践证明，无论柏林大学还是斯坦福大学都凭借新的发展范式实现了迅速崛起。当然，柏林大学的成功绝非洪堡一人之功，斯坦福大学的崛起也并非仰赖特曼个人的传奇。一种新的大学发展范式的孕育与兴起，通常并非大学内在逻辑的自然演进，而是受经济社会发展阶段和时代精神的制约。只有时机成熟，那些富

---

① 彼得·德鲁克. 创新与企业家精神 [M]. 蔡文燕，译. 北京：机械工业出版社，2019：246.
② 丽贝卡·S. 洛温. 创建冷战大学：斯坦福大学的转型 [M]. 叶赋桂，罗燕，译. 北京：清华大学出版社，2007：18.

有创业精神的领导者和管理者才可能在大学转型的"十字路口"建立不朽的"功勋"。因此，无论柏林大学还是斯坦福大学都只是特定历史时期和社会背景下大学转型发展的一个典型案例，而不是特例，更不是奇迹。

与研究型大学相比，创新创业型大学并非是全新的。研究型大学同样蕴涵着创新创业的因子。当今世界那些顶尖的创新创业型大学也大多以研究型大学为基础发展而来。很难想象一个科研水平一般的大学可以发展成为卓越的创新创业型大学。"要成为成功的创业型大学，必须要有高素质的教学科研队伍。很少见到创业行为能在二三流的大学长期稳定地蓬勃发展。创业首先意味着在学术上要具有开创精神，而不是指经济上的创业；先有教学科研的成功，才有经济的成功，经济效益巩固了学术成果，但不产生学术成果。"[①] 不过，传统的研究型大学拥有转型为创新创业型大学的优越条件，并不意味着必然会如此。实践中同样是世界顶尖的研究型大学，有些大学实现了向创新创业型大学的转型，对于创新驱动发展和创业革命的贡献大，也有些研究型大学没有实现向创新创业型大学转型，对于创新驱动发展和创业革命的贡献就小。以知识创造价值为理念，虽然研究型大学也可以凭借学术的卓越实现创新创业，但研究型大学的创新创业与创新创业型大学仍然有根本的不同。这就像教学型大学也会有研究成果，但教学型大学不会因此而成为研究型大学。相较而言，研究型大学视基础研究为第一要务，同时也强调通过教学和研究为国家和社会服务；而创新创业型大学则以创新创业为第一要务，同时也强调教学和基础研究的重要性。表面上看，研究型大学和创新创业型大学的工作任务或职能似乎是相同的，但实质上，二者需要面对的主要矛盾以及矛盾的主要方面又是不同的。对于研究型大学而言，最关注的是学术声誉，即学术共同体的评价；而对于创新创业型大学而言，最关注的则是对于经济社会发展的贡献，即实际解决了人类经济社会发展所遇到的哪些难题或挑战。创新创业型大学所关心的不只是自身的声望（大学之间的承认），而主要是对于外部世界

---

① 迈克尔·夏托克. 成功大学的管理之道［M］. 范怡红，主译. 北京：北京大学出版社，2006：174.

的改变（政府与社会的重视）。

当前，研究型大学仍然居于全球大学发展范式的主导地位；但大学作为卓越组织意味着它不仅需要满足当下社会的现实需求，还在于它可以为一个尚未形成或尚不存在的社会发挥引领作用。这一社会事实提醒我们：一方面由于高等教育本身和经济社会的加速发展，大学发展范式的变革必将并正在发生；另一方面由于组织惰性和路径依赖的存在，大学发展范式的变革很难在短期内完成，即便有些新范式的大学迅速崛起，其扩散也将是一个漫长的过程。无论在何种发展范式下，"卓越并不是个别学者或者学校的卓越——它将扩展到整个系统"[①]。基于此，对于创新创业型大学范式的探究既是为了应对大学发展的现实挑战，也是对大学未来的前瞻性思考。以大学的未来观照现实，不是为了预测明天的大学会是什么样子，而是为了弄清楚今天大学的发展之路应该怎样走。从研究型大学到创新创业型大学的转变，不是不同大学发展范式的简单替代，而是从长远目标着眼，基于高等教育自身以及经济社会发展的需求，及时调整大学的核心任务及其优先顺序，"以此确保留有足够的余地来应对未来的发展变化，并为必要的方案变更留有余地"[②]。换言之，我们时代创新创业型大学的兴起，并不标志着研究型大学的消亡，而是意味着研究型大学的继续生长，即以研究型大学为"基体"促进创新创业蓬勃发展。

在发展范式上，大学为什么以及如何从"象牙塔"（旧范式）转变为一个"学术企业"（新范式）呢？就宏观方面而言，就是社会需求。当军事、政治、经济、社会等，对于大学提出需求时，大学需要作出积极的回应，否则将会失去合法性。就微观方面而言，就是大学对外部挑战的强大适应力。大学是一个保守的机构，也是一个具有强大适应力的组织。没有强大的适应力，大学不可能从中世纪存在到今天。面对国家与社会对大学

---

① 查尔斯·维特斯. 麻省理工学院如何追求卓越［M］. 蓝劲松，主译. 北京：北京大学出版社，2013：216.

② 菲利普·G. 阿特巴赫，贾米尔·萨尔米. 世界一流大学：发展中国家和转型国家的大学案例研究［M］. 王庆辉，王琪，周小颖，译校. 上海：上海交通大学出版社，2011：31.

的新需求，尤其是受到新的政策与制度环境的刺激，大学的领导者和管理层会主动求变，以创业精神规范大学教师和学生的行为，并推动大学的制度转型。洛温以斯坦福大学为案例的研究表明，仅仅是外部资助的出现以及某些教师有接受外部资助的意愿，并不能激发大学内部关系的整体变革。大学内部关系的变革发生在资助产生之前及产生过程的同时，准确地说，新的大学内部关系就是为了吸引这种新类型的资助才产生的。在此过程中，大学管理者的作用是最重要的。[①] 对于大学教师个人而言，成为学术企业家只是他们对于制度的自然反应或合理回应；对于大学而言，向知识企业转型则需要深思熟虑的制度设计和战略规划。伴随着部分大学转型的完成，一些先驱者的成功经验，随着人员流动和组织学习会在高等教育系统中扩散，进而推动整个高等教育系统的转型。一旦系统转型完成，即便当初推动大学转型的外部政策因素消失，大学仍将按照新的制度逻辑在运行。换言之，大学一旦从"象牙塔"转型为了"学术企业"，就不可能再回到"象牙塔"。因为，在新的制度下成长起来的一代人，包括管理者、教师和学生，已经习惯了新的秩序。当然，同样是在"知识企业"的制度框架下，并不是每所大学都能够成为创新创业型大学的典范。创新创业型大学的成功创建需要以作为"知识企业"的大学制度作为组织基础，同时也需要具有创业精神的大学校长和管理团队，更需要国家层面的创业环境以及学校层面的治理结构和组织文化的支持。如果不具备上述条件，即便是那些在制度逻辑上作为"知识企业"的大学，也只能局限于对外部需求或限制条件作出机械应对，沦为一种例行公事的被动的"创新创业"。

整体上，创新创业型大学作为一种新的大学发展范式的兴起是时代精神的产物。但对于每一所具体的大学而言，是否能够成为创新创业型大学则完全是大学自身的选择所决定的。长期以来，在旧的发展范式下，大学的声望被学术标准"锁定"，那些顶尖的研究型大学一直处于高等教育金字塔的顶部，大学的等级秩序很少变动。当前，由于经济社会发展范式的

---

① 丽贝卡·S. 洛温. 创建冷战大学：斯坦福大学的转型［M］. 叶赋桂，罗燕，译. 北京：清华大学出版社，2007：84.

变动，大学发展也面临范式革命。以知识生产为核心的研究型大学的黄金标准面临挑战。20 世纪 80 年代以来，一批新兴的研究型大学凭借创新创业精神迅速崛起。较之传统的研究型大学，这些新兴的研究型大学也被称为创新创业型大学或创业研究型大学。与传统的研究型大学相比，这些新兴的研究型大学凭借创新创业精神，以科研成果积极回应市场需求，在创新驱动发展和创业革命的浪潮中彰显了巨大的经济影响力。如果说传统的研究型大学基业长青主要有赖于深厚的学术传统和组织文化，那么这些新兴的研究型大学的成功则主要依赖于创新和创业精神的驱动。这些学校没有悠久的历史也没有深厚的文化底蕴，它们之所以能够在短时间内实现卓越的目标，主要是因为大学的创建者一开始就为这些大学注入了创新创业精神。"创业精神并非把创收本身作为最终目的，而是通过创新课程结构来增收，或建立特别研究项目或领域以吸引大量外部投资，或创建联合筹款部开发新的活动。学术创业精神和经济创业精神总是共同发展的。"[①] 对于这些新兴研究型大学来说，创新创业精神不只是狭义上的"精神"，而是意味着一种广义上的"管理"。这种管理需要具有创业精神或作为教育企业家的大学校长，需要打造以创业为驱动力的专业化的管理团队，需要汇聚以创新为追求的教师队伍，也需要以培养创新创业人才为目标的课程和教学体系等。最终，这些大学能否维持卓越地位，根本在于能否以创新创业精神驱动大学始终保持一种积极进取的姿态，成功实施创新治理和创业型管理，并在大学内部保持学术创业精神与经济创业精神的平衡。

## 第三节　大学发展范式的变迁

大学发展范式变迁既是大学发展的动因也是大学发展的结果，既意味着大学发展过程中需要遵循新的规则，也意味着对这种规则的遵守所能导向的目标。比如，我们通常以研究型大学来描述那些在科学研究方面表现

---

① 迈克尔·夏托克. 成功大学的管理之道［M］. 范怡红，主译. 北京：北京大学出版社，2006：58.

卓越的大学。那些想成为研究型的大学就需要树立并持久遵循研究至上的理念，并通过精英治理付诸实践。虽然朝向研究型范式努力的大学未必一定能够成为研究型大学，但如果不严格遵循研究型大学的理念与制度，一所大学不可能成为研究型大学。创新创业型大学的建设也同样如此。致力于创新创业虽然不能保证一所大学一定能够成为卓越的创新创业型大学，但一所大学必须拥有创新创业精神并为之不懈努力，才有可能实现范式变革和转型发展。"一所高校的发展50%靠计划，50%靠运气。竞争、合作和运气的强大力量往往超过了我们详细计划和预测的能力，最大的收益是长期的。如同在私营部门，必须播种种子，而且必须容忍失败。"[1] 因此，虽然对于新范式的选择既不是一所大学实现创新创业并成就创新创业型大学的充分条件，甚至也不是必要条件，但经验和事实证明，在创新驱动发展和创业革命的新时代，以创新创业作为新范式的大学，相比以研究型大学为代表的旧范式的大学更有竞争力。当然，大学转型发展中对于新范式的选择又并非"选择"那么简单，大学的可持续发展受复杂的高等教育生态系统的制约。旧的发展范式、学院文化以及盘根错节的利益都会制约大学对新范式的选择。即便通过教育理论和政策的启蒙，学校领导者在观念上接受了创新创业型大学，与实践中按照新范式的理念和规则办学并取得创新创业的成功还有很大的距离。这就像学者在理论上论证创新创业型大学的优越性和大学校长在办学实践中以实际的办学效果证明创新创业型大学的优越性的差距一样大。由此可见，在大学重新定位的过程中，选择一种新的大学发展范式是必要的，但这并不意味着重新定位必然会实现大学的卓越。从研究型大学向创新创业型大学转变的难度远超理论上所能设想的。创新创业是一个美好愿景，大学如何实现创新创业会面临诸多难以想象和不可预知的困难。不过，长远来看，一旦创新创业作为一种发展范式与大学的组织结构、制度安排、战略目标以及治理文化相匹配，将会极大

---

[1] 菲利普·G. 阿特巴赫，莉斯·瑞丝伯格，贾米尔·萨尔米，伊萨克·弗鲁明. 新兴研究型大学：理念与资源共筑学术卓越 [M]. 张梦琪，王琪，译. 上海：上海交通大学出版社，2020：35.

地促进大学的发展。

  大学发展范式的核心就是决定什么对于大学的发展是最重要的，抑或将何种价值放在大学事务的中心位置。无论何种范式的大学，其正常运行的基础都需要在内部维持各种职能和价值观的平衡。在研究型大学范式下，卓越的标准是单一的，即学术卓越。以知识生产的数量和质量为评价标准，在排名的意义上，世界一流大学的总数是固定的。在学术锦标赛上，大学的竞争陷入一种"零和博弈"。这也就意味着世界上绝大多数的大学不可能实现其学术卓越的理想。在创新创业型大学范式下，实现卓越的标准是多元的和开放性的，既需要考虑学术卓越，也需要考虑经济影响力。在经济影响力的维度上，不同国家或不同地区有不同的经济社会发展需求，任何一所大学只要选择了符合本国或本地区经济社会发展需要的议题，并"在使命和区域范畴内做出最卓越的工作"[1]，最终实现了创新创业的目标，都可以成为一所地区的或国家的，甚至是全球层面的卓越大学。当然，对于大学而言，学术标准和经济标准的并存，并不意味着存在两种不同类型的卓越大学，即学术表现卓越的大学和经济表现卓越的大学。实质上，创新创业型大学肩负"教学""科研"和"创新创业"三项使命，并致力于"教学""科研"与"创新创业"的一体化。创新创业型大学所追求的绝不只是经济卓越，而是学术卓越与经济卓越的统一。"在现代，大学应该将各种工作以及延伸的活动都放在一个整合的政策框架中，意识到新兴领域的成功并不能代替教学和研究，教学和研究如果没有上述领域成功的有力支持，在现代条件下也不会繁荣昌盛。最成功的大学依然会将教学和科研作为自己核心任务的重要方面，因为有证据表明，教学和科研方面越有成效，对这种延伸的更广阔的任务的贡献就越大。"[2] 创新创业型范式下，大学的学术卓越和经济影响力可以相互转化。实践中，那些经济

---

[1] 菲利普·G. 阿特巴赫. 世界级大学领导力[M]. 姜有国，译. 北京：中国人民大学出版社，2014：引言·2.

[2] 迈克尔·夏托克. 成功大学的管理之道[M]. 范怡红，主译. 北京：北京大学出版社，2006：133.

影响力最大的大学通常也是学术表现最卓越的大学。反之亦然。

历史上，创业型大学的兴起和大学对外部资源的依赖密切相关。在教学型范式下，大学教师以教学为天职，其薪酬直接来自于政府的财政拨款或学生的学费结余或私人的捐赠，对于外部资源的依赖较为有限。象牙塔式的自治被视为一种大学理想。19世纪以后，研究型大学兴起，但早期这些研究导向的大学所从事的大多是作为纯科学的基础研究。此外，在"小科学"时代，科学家多以个体的手工作坊的方式开展研究，对于外部资金的需求有限，外部资金对于资助大学也缺乏兴趣。二次世界大战改变了大学与外部世界的关系，也促成了美国研究型大学的全面崛起，并孕育了一种新的大学发展范式。为了获得赢得战争所必需的技术，军事部门的资助开始进入大学，并吸引大学为了军工合同而展开竞争。为了使大学在获取外部资源方面更加具有竞争力，传统以院系自治和学科平衡为基础的研究型大学开始向"学术企业"转变，一套新的价值观和社会关系被制度化。[①]传统的学术科学家主动或被动地转型为学术企业家。在资源与政策的激励下，为外部资助者服务成为大学的新使命和科学家的新角色。基于大学的新使命和科学家的新角色，大学知识生产的方式以及所生产的知识的性质也急剧变化。那些能够改变社会现实，尤其是能够直接带来经济和军事利益的知识成为最有价值的知识。与之相应，那些能够通过知识生产创造价值的科学家成为大学里拥有资源最多也最有权势的科学家。每一个系科甚至每一个学者都不得不转型为"创业"和"利润"的中心。一个系科或院系能否在大学里获得稳定的建制并持续发展与这个系科或这个系科的教授是否可以从外部获得资源密切相关。需要注意的是，这些创业导向的大学并不是以牺牲出色的学术业绩来谋求新的商业化的大学，其创业努力的目的是为带来更多的基金以保持和强化其学术位置。[②]

---

① 丽贝卡·S. 洛温. 创建冷战大学：斯坦福大学的转型 [M]. 叶赋桂，罗燕，译. 北京：清华大学出版社，2007：108.

② 迈克尔·夏托克. 成功大学的管理之道 [M]. 范怡红，主译. 北京：北京大学出版社，2006：33.

当前对于在新的社会里研究型大学会不会发生根本性的变革，大致有两种不同的看法。一种看法认为，由于经济社会发展范式的变革，大学的发展范式会发生根本的变化。就像19世纪以来大学的主流范式逐渐从教学型向研究型转变一样，将来大学的主流范式也将从研究型向创新创业型转变。另一种看法则认为，研究型大学善于承担自己的使命，并有强大的传统力量作为支撑，不太可能发生显著变化。[①] 两种看法表面上是对立的。实质上的差异在于对大学发展范式变革如何理解，而不在于研究型大学是否会发生变革。从当下经济社会发展的趋势来看，在后工业社会里大学的范式革命不可避免。事实上，当下从研究型大学向创新创业型大学的范式转变已经并正在发生。但就像从教学型大学向研究型大学的范式转变并不意味着教学型大学的退出一样，从研究型大学向创新创业型大学的转变也不意味着研究型大学的退出。对于大学而言，在短时间内新范式的崛起与旧范式的隐退并非简单的彼此替代，而是何者将成为大学发展的主流范式。长远来看，即便是在创新创业型大学成为主流范式的时代，研究型大学也仍然会存在，甚至会长期存在，只是不会再占据主流的位置。所谓"不会再占据主流的位置"就意味着大学群体中最卓越的大学将不再是传统的研究型大学，而是新兴的创新创业型大学。这就像第二次世界大战以来研究型大学逐渐成为了大学发展的主流范式，伴随研究型大学的崛起，教学型大学仍然存在，但那些世界顶尖的大学无一例外都是研究型大学，教学型大学难以成为世界一流大学。

　　最后要说明的是，当下的大学发展范式变迁是大学持续变革和可持续发展的组成部分。创新创业型大学并非完美大学的典范，更不是大学发展范式的"终结"；它只是时代精神和经济社会发展需要的产物。如巴内特所言，企业大学、创业大学、市场化大学和官僚大学不是仅有的大学形

---

[①] 菲利普·G. 阿特巴赫，贾米尔·萨尔米. 世界一流大学：发展中国家和转型国家的大学案例研究［M］. 王庆辉，王琪，周小颖，译校. 上海：上海交通大学出版社，2011：21.

态,创业型大学并不是发展中的大学的终点,前面还有其他选择。[①] 逻辑上,创新创业型大学并不是必然出现,而是在特定时期基于经济社会发展的特定需求,经由政策驱动由人为塑造而成。基于特定的制度设计和行动逻辑,创新创业型大学在实现创新驱动发展和创业革命方面具有一定的比较优势。它揭示了一种新的"生产性"平衡,即大学培养学生和创新的能力与社会对高素质人才和新知识需求之间的平衡;[②] 但其也可能会在其他方面存在一些不足,甚至是隐患。比如,大学的创新创业导向会冲击传统的院系自治,打破大学内的学科平衡,削弱通识教育的重要性;由于过度重视对经济社会发展的实际贡献,创新创业型大学不可能平等对待所有学术型学科和非学术型学科,而是会有选择地重点发展或建设那些符合创新驱动发展和创业革命需要的"有用"的工具性学科。结果就是,在创新创业型大学里,那些"有用"的工具性学科处在优势地位,也就意味着大学和外部的资助者会更重视这些学科,更加愿意为这些学科的发展提供资助和其他支持,并在经济社会发展方面更多地向这些学科寻求帮助。从人的全面发展和大学求真育人的理想出发,为了"高等的教育",对于实践中创新创业型大学可能存在的弊端也不可不察。

---

[①] 戴维·斯特利. 重新构想大学:高等教育创新的十种设计 [M]. 徐宗玲,林丹明,高见,译. 北京:生活·读书·新知三联书店,2021:22—23.
[②] 丽贝卡·S. 洛温. 创建冷战大学:斯坦福大学的转型 [M]. 叶赋桂,罗燕,译. 北京:清华大学出版社,2007:183.

## 第六章
## 大学的范式危机与转变：创新创业的视角

**本章要点**：随着经济-技术范式的变迁，研究型大学面临范式危机。在基于知识的经济社会里，为强化高等教育的应用性，研究型大学范式需要以知识创造价值为引领，向创新创业范式转型。在创新创业生态系统中，创新创业型大学居于"中枢"或"轴心机构"的地位，对区域经济社会发展至关重要。在不同社会体系中，由于经济社会发展阶段不同，创新创业型大学面临不同的境遇；但从经济社会转型发展的趋势出发，教学型、研究型大学向创新创业型大学的转变将是高等教育变革的大方向。

回顾历史，研究型大学的理念与制度设计，主要是围绕着权力和权利，强调大学自治与学术自由。经过两百多年的积淀，"现在的大学所拥有的权力在历史上几乎没有任何组织能望其项背"[①]。基于研究型大学孕育和形成的时代背景以及中世纪大学的传统，这种理念与制度设计具有合理性。事实也证明，分散的权力结构以及特殊的权利赋予给研究型大学提供了独特的制度空间，保障了大学的繁荣，促进了人类知识的进步。但随着经济社会的发展变化，那些经典的大学理念与制度设计也需要重新审视。在工业社会中，研究型大学是一种内敛的组织，通常以自我为中心，强调制度的独特性以及师生群体对于组织的忠诚，倾向于支持以科学自身为目的的科研项目，培养学科的继承者。但在创业革命和创新驱动发展的新时

---

① 彼得·德鲁克. 巨变时代的管理 [M]. 朱雁斌，译. 北京：机械工业出版社，2019：71.

代，大学作为创新创业生态系统的引领者和关键促进者更加需要凸显责任和绩效，以"实现创新的动态性自我维持"[①]。创新创业的实现受外部的政治、经济、社会、技术与文化等因素的制约，但创新创业型大学的创建绝不是经济社会发展的副产品，而是其关键驱动力。传统的教学型、研究型大学应该考虑放弃过去的思维方式和发展道路，选择从一个新的角度来思考如何才能更好地发挥大学之于创新驱动发展的作用。从未来反观现实，为了适应基于知识和创新经济的后工业社会的需要，创新创业型大学需要以社会为中心，以责任和绩效为标杆，以知识和信息为资源，强化大学的外向性、可融合性以及边界的可渗透性。有学者认为，"未来的大学将取消终身教职、保持与真实世界的更紧密联系、不断调整课程设置，不设立院系，并将工程学与人文科学加以综合（例如一门综合了生物学和流行病史的课程）"[②]。在基于知识的经济社会里，我们需要的是负责任的、高绩效的大学，而不是拥有特权的遗世独立的大学。

## 第一节　如何理解研究型大学的范式危机

在精英高等教育阶段，大学的象征性资本特别重要，所谓的精英教育主要是指一种身份赋予；但当前在高等教育大众化与普及化阶段，大学的能力建设至关重要。在精英高等教育阶段，上没上过大学是一个重要的身份标识，而在大众化，尤其是普及化背景下，在大学里最终学到了什么才是最为重要的。和其他组织一样，大学的能力也主要受三个因素影响，即资源、流程和价值观。[③] 过去大学的能力主要受资源的约束，但现在情况正在发生微妙变化。资源的约束虽仍旧存在，但流程与价值观对于大学能

---

[①] 亨利·埃茨科维兹. 三螺旋创新模式：亨利·埃茨科维兹文选［M］. 陈劲，译. 北京：清华大学出版社，2016：413.

[②] 托马斯·弗里德曼. 谢谢你迟到［M］. 符荆捷，等，译. 长沙：湖南科学技术出版社，2018：201.

[③] 克莱顿·克里斯坦森. 创新者的窘境［M］. 胡建桥，译. 北京：中信出版社，2014：181.

力的影响越来越显著。在资源投入大体相当的情况下，不同的大学由于内部的制度安排和核心理念不同，往往可以创造出截然不同的成果。如果一所大学追逐排名，其大部分资源会被导向论文发表和科研奖励；如果一所大学致力于解决国家或行业需求的重大战略问题，其大部分资源则会流向创新创业。我们现在需要思考的是，大学产出什么样的成果才是更有价值的成果。

当前就国际论文发表数量而言，中国很多大学在世界上已经名列前茅，但就创新创业能力而言，中国的大学与一些高等教育发达的"小国"相比都存在明显差距。究其根本，中国大学的组织流程和价值观与那些发达国家的大学相比存在"时"差和"代"差。二战后，当研究型大学在西方飞速发展之时，中国大学基本陷入停滞。改革开放以后，中国大学通过恢复重建逐渐明确了科研职能，并朝向建设研究型大学努力。但20世纪80年代以来，随着知识经济的兴起，在西方发达国家，研究型大学开始向创新创业型大学转型。时至今日，通过世界一流大学建设运动，在我国研究型大学已经初具雏形，并在高等教育系统中占据显赫地位。在这种情况下，希望那些刚刚凭借大学排名获得世界一流光环的研究型大学转向创新创业，势必遭遇巨大的阻力。这种阻力既有主观上的"不愿意"，也有客观上的"做不到"。所谓"不愿意"，涉及大学的核心价值观；所谓"做不到"，则涉及大学内部的流程（制度安排）。

我国世界一流大学建设中"以排名论一流"现象的产生并非研究型范式本身的错，而是对于研究型大学的"误用"。作为一种范式，研究型大学强调科学研究对于大学发展的重要，这没有错。但随着文献计量学的滥用，科研评价的方法与目的发生了异化。"论文和引用从知识与认可的单位转换为可货币化的简单计量单位"[①]，"期刊影响因子这一指标从遴选期

---

① 伊夫斯·金格拉斯. 大学的新衣：对基于文献计量学的科研评价的反思［M］. 刘莉，等，译校. 上海：上海交通大学出版社，2019：29.

刊的工具转变为评价科研人员及其论文的工具"[①]。最终随着以文献计量为核心的量化评价方法从大学、学科、实验室到研究者的不断蔓延，研究型大学关于科研的决策系统开始发生偏移。原本应致力基础科学研究的资源和精力转向了基于发表的象征性学术资本积累。其结果，大学与学科是否一流、学者是否卓越、学术成果是否创新不再取决于实质性的同行评价，而是交给了由评估专家研发的排名系统。各种排行榜以数学意义上的精确计算将全球所有的大学、学科、学者、成果分成了不同的等级，并贴上了具有筛选性质的标签。

客观而言，我们时代对于大学的评价面临近乎两难的选择：一方面真正科学的评价几乎是不可能完成的任务，另一方面这种不可能完成的工作又是必须要做的。究其原因，无论在哪个领域，只要我们选定一项指标作为测量绩效的标准，那么该指标就会丧失其原本具有的信息价值。出于各种考量，诸利益相关方会千方百计优化与指标相关的数据，从而使该指标以及相关指标体系逐渐丧失揭示整体发展状况的功能。正如古德哈特定律所揭示的："一旦政府将之前观测到的统计规律用于控制目的，这一规律就失效了。"[②] 大学的评价同样如此。无论我们选择什么样的指标来揭示大学的发展，总会遭遇目标替代的风险。因为"数据有一个讨厌的特质，它会帮助我们自圆其说"[③]。对于偏好文献计量的研究型大学评价尤其如此。面对这样的困境，对于科学评价的追求逐渐让位于"犬儒主义"。"我们习惯运用数据和信息来佐证自己想要相信的论点。"[④] 当前在高等教育领域为便于全球比较，学术管理者基于市场策略将大学排名纳入了评价系统，甚

---

[①] 伊夫斯·金格拉斯. 大学的新衣：对基于文献计量学的科研评价的反思 [M]. 刘莉，等，译校. 上海：上海交通大学出版社，2019：35.

[②] 古德哈特. 古德哈特货币经济学文集（上卷）[M]. 康以同，等，译. 北京：中国金融出版社，2010：15.

[③] 克莱顿·克里斯坦森，等. 创新者的任务 [M]. 洪慧芳，译. 北京：中信出版社，2019：182.

[④] 克莱顿·克里斯坦森，等. 创新者的任务 [M]. 洪慧芳，译. 北京：中信出版社，2019：183.

至以排名代替评价。基于可量化指标而发布的公开排名左右着大学努力的方向。表面上精确、科学，实质上简单、粗暴，甚至错误的评价将研究型大学的发展引向了歧路。其结果，单从统计数据上看，世界范围内与研究型大学相关的指标一直在不断增长，但实质上有价值的创新并不多，无法满足我们时代创新驱动发展的需要。

除评价方式的偏颇，研究型大学之所以会成为一种迷思或被认为是一种最佳的组织形式，还因为它作为一种范式符合19世纪以来的大学理想。洪堡基于大学自治、学术自由、教学与科研相统一的原则"发明"了现代大学，并使科研成为了大学的"文化基因"。经过两百多年的传承，研究型大学作为一种范式在高等教育场域逐渐成为一种"集体无意识"。无论外界发生了什么变化，人们总是觉得研究型大学有它存在的合理性。就像过去的朝代国家，无论它自身存在多少问题，一旦发生朝代更替，总会有很多人本能地反对，更会有"遗老"为之"殉道"。其原因诚如陈寅恪在《王观堂先生挽词并序》中所言："凡一种文化值衰落之时，为此文化所化之人，必感苦痛，其表现此文化之程量愈宏，则其受之苦痛愈甚。"当下在大学里工作的学者绝大多数是研究型大学所培养的博士，他们的行为与价值观已被研究型大学的范式所规训。面对创业革命和创新驱动发展的现实需要，即便研究型大学面临范式失灵的危机，指望在这种群体里发生激进的"范式革命"也不现实。"当出现一个问题时，那些被认为是威胁的价值必须最终被证明符合冲突中的变化，而这些冲突是通过对规范的改善来解决的。这种通过调和促成的合法化是规范性变化的最后阶段。"[①] 因此，对于大学发展而言，范式的转变往往伴随着规范的冲突和融合。

在创业革命和创新驱动发展的新时代，大学作为知识社会的轴心机构，其变革也不可能依赖自主演化或自动涌现。"与突变和自然选择产生的生物进化相反，社会的革新产生于'制度制定'（Institution formation）

---

① 亨利·埃茨科维兹. 三螺旋创新模式：亨利·埃茨科维兹文选［M］. 陈劲，译. 北京：清华大学出版社，2016：31—32.

和有意识的干预。"[1] 现代大学从研究型到创新创业型的范式转换类似于"有组织的创新与扩散"。当然,在大学范式转换过程中,"有组织"并非意味着"强制性"。在大学发展范式转型过程中,无论组织还是个人必须更新关于大学的认知,明确"不存在唯一有效或最佳的大学组织形式"。任何一种大学制度或范式都不是绝对的,它都只是经济社会发展以及人的发展的工具,具有阶段性和时限性。"一个特定的组织结构是与在特定的条件下、在特定的时间内执行特定的任务相匹配的。"[2] 在工业社会中,研究型大学为经济社会的发展提供了丰富的人力资源和智识资源,是一种有效的组织形式。但在创新驱动发展的后工业社会,研究型大学的局限性愈发突显。"创业型大学将研究型大学模式更进一步地纳入经济和社会发展中,并将经济和社会发展作为学术目标。"[3] 鉴于此,建立以创新创业为范式的新大学成为必需。"对于组织来说,大趋势的变化是最重要的变化,而且大趋势之中的小变化同样重要,即在同一类产品或服务中,从一种产品或服务转变为另一种产品或服务。"[4] 我们时代技术与社会都在加速发展,旧的学术教育模式已变得过时,固守研究型大学的范式绝对是错误的,我们需要对源于19世纪的现代高等教育思想和理论进行改造和革新,并基于当前经济社会的现实需要,寻找、发展和检验适合作为创新引擎的新范式大学。现在的关键问题,不是研究型大学应该消失还是依然延续,而是取代研究型范式的大学新范式将是什么。虽然目前在所有大学都实现以创新创业为范式的可能性仍然很小,但"创新创业"代表了大学转型发展的方向,那些已经具备条件的大学要尽可能地朝这个方向努力。至于在

---

[1] 亨利·埃茨科维兹. 三螺旋创新模式:亨利·埃茨科维兹文选[M]. 陈劲,译. 北京:清华大学出版社,2016:321.
[2] 彼得·德鲁克.21世纪的管理挑战[M]. 朱雁斌,译. 北京:机械工业出版社,2019:11.
[3] 亨利·埃茨科维兹. 三螺旋创新模式:亨利·埃茨科维兹文选[M]. 陈劲,译. 北京:清华大学出版社,2016:312.
[4] 彼得·德鲁克.21世纪的管理挑战[M]. 朱雁斌,译. 北京:机械工业出版社,2019:57.

实践中不同大学如何实现向创新创业型大学的转型，不可能有统一或固定的模式，也没有通用的最佳实践。"创新只能在操作层面进行定义。无论是创新者还是创新体系都是由创新来改变的。"① 面对研究型大学的范式危机以及创新创业的历史机遇，每一所大学都需要根据本国、本地、本校的实际情况作出自己的选择。

在全球、国家和地方的不同层面，每一种具体的制度安排都具有情境性。没有一种制度在所有情境下都比其他制度好，也没有一种制度在所有情境中都比其他制度坏。② 更何况，无论哪一种制度，其是好是坏，有时并非制度的内在逻辑决定，而是受外部条件的约束。"制度要么是内生意义上的不完美，要么就是外生意义上的不完美。如果他或她相信在一组可选择的制度中能够产生一个更优的结果，那么，在观察者眼中，这一组制度就是外生不完美（或低效率）的。"③ 当前世界各国由于经济社会发展阶段不同，高等教育改革和发展存在一定的"时代差距"和"地区差异"。在有些国家，以科研为中心的第一次学术革命尚未完成，但在世界大学体系最先进领域，以创业为中心的第二次学术革命又发生了。④ 在那些高等教育发达国家，经过两个多世纪的积累，研究型大学高度繁荣，已经达到了范式的顶点；作为一种制度安排，研究型大学已很难支撑所在国家创业革命和创新驱动发展的需要，此时基于经济社会发展的现实考量，从研究型大学向创新创业型大学转型就特别迫切。但在另一些发展中国家，研究型大学建设刚刚兴起，甚至还处于制度化过程中；研究型大学对于所在国家经济社会发展的巨大潜力尚未完全释放。此时，倡导从研究型大学向创新创业型大学转型会面临巨大争议和压力。当然，世界上还有很多的欠发

---

① 亨利·埃茨科维兹. 三螺旋创新模式：亨利·埃茨科维兹文选[M]. 陈劲, 译. 北京：清华大学出版社，2016：228.

② 杨小凯. 也谈张五常[EB/OL]. http://www.aisixiang.com/data/56494.html.

③ 思拉恩·埃格特森. 并非完美的制度：改革的可能性与局限性[M]. 陈宇峰, 译. 北京：中国人民大学出版社，2017：143.

④ 亨利·埃茨科维兹. 三螺旋创新模式：亨利·埃茨科维兹文选[M]. 陈劲, 译. 北京：清华大学出版社，2016：187.

达国家以及最不发达国家,至今可能仍然没有研究型大学,更谈不上建立创新创业型大学。

总之,由于知识在经济发展中所起到的作用愈来愈大,大学系统的转型已是一个世界性的现象。[①] 但在不同的国家和地区,从研究型大学向创新创业型大学的范式转型仍不可一概而论,更不可能一蹴而就。面对纷繁复杂的科学政策、产业政策和高等教育实践,我们既要关注大学转型的内容,更要关注转型的方法;为了顺利实现转型既要改变机构自身,必要时也要改变转型的机制。当前笼统地讲研究型大学要向创新创业型大学转型虽然不能算错,但毫无疑问过于简单了。每个国家的高等教育要不要转型,何时转型以及转向哪里,需要从这个国家经济社会发展的实际需要以及高等教育发展所处的阶段出发,系统思考。无论哪个国家,该转型的没转型和不该转型的而启动了转型都有可能导致高等教育改革遭遇巨大社会阻力,不利于经济社会和高等教育自身可持续发展。但实践的复杂性在于,我们经常缺乏合适的机制就何时该启动高等教育转型以及向何处转型达成必要的共识,甚至有了机制也难以达成共识,达成了共识也难以付诸实施。当然,还可能出现一种更坏的情况,即我们明知某项高等教育政策或改革措施不利于经济社会发展,但高等教育转型仍然有可能会被某种难以扼制的力量所驱动,并最终被意识形态和政治理性赋予合法性。

## 第二节 为何要朝创新创业型大学范式转变

现代社会的各种组织中,企业对时代精神是最敏感的。我们时代大学要保持思想的新锐与活力,必须要在变化中守正创新,在变革中追求卓越,在这方面,大学需要向企业学习。[②] 第二次世界大战后,当企业领域掀起质量革命,普遍实行质量管理之时,大学甚至还没有质量概念。20世

---

① 亨利·埃茨科维兹. 三螺旋创新模式:亨利·埃茨科维兹文选[M]. 陈劲,译. 北京:清华大学出版社,2016:235.

② 林建华. 校长观点:大学的改革与未来[M]. 上海:东方出版中心,2018:3.

纪 80 年代以后，大学开始探索建立内外部质量保障体系，而企业领域又开始了创业革命，创新创业成了企业的生命线。目前创新创业进入了高等教育领域，并有部分大学对此作出了积极的反应和成功的应对；但总体上，对于大学而言，创新创业仍处于"质量管理"阶段。大学的管理者要么认为，创新创业教育只是高等教育质量保障的一个组成部分，并非整个大学的中心工作；要么认为，创新创业只适合于大学里的自然科学和工程类学科，与人文学科和社会科学关系不大，因此作为整体大学很难普遍推进创新创业。某种意义上，这是对于形势的严重误判。当前世界各国正在向以知识为基础的经济转变，可能和 19 世纪向市场经济的转变一样，其影响深远。[①] 基于这种时代精神状况，大学的功能将不再是颁发不同等级的学位，发表不同学科的论文，而是需要顺应时代，融入创业革命浪潮，通过增强自身以及接受高等教育者的创新创业能力，为人类进步和经济社会发展作出独特贡献。在创业革命浪潮和创新驱动发展中，无论自然科学，社会科学还是人文学科都可以为创新创业作出重要贡献。创新创业中人文卓越的重要性丝毫不逊于科技卓越。由于经济的重点逐渐从生产转向信息化，并且硬件成本不断减少，将导致软件部分变得更加重要和有价值。一些观察员甚至预计，未来知识资本化的最大潜力来自社会科学和人文学科。[②]

现在全球高等教育发展面临的境况是质量革命尚未结束，创业革命已经来袭。高等教育的发展不能为了创新创业就抛弃尚未完成的质量革命，但也不能被质量管理束缚住手脚错失创业革命的机遇。无论何种社会组织，不同时代会有不同的任务。我们时代是一个创新创业的时代，大学不应也不能错过。世界经济论坛的报告认为："未来社会将是创新驱动的社会，创造性人才将决定一个国家的竞争力，国民的创造精神也将决定一个民族的命运。为了应对未来各种严峻挑战和巨大的不确定性，大学应当重

---

① 亨利·埃茨科维兹. 三螺旋创新模式：亨利·埃茨科维兹文选［M］. 陈劲, 译. 北京：清华大学出版社，2016：241.
② 亨利·埃茨科维兹. 三螺旋创新模式：亨利·埃茨科维兹文选［M］. 陈劲, 译. 北京：清华大学出版社，2016：89.

新思考教育的意义和内涵，应当把创新创业教育置于大学教育的中心位置，而不仅仅是从属和附庸。"① 当前在世界范围内创建创新创业型大学，并推动教学型、研究型大学向创新创业型大学转变，是高等教育发展的大趋势。从表层来看，大学的范式需要从教学型、研究型向创新创业型转变；从深层来看，创建创新创业型大学的目的是为了满足创业社会对于创新创业的需求以及知识经济对于创新驱动发展的需要。

从历史来看，社会分工和职能分化是现代社会的重要遗产。通过分工与合作，人类社会在各个领域取得了辉煌的成就。但过度强调社会分工和职能分化也带来了一些消极的影响。在职能分工的视野下，我们的思维越来越倾向于分析，越来越强调组织与组织间的职能差异，而忽视共通性。现代社会中无论是公私两分还是三部门分立都存在缺陷。当然，这并非意味着要回到组织一元化的混沌状态。我们需要做的是，对组织的职能分工进行反思，既要清楚组织与组织之间的差异，也要明确组织与组织之间的共性。我们需要超越职能论，逐渐确立角色论。20世纪80年代以来，"我们目睹了国家在学术中作用的变化，企业在创新中作用的变化，以及大学在经济中作用的变化"②。一个基于学术-产业-政府三螺旋关系的新创新环境正在形成，一种新的组织和制度结构正在产生。在这种新的创新环境和组织制度结构中，政府、产业和大学都要以创新创业为目标，并最终创造出一种全新的社会和经济形态。由于创新环境的根本变化，一种新的社会契约也正在形成，我们时代越来越需要一个组织在不同情境中扮演不同的角色，而不是坚守一种职能。

强调组织在不同情境中扮演不同角色与组织的专业化并不冲突。无论何种角色必须是专业化的而不能是业余的。与职能分工理论对于专业化的要求不同，角色理论视野下组织的专业化是复数而不是单数。大学也不例

---

① 林建华. 校长观点：大学的改革与未来 [M]. 上海：东方出版中心，2018：175.
② 亨利·埃茨科维兹. 三螺旋创新模式：亨利·埃茨科维兹文选 [M]. 陈劲，译. 北京：清华大学出版社，2016：144.

外。为了满足创业革命和创新驱动发展的现实需要，大学不能再只是高深知识生产与传播的专业组织，还必须迅速补齐知识应用和创业精神的短板，唯有如此才能成为创新创业生态系统的中枢和轴心机构。如果说过去大学在教学、科研和社会服务三种职能上可以有所为、有所不为，那么在未来真正卓越的大学必须在高深知识的生产、传播与应用方面齐头并进，并都要做到最好。现有高等教育格局中教学型大学以教学见长、研究型大学追求科研卓越的状况在未来将面临严峻挑战。无论教学型大学还是研究型大学都需要放弃固有的范式，并以开拓创新和创业精神向新发展范式转型。长期以来，在研究型大学范式下，创新创业不被认为是大学的主要任务和核心使命，很多人甚至认为，创新创业会影响大学教学、科研的质量。在创新创业范式下，大学需要超越教学、科研和社会服务的职能划分，重新审视其应该完成的主要任务和核心使命，将能否胜任创新创业作为衡量办学绩效的标准。具体来说，无论教学、科研还是社会服务均以创新创业精神为引领，并通过与政府、企业以及其他社会组织的融合，共同为创业型社会和创业型经济服务。今后，将没有以教学或科研见长的大学，而只有创新创业成功或失败的大学。

除了职能分工之外，在工业社会中，组织通常还与特定的地理区域相互关联。基于资源的可获得性，每一个组织都是某一个地方的组织。组织与地理上的区域具有强烈的隶属关系。但在以知识为基础的经济社会中，"以知识为基础的区域"将取代以地理、政治概念或文化为标准的传统区域概念。[1] 在传统的区域概念下，只要我们将地理范围缩小到一定的程度，每一所大学或学科都可能是优秀的。在我国，国家层面上有国家重点大学，省级层面上就会有省重点大学，市级层面也会有市重点大学。当前在"双一流"建设背景下，国家层面有世界一流大学建设高校和学科，省级、市级同样会有类似的一流建设计划，甚至有些高校自己还会在校内实施校级的"一流学科"建设计划。这种以地理空间和组织边界为参照系，类似

---

[1] 亨利·埃茨科维兹. 三螺旋创新模式：亨利·埃茨科维兹文选［M］. 陈劲，译. 北京：清华大学出版社，2016：319.

于俄罗斯套娃一样的"一流"概念，对于提升大学和学科自身的实力毫无意义。逻辑上，对于一所具体的大学而言，要么是一流的，要么不是一流的，几乎没有中间状态。现有制度框架下，全球的高等教育系统呈现金字塔状态，每一个国家的高等教育系统又是一个小的金字塔，在一个国家内部不同的省市同样还存在一个更小的金字塔型高等教育系统。不同高等教育机构可以根据自己的实际情况选择适当的参照系。随着参照系的不同，各种不同层级的一流大学会层出不穷。但在新的技术和制度环境下，随着信息技术对于地理界限的消解以及组织职能的相互融合，每一所大学都将既是地方的、国家的又是全球性的，都需要以创新创业精神同时参与到地方、国家与全球的竞争。基于知识的世界性，"所有组织都必须将全球竞争力视为一项战略目标。任何组织，无论是企业还是大学，或是医院，除非达到本行业表现优异的组织（无论位于世界的哪个地方）设定的标准，否则是没有生存希望的，更不用说取得成功了"[①]。在新的范式下，行政的疆界和地理的范围将不能再成为大学水平的参照系，决定大学卓越与否的将不再是比较的尺度，而是发展范式。换言之，无论哪个区域的大学都必须具有创新创业精神，并以全球的最高标准要求自己，争取为人类的知识进步和经济社会的转型升级作出应有的贡献。

根据克里斯坦森的分析，在资源-流程-价值框架中，"决定机构能力和缺陷的最为有力的因素，会随着时间的推移而不断发生变动——从资源变为可预见的、有意识的流程和价值观，然后再转化为文化。只要机构一直面临同类型问题，而且机构发展这些流程和价值观的目的就是为了解决这些问题，那么管理这家机构就会相对较为简单。但是，由于这些因素也决定了该机构在哪些方面会受到限制，因此当机构面临的问题发生改变时，这些流程和价值观就会成为机构成功应对这些问题的阻力"[②]。和资源的获

---

① 彼得·德鲁克.21世纪的管理挑战［M］.朱雁斌，译.北京：机械工业出版社，2019：69.
② 克莱顿·克里斯坦森.创新者的窘境［M］.胡建桥，译.北京：中信出版社，2014：189.

取与分配相比，大学的流程和价值观的建立不易，但破坏和重建也相对较难。实践中正是因为流程和价值观的重建相对困难，高等教育改革往往围绕资源的获取和配置展开。但随着改革的不断深入，能够通过资源配置解决的问题将不再是制约高等教育发展的核心问题。如果旧的制度安排（流程和价值观）没有改变，简单地加大资源投入并不能显著提高机构的能力。最终，改革还是要回归到制约大学能力的另外两个核心因素，即流程和价值观。结果就是，要重建大学的流程和价值观就需要创造一种大学发展新范式。当前以及未来，大学面临从教学型、研究型向创新创业型的范式转换，剧烈的变革不可避免。面对变革，大学的管理者绝不能只关注资源的获取和分配，而且还要反思大学自身是否具备成功应对变革所需要的流程和价值观。面向未来，"创新创业"绝不只是大学的一项新职能，而是现代高等教育系统中的颠覆性力量，大学只有以"创新创业"作为新范式才可能成为创新驱动发展的引擎，并实现自身的转型发展。

## 第三节　创新创业型大学缘何难以扩散

从范式竞争的视角看，创新创业型大学较之研究型大学具有比较制度优势。在创新创业领域，生态系统优于知识工厂。"大学应该更像一个公共企业，扮演组织者的角色，这需要考虑商业和政府的需求，而不是将追求知识作为自身的终极任务。"[①] 但实践中大学与产业间的"线性模型"仍然具有巨大的吸引力。由于在很多国家和地区知识和创新经济尚未普及，创新驱动发展亦并非居于主导，创新创业型大学的比较制度优势并不明显。加之，不同国家经济和高等教育发展的起点不同，在制度市场上研究型大学并非完全无效，更不会立即失效。甚至在相当长的时间内，研究型大学仍然会在经济社会发展中扮演关键角色。但大趋势上，我们时代已处在从以自然资源为基础的经济和社会发展向以知识为基础的经济和社会发

---

① 亨利·埃茨科维兹. 三螺旋创新模式：亨利·埃茨科维兹文选[M]. 陈劲, 译. 北京：清华大学出版社，2016：287.

展的转变中，研究型大学不可能一直持续下去，系统转型将是大学实现可持续发展的必经之路。在创业革命和创新驱动发展的新时代，研究型大学缺乏适应创新创业所必需的愿景领导力、组织灵活性和制度想象力。不是研究型大学的领导没有意识到这些严峻的挑战，也不是他们故意不重视创新创业，而是因为既有的组织结构和制度安排限制了大学在创新创业方面可以发挥作用的空间。"尽管有'认知冲突'，或者很可能正是由于这些冲突，使稳定的系统转向了新的目标。"[1] 当然，由于牵涉到价值、利益、责任的冲突，关于创新创业的重要性，从意识到问题到解决问题是一个漫长的过程。或许要到几十年后，我们才能真正理解研究型大学向创新创业型大学转型之于建立创业型社会和发展知识型经济的重要意义。目前，创新创业既是创新创业型大学的产物也是研究型大学转向创新创业的动力。"在如今的现代社会，一所大学不再是一个孤岛。它需要从外界吸收知识和经济的养料。"[2] 因此，新范式的扩散不仅取决于源于大学的创新创业能否取得成功，而且取决于大学外部的社会体系对于创新创业能否提供有力支撑。如果大学转型中新范式一直充满争议抑或新旧范式的分歧一直存在，那么教学、研究与创新创业之间的冲突就会愈演愈烈，以至于人们会反复争论和质疑大学是什么，它应该是什么？相反，只有当创新创业作为大学发展的新范式被广泛接受，教学、研究与创新创业之间的冲突才会消失，新旧大学范式间的转型才算完成。

对创新创业型大学的扩散而言，新范式合法性的获得与旧范式的合法性危机密切相关。就像市场失灵有两种不同的原因，一种是市场本身的局限性，即市场内在的不完美从而导致失灵，另一种是外在因素导致的市场失灵，即由于政府干预、市场发育不成熟而导致失灵。大学范式危机或失灵也有两种情况，一种是因为管理不善、人心涣散或财政危机等有明确原

---

[1] 亨利·埃茨科维兹. 三螺旋创新模式：亨利·埃茨科维兹文选[M]. 陈劲, 译. 北京：清华大学出版社，2016：88.
[2] 冯达旋. 全球化下的教育复兴：冯达旋谈高等教育[M]. 魏晓雨, 译. 哈尔滨：哈尔滨工业大学出版社，2018：54.

因而导致的范式失灵,另一种则是在各方面工作都做得非常好,组织管理制度完善,经费充裕,人才济济的情况下导致的范式失灵。前一种情况比较常见,实践中解决问题的办法也比较简单。比如,加强管理、引进人才、加大投入等。后一种情况比前一种情况要严重得多,但大多没有引起足够的重视。大学改革主要针对前一种情况,而大学之所以要转型则主要针对后一种情况。转型的目的就是要求大学不但要正确地做事而且要用正确的方式做正确的事。"过去你只需要做正确的事情,现在你必须用正确的方式做正确的事情。"[①]如果做事的方式不正确或努力的方向不对,越努力效果还会越差。当前全球范围内,经济-技术范式以及社会本身正在转型,"每个组织实际上面临的现实已经发生了很大的变化,与他们仍然想当然地认为他们可以依靠的政策、做法和行为相去甚远"[②]。在这种情况下,研究型大学的发展范式必须随之改变。现在面临的问题是,所有的大学都声称要重视创新创业,但却没有哪所大学真的想要改变自己。"如果追溯学术发展的历史,就可以充分理解为什么大学不愿意变革。从中世纪以来,高校就是知识创造的源泉。大学有特权,少有对手。事实是,象牙塔里的学者们没有跟上信息时代的爆炸性需求,这种需求包括知识创造和知识传播。对于很多传统的与世隔绝的学者来说,意识到过去几个世纪的做法不再像过去那样受尊重是很困难的。但事实是,半个世纪以来,整个文明的历程发生了剧烈变化,社会需求使得教师的知识创造和传授方式必然随着社会发展而变化。危险在于,除非适应这种变化,否则催生这种变化的力量会摧毁一切不能适应这种变化的学术机构。"[③]

与办学观念的转变相比,新范式大学的创立和扩散不只是大学个体的行为,而是受社会体系的制约。不同社会体系具有不同的"隐秩序"和

---

① 托马斯·弗里德曼.世界是平的:21世纪简史[M].何帆,等,译.长沙:湖南科学技术出版社,2008:378.

② 彼得·德鲁克.巨变时代的管理[M].朱雁斌,译.北京:机械工业出版社,2019:23.

③ 丹尼尔·若雷,赫伯特·谢尔曼.从战略到变革:高校战略规划实施[M].周艳,赵炬明,译.桂林:广西师范大学出版社,2006:8.

"潜规则",都会直接影响大学的转型。比如,在美国,双螺旋的出发点是典型的大学—产业关系,政府在后期参与进来,其角色由起初的资源提供者逐渐转变为战略合作伙伴。而在瑞典,典型的双螺旋结构则是政府—产业结构,随后大学在近几年带着明确的"第三使命"逐渐参与进来。美国的文化传统倾向于压制政府在三螺旋模型中的作用,而在瑞典传统学术界倾向于将大学与明确的经济活动相分离。[①] 由于社会体制和高等教育体制不同,"在瑞典,由高等教育部门决定一个学科每一年招收多少学生,如果一所大学系统的运行情况与瑞典的如出一辙,那么,该大学成为创业型大学的可能就微乎其微"[②]。再比如,有些国家或地区拥有丰富的自然资源,很容易忽略知识生产和科技创新对于国家或地区经济社会发展的重要性。当今世界那些石油资源丰富的国家就经常陷入"石油魔咒"。丰富的石油资源既给这些丰油国带来了巨额财富,也导致了很多复杂的社会问题。整个国家除石油之外的产业普遍不发达、社会贫富分化严重、暴力犯罪频发。与之相反,那些自然资源匮乏的国家或地区则通常更加重视人力资源开发和科技创新。在这方面,日本、以色列都是成功的典范,它们都是资源小国,科技大国,全社会都高度重视创新创业。此外,不同国家有不同的政治和经济体制,不同体制下大学与政府、大学与大学之间的互动关系也影响着新范式的扩散。比如,在以市场竞争为主导的体制下,大学对于经济和社会的转型相对敏感,创新创业型大学由于具有高绩效比较容易得到认可。而在以行政权力为主导的体制下,大学对于政府的政策更加敏感,只要政策没有根本的改变,新范式的大学很难从概念转化为行动。因此,在大学转型实践中,简单地把接受创新创业型范式的大学视为正面的,把坚持教学型、研究型范式的大学视为负面的,即便不是错误的,也是有失偏颇的。我们必须注意到每一所大学对于发展范式的选择都是个性

---

① 亨利·埃茨科维兹. 三螺旋创新模式:亨利·埃茨科维兹文选[M]. 陈劲,译. 北京:清华大学出版社,2016:310.
② 亨利·埃茨科维兹. 三螺旋创新模式:亨利·埃茨科维兹文选[M]. 陈劲,译. 北京:清华大学出版社,2016:283.

化的，也是相对理性的。最终一所大学是否选择从教学型或研究型范式向创新创业范式转换有时并不完全是单个大学的问题，而是受社会体系，尤其是高等教育体制的制约。

相较而言，经济发达国家高等教育相对发达，新范式大学也比较容易扩散，而在发展中国家，高等教育也处在发展中，新范式大学往往难以扩散。某种意义上，这反映了高等教育改革和发展中的"后发劣势"。受世界体系中心与边缘的制约，发展中国家往往将发达国家的现在当成自己的未来。发达国家高等教育发展的历程成为发展中国家发展高等教育的模板。美国作为世界高等教育超级强国拥有世界上最优秀的研究型大学群体。美国的研究型大学为美国经济社会发展作出了卓越贡献，从而也成为世界各国创建世界一流大学的榜样。但早在第二次世界大战期间，美国政府以及高等教育界就已经在为研究型大学寻找并谋划转型方向。1944年罗斯福致函布什："在未来和平的日子中，信息、技术、科学研发办公室和大学中数以千计的科学家以及私营行业积攒的研究经验应该被用于改善国民健康、创建新企业带来新的就业机会和改善国家生活标准。"[1] 二战之后，美国在联邦与州的层面都采取了一系列措施促进知识经济的发展。在美国，伴随军用经济与民用经济关系的不断调整和相互融合，联邦政府以技术转移为中心的间接产业政策极大改变了大学与产业的关系。20世纪80年代以来，许多州和地方政府开始采取措施鼓励通过科学知识的利用以及学术科学家的参与来创建源于科学的企业。[2] 稍后，美国国家科学基金会也逐渐转型为一个促进产业创新的机构，科学政策成为产业政策的一部分。得益于联邦政府和州政府间接、分散的产业政策以及基于市场竞争的高等教育体制，与世界上其他国家相比，创新创业型大学在美国社会体系中扩散的速度相对较快，社会接受度和认可度也最高。在美国高等教育系

---

[1] 亨利·埃茨科维兹. 三螺旋创新模式：亨利·埃茨科维兹文选［M］. 陈劲，译. 北京：清华大学出版社，2016：77.

[2] 亨利·埃茨科维兹. 三螺旋创新模式：亨利·埃茨科维兹文选［M］. 陈劲，译. 北京：清华大学出版社，2016：76.

统中，以麻省理工学院、斯坦福大学为代表的那些实现了转型的大学对于创新创业的贡献也最大。

　　创新创业型大学在美国的兴起和扩散一方面是因为美国高等教育系统的开放性，大学发展范式本身就是多元的，创新创业作为大学转型发展的新范式不会受到太大阻力。另一方面无论历史上还是现实中，美国经济社会的发展都呈现出"创业型"的特征，创新创业与经济社会发展间存在明确的因果关系。1980年，克拉克·克尔对于许多卡耐基报告的发现进行了概括，他指出，使大学赢得人们的信任的主要因素在于，大学的宗旨是"国家福利第一，所有的高等教育的福利第二。换句话说，它们的目标是通过高等教育，而不是通过其他途径来推动美国社会的进步"[1]。对于美国的经验可以有两种解释，一种是美国社会创新创业活动高度发达，因此创新创业型大学比较容易获得认可，另一种则是因为美国大学一直高度重视创新创业活动，从而确保了美国社会的创新创业长盛不衰。事实上，社会上的创新创业活动与创新创业型大学的扩散是互为因果的。"在组织接受创新的过程中，组织和创新都会做出改变。"[2] 大学接受创新创业这种新范式的过程，既改变着创新创业，也改变着大学自身。如果没有经济社会发展中创新创业活动的普遍存在，创新创业型大学的创建就缺乏合法性基础。同样，如果没有创新创业型大学作为引擎，经济社会发展中创新创业活动也将成为无源之水、无本之木。

　　目前，面对即将到来的知识社会，高等教育改革与发展中传统的力量仍胜过了转型的力量。创新创业作为一种新范式仍被习惯性忽视。对于那些争创世界一流的研究型大学，相比排行榜上名次，创新创业的绩效仍然属于可有可无的"点缀"。那些世界一流大学将更多的精力放在了论文发表和争取更好的排名上，对于创新创业的关注不够。其结果，一方面大学

---

[1] 乔治·M. 马斯登. 美国大学之魂[M]. 徐弢，等，译. 北京：北京大学出版社，2009：483.

[2] E. M. 罗杰斯. 创新的扩散[M]. 唐兴通，等，译. 北京：电子工业出版社，2016：449.

拥有优秀的人才，先进的知识，甚至也不乏高精尖的技术，但另一方面这些人才、知识和技术并没有转化为现实的生产力，大学没有能够成为创新的引擎，促进经济社会的转型升级。这种情况的出现绝不只是由于大学观念的保守，而是由于大学自身组织与制度层面过时的流程设计仍然只适合于旧的发展范式。这种困境一方面可理解为现代高等教育系统和大学制度存在巨大的惯性，旧范式根深蒂固，新范式难以确立；另一方面也折射出现代大学组织与制度存在某种缺陷。要打破这种僵局，一方面需要基于已有高等教育实践发展出新的理论范式，以启示大学转型发展的方向；另一方面也需要从制度病理学的角度切入，对于现代大学的制度病理进行进一步检验，让我们更了解其制度特点，以便于运筹帷幄，掌握治愈方法。[①]

---

① 思拉恩·埃格特森. 并非完美的制度：改革的可能性与局限性［M］. 陈宇峰，译. 北京：中国人民大学出版社，2017：4.

## 第七章
# 创新创业与大学范式革命

**本章要点**：理念和制度上，创业型大学是创新创业型大学的原型。受创业型大学致力于"创业"的影响，"创新创业"也被视为创新创业型大学的一种新职能或新使命。但事实上，创新创业之于大学的价值和意蕴远不止此。在基于知识的经济社会中，创新创业成了大学合法性的新来源。创新创业是大学转型发展的新范式而不是新职能。为满足创业革命和创新驱动发展的需要，所有大学都需要从旧的发展范式向创新创业新范式转移。作为"创新创业"的一部分，在范式转移过程中，创新创业型大学的创建既要克服旧范式残存的制度惰性，也要应对新范式可能引发的观念冲击。

进入 21 世纪以来，源于 19 世纪的现代高等教育发展的经典理论和范式开始面临挑战，首当其冲的就是研究型大学的神话。现代社会中研究型大学一直居于高等教育系统的顶端，从而导致整个高等教育研究也有意无意地以研究型大学为参照来谋划改革与发展。其结果，所有的高等教育机构都有大学化的冲动，而所有的大学又都存在"哈佛化"的冲动。近年来，在世界各国建设世界一流大学运动中这种现象愈来愈明显。但经济社会发展的现实表明，基于研究型范式的世界一流大学建设很难持续。"早期大学的主要职责是保护和传承人类知识，现代大学还要发现新知识、创造和发明新技术，未来应当有更多的创业型大学。创业型大学不是为了造就企业家，而是要培养学生创新创造的观念、素养和能力。"[1] 2014 年，由欧盟开发的"多维全球大学排名"也将"经济参与程度"作为重要的观测指标。20 世纪 80 年代以来，在以美国为代表的发达国家，为满足知识和创新经济的需要，基于三螺旋创新模式，部分大学已开始从研究型范式向创新创业型范式转移。与工业革命时代相比，我们时代是一个需要知识创造价值的时代，但在研究型范式主导下，大学仍主要被作为高深知识生产与传播的制度性场所。相较而言，研究型大学范式的核心价值是高深知识的生产与传播，而创新创业型大学范式的比较优势则是知识创造价值。为了避免大学这一专业组织在知识社会中失灵，就像 19 世纪初洪堡基于"大学自治、学术自由、教学与研究相统一"发明了研究型大学一样，我们时代也需要用创新创业的理论范式引领大学从教学型、研究型向创新创业型转变。

## 第一节 创新创业：作为一种范式

创新与创业原本是两个不同的词汇。创新主要用于科研和技术领域，创业主要用于经济领域。熊彼特的创新理论以企业家精神为载体首次使创新与创业紧密联系在了一起。根据熊彼特的理论，企业家精神既是一种创新精神也是创业精神。近年来，随着知识和创新经济的发展，创新与创业在实践中更加密不可分。"创新创业"逐渐取代"创新"和"创业"成为一种政策和学术话语。由于相关概念尚没有完全理论化，目前无论政策还是学术实践中对于"创新创业"还有不同的理解：一种是将"创新创业"理解为"创新和创业"，另一种是将"创新创业"理解为"基于创新的创业"。在经济领域一般强调"基于创新的创业"，创新创业与普通创业相对应。在高等教育领域，"创新创业"则涵盖"创新"与"创业"两种活动，既强调"基于创新的创业"，也强调"为了创业的创新"。

长期以来，大学里"创新"与"创业"是两个不同的概念或范畴。

---

[1] 林建华. 校长观点：大学的改革与未来 [M]. 上海：东方出版中心，2018：165.

"创新"多与大学的科学研究职能相关，而"创业"则主要是大学的商学院人才培养的一个目标。虽然部分大学里也有面向全体学生的创业教育（Entrepreneurial education），但仍大多局限在选修课程方面，很少上升到大学的组织行为和制度安排。与创业教育相比，创业型大学（Entrepreneurial university）关注到了大学的组织转型。"创业型大学是一个修辞学上的逆喻，用术语来说是抵触或否定，是象牙塔大学模式的对立物。"[①] 其主要目的是通过将"促进经济发展"作为大学的第三功能以应对政府"在财政资助方面出尔反尔"[②]。因此，无论是伯顿·克拉克还是埃茨科维兹，其所提倡的创业型大学都主要强调大学"创立企业"和"与产业对接"，以促进经济发展为主要目的，基本上不涉及社会创业以及大学的范式转换。"新的安排预示着新的可能性，未来，通过让企业使用它们的新发现，进行专利授权等活动，大学将成为能够自给自足的机构，拥有自己的收入来源。如果不能整体达到这种状态，那么至少在局部能达到这种状态。"[③]伯顿·克拉克所总结的创业型大学实现组织上转型的途径（一个强有力的驾驭核心、一个拓宽的发展外围、一个多元化的资助基地、一个激活的学术心脏地带、一个一体化的创业文化）主要是为了增强大学自身的"造血"能力，以减少对外部的资源依赖；而埃茨科维兹以三螺旋创新模式为基础的创业型大学则主要关注新的大学产业关系，强调"源于科学的企业"和"基于科学的区域经济发展"，[④] 理论焦点是科学规范的转换（从学院科学到创业科学），即学术生活的一个新的阶段。[⑤] 简言之，在埃茨科维

---

① 亨利·埃茨科威兹. 三螺旋：大学·产业·政府三元一体的创新战略 [M]. 周春彦，译. 北京：东方出版社，2005：33.
② 伯顿·克拉克. 建立创业型大学：组织上转型的途径 [M]. 王承绪，译. 北京：人民教育出版社，2003：1.
③ 亨利·埃茨科维兹. 三螺旋创新模式：亨利·埃茨科维兹文选 [M]. 陈劲，译. 北京：清华大学出版社，2016：111.
④ 亨利·埃茨科维兹. 三螺旋创新模式：亨利·埃茨科维兹文选 [M]. 陈劲，译. 北京：清华大学出版社，2016：58.
⑤ 亨利·埃茨科维兹. 三螺旋创新模式：亨利·埃茨科维兹文选 [M]. 陈劲，译. 北京：清华大学出版社，2016：113.

兹和伯顿·克拉克的相关论述中，创业型大学的合法性基础主要是科学范式的转移，基本上不涉及大学本身的范式转换。

20世纪80年代以来，创业型大学概念提出之后，引发了大量的相关研究，经过理论与实践的相互转化，对于创业型大学的内涵基本达成共识，即"创业型大学并非商业化大学，它包含保护和传递知识、整合教学和研究以及支持创新。一所创业型大学的建立或是一所现有大学的改组，在区域发展战略中越来越流行"[①]。作为一个新概念，创新型大学（Innovative university）与创业型大学几乎同时产生，但在后续研究中关于创新型大学的探讨不如关于创业型大学的研究充分，不同学者缺乏共识。伯顿·克拉克认为，创新与创业是松散的同义词，作为概念，创新型大学与创业型大学的差异不大，二者都以大学的财政问题为切入点；主要的区别在于，与创业型大学相比，创新型大学这个概念比较"柔和"，可以避免由"创业"一词引起的很多消极的含义。[②] 与伯顿·克拉克不同，克里斯坦森和艾林建构了另一种关于创新型大学的理论范式。他们基于"颠覆式创新"理论，尝试以信息技术为基础创建一种"创新型大学"，尝试为现代大学的变革寻找一条全新的路径。[③] 为了应对创新创业时代的来临，以创业型大学和创新型大学的理论和实践为基础，2013年美国商务部发布了名为《创新创业型大学：聚集高等教育、创新和创业》的报告。在这个报告中，创新创业型大学（The Innovative and Entrepreneurial University）作为一个新概念被正式提出。不过，美国商务部的报告虽然提出了新的大学概念，但并没有赋予创新创业型大学更多的理论和政策内涵。根据美国商务部的报告，创新创业型大学的创建主要是为了满足创新驱动发展的现实

---

① 亨利·埃茨科维兹. 三螺旋创新模式：亨利·埃茨科维兹文选[M]. 陈劲，译. 北京：清华大学出版社，2016：291.

② 伯顿·克拉克. 建立创业型大学：组织上转型的途径[M]. 王承绪，译. 北京：人民教育出版社，2003：2.

③ 克莱顿·克里斯坦森，亨利·艾林. 创新型大学：改变高等教育的基因[M]. 陈劲，盛伟忠，译. 北京：清华大学出版社，2017.

需要，通过组织变革使大学成为"创新的引擎"和"创业的高地"，[①] 仍然没有涉及大学范式的转移。

从上面的梳理可以看出，对于大学而言，"创新"与"创业"原本是两个不同的范畴，但在创业革命和创新驱动发展的新时代，随着经济与社会发展范式的转换，创新与创业的关系日益密切。作为一对具有"互补性"和"互依性"的概念，如果一个组织在实现了创新的同时也进行了创业，那么这种创新的价值将得到极大提高；同样的，如果一个组织在创业的同时也实现了创新，那么这种创业的价值也会得到极大提高。实践中，由于谈创新必然涉及创业，谈及创业也必然涉及创新，乃至"创新创业"在理论和政策话语中成为一种固定表达。当前随着全社会"创新创业"从概念到行动的普及，大学也需要从理论与实践上对此作出系统回应，即如何创建创新创业型大学。与过去创业型大学和创新型大学作为一个概念的提出主要用来描述一种新型的大学或大学的一项新的附属职能（参与经济发展），主要是为了应对或解决某些高校在某个方面的某一具体问题（基于产业支持进行应用研究）不同，创新创业型大学的创建涉及整个大学群体，甚至整个高等教育系统的范式转换。具体而言，如果说在过去创业型大学和创新型大学通过"自力更生"的实践证明了"授人以鱼不如授人以渔"，那么未来创新创业型大学的愿景则是为了证明"授人以渔"不如帮助发展渔业的企业家。[②] 创新创业型大学兼容了创业型大学促进经济发展以及创新型大学促进大学自身发展花式转型的目标。从范式的角度来讲，创新创业型大学即以创新创业为发展范式的大学。对于创新创业型大学而言，要实现"创新"（范式转换）"创业"（促进经济发展）的目标，既需要在大学的教学、科研与社会服务中植入创新创业的基因，也需要大学自身实现系统转型，即在组织、制度与文化层面实现从管理型向创新创业型

---

① 美国商务部创新创业办公室. 创建创新创业型大学——来自美国商务部的报告 [M]. 赵中建，卓泽林，译. 上海：上海科技教育出版社，2016.

② 托马斯·弗里德曼. 谢谢你迟到 [M]. 符荆捷，等，译. 长沙：湖南科学技术出版社，2018：400.

的转变。

## 第二节 朝向创新创业的范式转移

相较而言，创业型大学的创建主要是基于科学范式的转移，即基于从学院科学到产业科学的转型；而创新创业型大学的创建则意味着大学范式的转移，即从传统的教学型、研究型范式向创新创业型范式转型。从内在联系上看，创业型大学可以视为创新创业型大学的先驱或初级阶段。毕竟，没有科学范式的转移，谈不上大学范式的转移。因此，所谓创新创业型大学也可以视为成熟的创业型大学或创业型大学发展的高级阶段。当然，就像研究型大学是对之前教学型大学的"颠覆"一样，创新创业型大学也可以看作是对教学型大学和研究型大学的"破坏性创新"。经过几百年乃至上千年的积累，传统的教学型大学和研究型大学已形成自己独特的价值网络。在各自的价值网络内，教学型大学和研究型大学很容易明确各自的定位以及发展目标。受益于核心价值观以及相关制度的保护，无论教学型大学还是研究型大学都拥有某种近乎垄断的特权，可以少受甚至免受市场竞争的威胁。但这种"舒适区"的存在也阻碍了教学型大学、研究型大学迅速进入创新创业领域，使得现代大学面对创新创业的挑战缺乏转型的内在动力。毕竟，对于大学来说，无论教学还是研究都是已经成熟的范式，而创新创业则是全新的选择。为了回避创新创业的不确定性，很多大学宁愿在旧范式下持续努力或苦苦支撑，也不愿在新范式下重新创业。要打破这种困局，一方面要强化关于创新创业型大学的研究，弄清楚大学与创新创业之间的因果机制，使大学的创新创业更具可预测性；另一方面要完善与创新创业型大学相关的政策与制度环境，对于价值网络内的教学型大学、研究型大学和价值网络外的创新创业型大学提供不同的激励，使大学明白"引领变革何时事关重大，紧跟潮流何时更加有效"[1]。实践表明，

---

[1] 克莱顿·克里斯坦森. 创新者的窘境 [M]. 胡建桥，译. 北京：中信出版社，2014：138.

在稳态的社会里，大学紧跟潮流更加有效。比如，从 19 世纪中期到 20 世纪 80 年代，那些紧跟潮流积极投身科研的大学大多都成为了世界一流大学。与之相比，在一个加速变化的转型社会里引领变革则事关重大。比如，在 19 世纪初，洪堡创建柏林大学就是引领变革之举。今天，人类社会正在经历从工业社会向后工业社会的大变革，传统的教学型大学和研究型大学已难以满足创业革命和创新驱动发展的现实需要。大学作为企业家的这种新角色需要合理化。① 为了促进知识和创新经济的健康发展，我们需要创造出新的大学范式来引领变革。

克里斯坦森曾经从破坏性技术创新的角度解释了那些管理良好，锐意提高竞争力，认真倾听客户意见，积极投资新技术研发的企业，为什么仍然丧失了市场主导地位。如他所言："更努力地工作，更聪明地管理，更积极地投资，更认真地听取客户的建议，这些都是应对新型延续性技术所带来的问题的解决之道。但这些经营原则在应对破坏性技术时却完全失效，而且在很多情况下甚至还会造成反效果。"② 事实上，不仅破坏性技术变革和市场结构的变化可以导致领先企业失败，组织范式的转型也会带来同样的问题。库恩最早从范式的角度阐明了科学革命的结构，并使"范式转移"作为一个概念广为人知。对于库恩来说，"范式转移"，即"科学家用熟悉的工具，在观察曾经看过的东西时，他看到了全然不同的新风貌"③。不仅在科学研究领域存在范式转型，组织领域也存在范式变迁，从朝代国家到民族国家，从古典企业到现代企业，从中世纪大学到近代大学都涉及范式的转移。

大学史上，从洪堡创建柏林大学算起，研究型作为一种大学范式已存在超过两百年。在这两百多年的时间里，研究型大学一直是一种高效的范

---

① 亨利·埃茨科维兹. 三螺旋创新模式：亨利·埃茨科维兹文选［M］. 陈劲，译. 北京：清华大学出版社，2016：29.

② 克莱顿·克里斯坦森. 创新者的窘境［M］. 胡建桥，译. 北京：中信出版社，2014：79.

③ 克莱顿·克里斯坦森，等. 创新者的任务［M］. 洪慧芳，译. 北京：中信出版社，2019：73.

式。那些一流的研究型大学，其办学效果满足甚至超越了社会的期待。但近年来，情况开始悄悄发生变化。很多研究型大学投入了巨大的人力、物力，花费了巨额的科研经费，除了相关排名的提升之外，其对于创新驱动发展的贡献却与巨额的投入不相匹配。在那些一流的研究型大学里，从校长、管理层到教师、学生，工作都非常努力，但实际的办学效果却不显著，难以满足创新创业的实际需要。这种困境的出现一定程度上表明，研究型大学遭遇了范式危机，即关于研究型大学的假设与经营之道已不符合当前经济社会发展的现实；但这些假设和经营之道仍在决定着大学的组织行为，规定着大学必须做什么和不做什么。"一旦研究范式不再适用，那么一个植根于特定技术范式的地区就会处于没落的危险中。"① 要改变这种状况需要改变关于大学的假设，明确知识创造价值，进而以创新创业作为新范式重新设计大学的经营之道。"若想让一个大学承担企业家角色，第一步是有足够的能力确定自身的战略方向。第二步是承诺将大学内研究的知识投入到使用中，尤其是投入到大学的所属地区。"② 那种认为既然研究型大学已主导现代高等教育两百多年，因而其主导作用还将延续下去的想法是错误的，也是危险的。

当前伴随着工业社会向知识社会转型，工业经济也逐渐要转型为知识型产业。"与工业化社会相比，知识型社会依靠的是一套完全不同的动力，它涉及更加迅猛的、普遍的、社会变革性的转化流程。假设说工业化社会的发展是基于产业和政府之间的相互作用，那么知识型社会的发展是通过政府、产业和大学之间三重螺旋的相互作用。"③ 我们时代由于社会和经济-技术范式的转型，以研究型大学为代表的现代大学面临范式危机——旧范式已经过时，但新范式尚未被普遍接受。具体而言，一方面在以教学

---

① 亨利·埃茨科维兹. 三螺旋创新模式：亨利·埃茨科维兹文选［M］. 陈劲，译. 北京：清华大学出版社，2016：352.
② 亨利·埃茨科维兹. 三螺旋创新模式：亨利·埃茨科维兹文选［M］. 陈劲，译. 北京：清华大学出版社，2016：312.
③ 亨利·埃茨科维兹. 三螺旋创新模式：亨利·埃茨科维兹文选［M］. 陈劲，译. 北京：清华大学出版社，2016：413.

型、研究型为代表的旧范式下,大学以教学、科研为中心,表面上看发展很繁荣,但实际上难以满足经济社会发展对于创新创业的需要;另一方面创新创业作为适合知识社会需要的新范式,虽然已在部分大学获得了成功,并在一些国家得到了政府的认可,但总体上,从教学型、研究型大学向创新创业型大学的转型仍处于零星的自发状态。那些"处于过渡时期的创业型大学继续把问题的界定和研究目标的设定作为其内部流程,该流程发生在科学学科和学术型研究团队中。有所不同的是,它充分考虑了经济上和社会上有用的成果,并且采取具体的措施"[①]。有些国家少部分成功的个案(成熟的创新创业型大学)只能视为特例。很多大学管理者仍希望在不改变教学型和研究型大学基本组织制度和价值观的前提下,仅仅通过创新创业教育来为知识和创新经济的发展提供助力。这种"旧瓶装新酒"的做法除了会进一步暴露教学型和研究型大学在应对创新创业问题方面的局限之外,不会有更大的用处。就像在19世纪初为了应对科学革命,大学将科研职能加以制度化并最终形成研究型大学的范式一样,21世纪大学面临创业革命的挑战,"创新创业"既是大学变革的内容,也是大学变革的方法,目的就是要创建适应创新创业需要的新范式的大学。未来为了实现范式的转型,大学需要在管理、组织和文化上作出结构性改变,并建立新的"业务流程"和"核心价值观",以应对创新驱动发展的现实需求。

表面上看,研究型大学也会积极参与创新创业,创新创业型大学也需要开展基础研究,二者在职能方面存在重叠,似乎区别不大。但实质上,隐藏在研究型大学和创新创业型大学背后的制度旨趣和使命迥然不同。研究型大学虽然也追求创新,但通常情况下创新本身就是目的,对于价值创造并不感兴趣,即便有参与知识的转移和应用也往往比较消极和被动。在旧范式下,大学更多地把创新创业看作是研究工作的延伸,从研究到应用遵循一种线性模型,大学的核心目标仍是追逐科学"无尽的前沿"。相比之下,对于创新创业型大学,无论创新还是创业都基于非线性模型,是多

---

① 亨利·埃茨科维兹. 三螺旋创新模式:亨利·埃茨科维兹文选[M]. 陈劲,译. 北京:清华大学出版社,2016:283.

重螺旋或交互式作用的结果。创新创业型大学"不是一个充斥着固定人员的结构,而是一个交流、社交和创业的场所"[①]。与研究型大学零星的成果转化或技术转移有所不同,在创新创业型大学范式下,衡量创新的唯一标准就是创业(创造价值)。不能创业(创造价值)的创新不是真正的创新。在这种新范式下,创新创业作为一种价值观和行动指南嵌入大学的组织结构,其目标是追逐"永无止境的创新"和"永不停息的创业"。在对外关系上,研究型大学的组织哲学主要是"适应",即适应经济社会发展的需要,有时也可以根据经济社会发展的需要去进行"有组织创新";相比之下,创新创业型大学的组织哲学是"引领",即通过创新创业引领经济社会的变革。适应变革与引领变革存在根本差异。适应变革不需要思考"路"的方向,强调过去的经验。而引领变革则要求大学必须准确把握人类社会发展的大趋势以及当下经济社会发展的小趋势,特别强调"由现在创造未来"[②]。"无视时代精神、时代潮流的大学是不存在的。已经不能再允许根据过去来决定现在了,要认清未来而来创造现在才是必要的。在决定将来大学的方向时,必须与现在世界剧烈的变动相适应。"[③] 最后,在内在制度设计上,研究型大学致力于培养个体,为了使教学和科研工作尽可能少受外界干扰,组织和制度设计上,强调"隔离主义"和"职能分工";大学面临的主要矛盾或冲突是如何平衡教学和科研的关系;而创新创业型大学为了实现创新创业需要将学术结构嵌入社会结构,并与政府、企业建立基于三重螺旋关系的循环链。作为区域创新的组织者,创新创业这种新角色要求大学"培养组织并将其传输到更大的社会"[④],并"将其教学功能

---

[①] 顾克文,丹尼尔·罗雅区,王辉耀. 以色列谷:科技之盾炼就创新的国度[M]. 肖晓梦,译. 北京:机械工业出版社,2018:32.

[②] 彼得·德鲁克.21世纪的管理挑战[M]. 朱雁斌,译. 北京:机械工业出版社,2019:81.

[③] 周蕴石. 筑波大学[M]. 长沙:湖南教育出版社,1986:171.

[④] 亨利·埃茨科维兹. 三螺旋创新模式:亨利·埃茨科维兹文选[M]. 陈劲,译. 北京:清华大学出版社,2016:245.

从个人教育扩展到在创业教育和孵化项目中帮助组织成长"[1]。基于此，如果说研究型大学的范式类似一种科层化的职能结构，那么创新创业型大学更接近一个生态系统。

反复强调创新创业型大学与研究型大学不同，并非意味着二者的对立，而是意味着两种不同的大学发展范式其工作的中心或底层逻辑会有所不同。如贝克所言："工业社会从来不可能只是作为工业社会而存在，而总是作为半个工业社会和半个封建社会而存在，它的封建方面不是传统的遗迹，而是工业社会的产物和基础。"[2] 后工业社会也不可能只是作为后工业社会而存在，而必然是以工业社会为物质基础。同样，就像在知识经济时代，知识成为了经济社会发展的主要资源，但土地、劳动力、资本的重要性仍然不会消失一样，在创新创业范式下，大学的那些传统职能依然存在，大学教师仍然需要教书育人并从事基础研究，同样也还需要发表论文并为其他组织提供专业性的服务。"创业型大学不是隶属于当地企业'车间'的产业化大学，相反，它是一个通过多种机制，如联络办事处、与公司的合同、专利、许可证等，将研究成果转变为实用性成果的研究型大学，即大学扮演企业角色的同时，也保留以前的经典功能。"[3] 不同的是，在新的范式下创新创业成为了大学所有工作的核心和精华所在。无论教书育人、科学研究还是社会服务，均需要以创新创业为中心。只有实现了创新创业，大学才算实现了它应有的价值，完成了它的使命。无论如何也无论何时，创新创业都离不开具体的教学、科研和社会服务活动，否则就是空中楼阁。创新创业型大学的制度优势就在于将创新创业与大学的每一项具体活动充分地有组织地结合起来，从而产生最高的经济和社会效绩。

---

[1] 亨利·埃茨科维兹. 三螺旋创新模式：亨利·埃茨科维兹文选［M］. 陈劲, 译. 北京：清华大学出版社，2016：320.

[2] 乌尔里希·贝克. 风险社会［M］. 何博闻, 译. 南京：译林出版社，2004：109.

[3] 亨利·埃茨科维兹. 三螺旋创新模式：亨利·埃茨科维兹文选［M］. 陈劲, 译. 北京：清华大学出版社，2016：353.

"可以预期的类似的结果,即经济、社会与教学、科研一体化。"①

基于经济社会发展实践的现实需要,对于大学向创新创业型范式转移可以有两种解释:一种解释的路径是内向的,另一种解释的路径是外向的。所谓内向的,即从大学内部为范式的转移寻找线索或依据。比如埃茨科维兹就认为:"大学作为中世纪保护和保存知识的机构,相继转型为研究型大学,然后又转型为创业型大学。这种发展更多的不是偶然事件的进化、捕捉和保留,而是内部动态的自我解决。事实上,研究是教学所固有的,就如同创业科学是研究所固有的一样。"② 按照这种内在逻辑,创新创业型大学可以理解为大学转型发展谱系的一部分,从教学型、研究型到创新创业型范式的转移属于大学"内部动态的自我解决"。所谓外向的,即从大学外部为范式的转移寻找线索或依据。创新创业虽然在逻辑上可以在大学内部找到内在的根据,但现实中创新创业型大学的创建以及创新创业的实现通常发生在非传统的学术环境中,主要是校外(全球的、国家的、区域的)因素而不是校内因素决定了创新创业型大学的成败。换言之,大学所在区域,尤其是周边的技术与制度环境对于一所大学能否成为创新创业型大学起到决定性作用。和过去以大学的内在逻辑为主导的职能增加和类型分化有所不同,创新创业型大学的兴起正在颠覆我们关于大学的传统认知。经典高等教育理论先验地塑造了大学的"象牙塔"形象和保守性格,组织的变革主要强调大学的内在逻辑,认为外因只能通过内因起作用。但创新创业型大学的兴起和发展表明外因会取代内因成为决定我们时代大学转型的关键。与传统的教学、科研职能相比,创新创业作为大学的新范式主要是外因决定的。对于创新创业型大学,以知识为基础的经济活动要优先于以经济为基础的学术活动。"创业大学起源于科技园区和企业,源自于从事经济活动的基地,而不是源于从事知识保留和传播的教学和教

---

① 亨利·埃茨科维兹. 三螺旋创新模式:亨利·埃茨科维兹文选 [M]. 陈劲,译. 北京:清华大学出版社,2016:269.
② 亨利·埃茨科维兹. 三螺旋创新模式:亨利·埃茨科维兹文选 [M]. 陈劲,译. 北京:清华大学出版社,2016:259.

育基地。"① 因此，理论上创业科学原本就是科学研究的一部分，但实践中创业科学是否导向创业则主要取决于经济发展范式。高等教育发展的现实也表明，创新创业型大学的兴起主要是一种理性的经济选择，而非大学文化自主演进的结果。换言之，教学型、研究型大学之所以需要向创新创业型大学转变，主要是因为基于自然资源的工业经济向以知识为基础的创新创业经济转型，而这种转型之所以发生并非是由知识的本质决定的，而是与经济发展的阶段和规律紧密相关。

## 第三节 创新创业范式的扩散

大学之所以要向创新创业型范式转移，一方面是为了应对研究型大学自身由于科研评价的异化而造成的合法性危机，另一方面是因为创新创业作为一种新的大学发展范式相比教学型、研究型范式具有制度优越性。"第一次学术革命将科研和教学整合到了同一机构。第二次正在整合经济发展和前面提到的两项功能。"② 在创业革命和创新驱动发展的新时代，大学的领导者不能像童话故事里的皇帝一样继续每年穿着排名机构提供的"新衣"，而必须准确了解："世界最好"的大学，"最好"的含义是什么？它是由谁来定义的？在什么基础上进行测量？如果对测量的性质和后果没有清晰的定义，如同那些使用"坏掉的罗盘"和"未校准的气压计"航行的大学校长一样，他们的船只将面临在第一场暴风雨中沉没的危险。③ 在范式转移过程中要摆脱基于文献计量的排行给大学发展带来的困扰就必须以新的范式重新理解大学，并重新定义什么是一流。

时至今日，创业型大学概念的提出已经 40 年，在这 40 年里只有极少

---

① 亨利·埃茨科维兹. 三螺旋创新模式：亨利·埃茨科维兹文选[M]. 陈劲，译. 北京：清华大学出版社，2016：283.
② 亨利·埃茨科维兹. 三螺旋创新模式：亨利·埃茨科维兹文选[M]. 陈劲，译. 北京：清华大学出版社，2016：159.
③ 伊夫斯·金格拉斯. 大学的新衣？——对基于文献计量学的科研评价的反思[M]. 刘莉，等，译校. 上海：上海交通大学出版社，2019：73.

部分大学利用这个时间窗口开启了范式转型，更多的大学对于把创新创业作为发展范式仍然处于观望中。造成这种窘境的原因有很多，其中全球范围内世界一流大学建设运动的影响特别值得关注。自20世纪末以来，受中国建设世界一流大学的影响，世界上有越来越多的国家卷入了这场大学科研排名竞争。以政府为主导，以研究型为范式，以排行榜为参照，以加大投入、重点建设为路径，不同国家之间开始相互争夺"世界一流"大学的锦标，而忽略了大学自身的范式转型。人们普遍认为，世界一流大学建设可以提升大学教学、科研和为社会服务的能力，能够满足创新驱动发展的需要。但事实证明没这么简单。在很多国家，那些在排行榜上排名靠前的研究型大学并没有能够成为所在国家或地区创新的引擎。实践表明，围绕排行榜办学不但会造成资源浪费而且会导致大学疲于奔命而毫无效果。世界一流大学建设过度强化了大学的科研职能，并诱使大学在排行榜上进行统计学意义上的名次竞争，忽略了创新驱动发展对于大学的需求，忽视了创新创业之于大学转型发展的重要性。在技术与经济社会环境深刻变化的今天，大学作为一种专业组织要想基业长青必须有改变自己的能力，并不断引领变革。在变革过程中那些世界一流的研究型大学要有目的有计划地放弃对于排行指标的过度追逐，还要"放弃任何已确定的、合乎惯例的、熟悉的和令人感到舒服的东西，无论是产品、服务或流程，一套技术，人际和社会关系，还是组织本身"[①]。我们时代大学的理想不能再局限于知识本身，而应把知识的应用作为关键性竞争因素，将最好的资源和主要的精力集中到创新创业上来，致力于通过知识创造价值。

当前在整个高等教育系统中研究型大学居于塔尖，最具创新创业的条件和潜力，研究型大学的创新创业对于经济社会发展的贡献也最大。但目前条件下，由于受发展范式的制约，研究型大学仍习惯沿着旧范式做大做强，虽然有外在需求但创新创业的内在动力不足。与研究型大学相比，那些教学型大学、应用型大学最迫切需要从创新创业中获得发展机遇，以新

---

① 彼得·德鲁克. 巨变时代的管理［M］. 朱雁斌，译. 北京：机械工业出版社，2019：67.

范式实现弯道超车，但实践中这些大学由于受到"学术漂移"的影响，其中大部分选择研究型大学作为了自己的发展目标。最终，整个高等教育系统同质化越来越严重。大学转型发展的空间愈来愈狭窄。当然，创新创业作为一种新范式之所以很难在大学群体中迅速扩散与社会心理和组织心理也有很大关系。对于大学转型而言，对新范式的接受意味着对旧范式的否定。而对于旧范式的否定则可能意味着对于大学自身历史的否定，意味着过去的观念和做法是错误的。为了避免组织的认知失调，有时大学即便明知新范式具有优越性，仍然会选择旧范式，并尽可能拖延变革。近年来，世界上虽然有不少大学通过创新创业获得了成功，甚至实现了组织转型，但创新创业作为一种大学转型发展的新范式没有转化为普遍的行动。"即使在拥有高度活跃的创业型大学这样领先的高科技地区，也只有少数教师愿意成为活跃的企业家。"[①] 世界各国高等教育改革实践中创新创业虽然没有被无视，但也没有得到应有的认可和普遍的响应，政府更关注的仍然是大学和学科排名的变化。创新创业型大学的属性以及政府对它的认识决定了其在实践中扩散的速度。与传统的教学型大学和研究型大学相比，创新创业型大学的属性较模糊。教学与研究原本就是大学的基本职能，教学型和研究型大学范式非常容易得到认同。而创新创业并非大学的基本职能，作为一种外来范式在扩散过程中很容易遭到大学组织本身及其内部成员的抵制。此外，教学型和研究型大学作为一种制度化大学，相关制度固定下来以后可以自动、反复运转，便于复制，也易于扩散；与之相比，由于存在边界的可渗透性，创新创业型大学更像一个生态系统，而不是一个拥有固定人员和系科的机构。某种意义上，创新创业型大学是非制度化的，不是一种固定不变的"型"。每一所创新创业型大学都是独特的，具有鲜明的组织特性。因此，从教学型、研究型大学向创新创业型大学的转变不可能一次完成，而是会呈现出"无尽的转变"。

除了受组织结构与社会心理的影响之外，创新创业型大学扩散的速度

---

① 亨利·埃茨科维兹. 三螺旋创新模式：亨利·埃茨科维兹文选［M］. 陈劲，译. 北京：清华大学出版社，2016：382.

还受大学组织自身特性的影响。通常情况下,大学对经济社会发展的影响具有累积效应和延迟性,新旧范式的转变很难产生立竿见影的效果。"这种转换经历使人联想到矛盾心理的转换——两个原则之间的对立,一个主要,另一个次要——最终达成一致,并且也让人联想到意识形态元素革新的统一。"① 实践中创新创业型范式的扩散不但要避免和根深蒂固的经典大学理念激烈冲突,还要考察和已经被普遍接受的以教学型和研究型大学为代表的旧范式大学如何兼容。高等教育改革中能不能在现行大学观念和制度中培育出适合作为"砧木"的组织机体,直接关系到大学转型的成败。为保证大学范式转移的成功,新方案的吸引力必须大于"旧方案产生的惯性"以及"新方案衍生的焦虑"。② 换言之,"变革不等式可以表示为:预期或者已经实现的收益(Benefit,B)必须大于人们在变革前所承受的痛苦(Pain,P)加上变革中需要付出的努力(Effort,E)"③。我们时代大学转型面临的关键问题或冲突已经不再是大学是否应为经济发展服务,而是为了适应创新创业需求的组织创新是否会被采纳以及如何协调企业家精神与基础研究的发展,以实现大学自身范式的转移。遗憾的是,当前旧范式大学基于垄断效应同样可以找到某些证据以证明其对于整个社会的创新创业作出了巨大贡献。相比之下,由于在整个高等教育系统中缺乏规模优势,那些新建的或刚刚实现转型的创新创业型大学反倒很难证明自身较之传统的教学型大学、研究型大学在创新创业方面更具制度优势。对政府而言,虽然创新创业对于经济社会发展具有现实的迫切性,但创新创业型大学之于创新创业的重要性或有效性,更多还是未经证实的理论假设,政府很难仅仅基于某个理论假设就出台激励政策。其结果,由于政府的政策导向以及大学的制度惯性,以研究型大学为基础建设世界一流大学仍然是很

---

① 亨利·埃茨科维兹. 三螺旋创新模式:亨利·埃茨科维兹文选[M]. 陈劲,译. 北京:清华大学出版社,2016:181.
② 克莱顿·克里斯坦森,等. 创新者的任务[M]. 洪慧芳,译. 北京:中信出版社,2019:97.
③ 汤姆·奈特,特雷弗·豪斯. 知识管理——有效实施的蓝图[M]. 蔺雷,李素真,译. 北京:清华大学出版社,2005:221.

多国家高等教育改革和发展的战略目标。

面对这种困境,批评多指向大学的保守,而忽视了社会体系的约束。大学转型中旧范式与新范式的冲突,其实质乃是制度竞争;所谓转型需要观念的转变,但核心乃是新旧制度的相互替代。当前研究型大学作为一种主流范式,其根基乃是一整套相互匹配的制度体系,而不只是意味着大学的一种类型。今天研究型大学的地位之所以难以撼动,其深层的原因就在于研究型大学本身已经制度化,并镶嵌于与之相匹配的制度体系中。研究型大学向创新创业型大学的范式转移绝不只是意味着大学类型的更替,而是意味着大学制度和社会体系本身的重塑。在微观层面上,作为改革的一部分,创建一所创新创业型大学或许不难。但一所新范式的大学不可避免地仍处于旧的制度体系中。由于原有社会结构和高等教育体系没有根本改变,新的组织形式不可避免地会与旧的制度安排相互冲突。因此除非改革者获得了高层的特别支持,否则某一所或几所创新创业型大学在组织机构层面的改革努力很难获得成功。"制度改革就是一场博弈,而博弈参与者拥有的只是不完美的信息,并被要求在各种不同特性的不完善的社会模式下做出行为和策略选择。"[①] 当然,改革采取自上而下的顶层设计,由政府统筹推进教学型大学、研究型大学向创新创业型大学的范式转移,可以避免微观层次上的制度不相容,但由于强制性制度变迁缺乏足够的灵活性,很容易忽视关键的制度细节和校际差异,也会导致高等教育系统与社会其他子系统在宏观层面上的不相容。其结果,由于宏观制度不相容的存在,由政府主导的政策驱动改革既有可能性又有局限性,新旧制度的冲突仍不可避免。"与个人的创新-决策过程相比,组织的创新过程显得复杂多了。因为组织的执行阶段通常都涉及一群人,其中包括创新的赞成者和反对者,双方在创新-决策过程中都扮演着重要角色。此外,采纳阶段的接受

---

① 思拉恩·埃格特森. 并非完美的制度:改革的可能性与局限性[M]. 陈宇峰, 译. 北京:中国人民大学出版社,2017:192.

是双向的，创新的本身和组织都发生了重大的改变。"① 由此可见，由于制度惯性和路径依赖的普遍存在，加之阻碍新范式普及的制度安排具有稳定性，而促进新范式普及的制度安排比较脆弱，从教学型、研究型范式向创新创业型范式的转换在短期内几乎是不可能完成的任务。"不是每一所研究型大学都可以成为创业型大学，即使那些制定出战略方向的大学也不一定是；他们中仍有部分是象牙塔式的机构。"② 问题的另一面在于，这种不可能完成的任务又是我们时代大学转型必须要做的最重要的事。要克服这种两难选择，就需要高等教育改革的决策者和大学的办学者针对大学转型的复杂性采取一种多元策略或混合策略：既需要以新的范式创建新的大学，也需要以新的范式改造旧的大学；既要对于大学转型的方向有清醒的认识、坚强的意志，又要对于改革的进程有足够的耐心和智慧。就像孵化器也需要"孵化"一样，创新创业型大学也需要不断"创新创业"。创新创业型大学不仅要产出创新创业成果，还要为创新创业成果的产出创造新的组织形式与制度安排。在范式转移与扩散的过程中，既需要大学致力于培养创新创业人才，孵化创新创业成果，也需要大学以创新创业精神推动自身范式的转移，使大学的创新创业行为合法化。

---

① E. M. 罗杰斯. 创新的扩散［M］. 唐兴通，等，译. 北京：电子工业出版社，2016：429.
② 亨利·埃茨科维兹. 三螺旋创新模式：亨利·埃茨科维兹文选［M］. 陈劲，译. 北京：清华大学出版社，2016：312.

# 第八章
# 创新创业：大学转型发展的新范式

**本章要点**：大学的转型发展是一个连续的、多维的、漫长的过程。从早期的教学型大学到后来的研究型大学，再到今天的创业型大学，变化的不只是大学的职能或功能，而是范式，即大学的核心价值和行动准则。从历史上到现实中，无论教学型大学还是研究型大学，都蕴含有创新创业的因子，但受时代精神和局限条件的约束，教学型大学以本科教学为重，研究型大学偏好基础研究，创新创业的重要性被遮蔽或难以凸显。今天在创新驱动发展的大背景下，以高深知识向应用转化为进路，大学的创新创业行动逐渐实现了从量变到质变的转化，兼容本科教学和基础研究，并直接服务于经济社会发展的创新创业型大学正在兴起，"创新创业"作为大学转型发展的新范式正在从理想变成现实。

我们为什么需要大学，一种解释是基于社会分工的需要，另一种解释是大学自身创造了我们的需要。社会分工论将大学视为满足社会需要的一种机构或应社会需求而产生的机构。这种理论过于夸大了社会需求的重要性，而忽视了大学组织自身的特殊性和历史的偶然性。社会需求虽有一定的刚性，但实践中满足这种需求的方式则具有不确定性。客观来看，在中世纪的社会分工中为了满足当时的社会需求以及智识生活的需要，大学作为一种社会机构，其产生更多地具有偶发性而不是必然性。相比之下，创造需求说则关注到了大学的特殊性。作为现代大学的源头，中世纪大学的产生及其组织形式和运作机制的形成虽有一定偶然性，但这种组织自产生以后凭借其独特的组织性质和制度优势，在人类历史长河中成功实现了"基业长青"，完美地创造了人类社会对于它的需求甚至是依赖，并成功满足了这种需求。当然，对于我们为什么需要大学，无论哪种理论解释都不可能是完美的，抑或能完全令人信服。理论的解释力总是具有情境性，总是和具体的时间和空间有关，并受诸多局限条件的约束。因此，与其从根子上去追问我们为什么需要大学，不如直接询问我们时代需要什么样的大学。本源性的问题虽然会有助于正本清源，但也容易脱离当下的具体情境。作为一个社会机构，大学的发生史和现在史完全是两回事。大学是时代性的而不是永恒不变的。在我们需要大学这件事已是不可更改的外部约束条件的前提下，弄清楚我们时代最需要什么样的大学，现有大学应通过何种改革，向哪个方向演进，就显得特别重要。"一所大学的理想，不是知识，而是力量。大学的职责就是把一个孩子的知识转变为一个成人的力量。"[1] 与正在逝去的工业社会相比，我们时代的精神是创新创业，我们时代最宝贵的资源是能够促进创新创业的知识。在一个以企业家精神为引领，以创新创业知识为基础的社会里，大学的重要性是空前的。新的时代对于大学改革发展提出了新的愿景，大学只有主动适应创新创业的时代精神的需要，通过转型发展来实现范式更新，才能成功应对这种前所未有的挑战。

## 第一节 大学为什么需要创新创业

历史上，以知识的逻辑为依归，随着知识范式的变迁，大学先是教会的婢女，后是人文主义者的乐园，继而成为科学家的实验室。表面上看，不同时期大学作为"婢女""乐园"和"实验室"的社会角色是不同的，但实质上，这些社会角色背后的逻辑又是一致或相通的，即大学始终以"象牙塔"的姿态相对远离社会，以掩盖或抑制知识观和价值观的冲突。

---

[1] 怀特海. 教育的目的 [M]. 庄莲平，王立中，译注. 上海：文汇出版社，2012：36.

大学主要追求知识自身的价值，刻意与现实需求保持一定的距离。中世纪大学视神学为高级知识，近代大学视哲学为高级知识，现代大学则视科学为高级知识。而那些高级知识之所以被认为是高级的，最主要的原因则是它们远离世俗或实用，强调知识的纯粹性和深奥性。长期以来，大学对于纯粹知识的追求或价值偏好，符合知识作为公共物品的本性以及教育性的原则，也符合大学作为一种知识生产和传播制度的比较优势，并满足了社会对于大学的心理期待，即作为"世俗的教会"[1]。20世纪80年代以来，世界范围内高深知识生产、扩散与应用的政策环境与制度文化发生了根本的变化，基于科学逻辑的大学知识生产治理机制开始面临市场逻辑的严峻挑战。围绕一个"统一的办学目标"，通过文化传承或价值观塑造或仅依靠培养人才和披露作为公共物品的知识已经不能满足经济社会发展的现实需要。与过去基于劳动分工的相互区隔的知识生产制度（一个组织，一个目的）不同，今天在以知识为基础的经济社会里，知识的创新更加强调"集成"与"协同"（同一个组织可能必须扮演多个角色，以便在多种环境下进行竞争）[2]。

由于社会和政策环境的变化，现代大学必须由单一目标的机构向多目标机构转型发展。"对于高等院校来说，同时追求多个目标往往非常有利，因为不同的目标可以相互补充，产生整体大于部分之和的效果。"[3] 改革实践中，为满足知识经济和知识社会对于"集成创新"和"协同创新"的需要，大学需要在市场逻辑、国家逻辑和科学逻辑的对立统一中，在专业知识的生产、扩散与应用方面作出新的决策与选择。"大学在过去旨在保持

---

[1] 约翰·布鲁贝克. 高等教育哲学 [M]. 王承绪，等，译. 杭州：浙江教育出版社，2002：138.
[2] 亨利·埃兹科维茨，劳埃特·雷德斯多夫. 大学与全球知识经济 [M]. 夏道源，等，译. 南昌：江西教育出版社，1999：98.
[3] 德里克·博克. 大学的未来：美国高等教育启示录 [M]. 曲强，译. 北京：中国人民大学出版社，2017：33.

统一性，现在却旨在实现多样性。"① 为满足经济社会发展的现实需要，在与政府、企业等其他社会机构实现协同创新和集成创新的过程中，大学既要勇于突破组织的边界、在协同创新中扮演新的角色，又不能放弃自身的独特性、疏于对学术价值观的坚守。"在这些网络里，企业、大学和研究机构之间的多元、微弱的联系使各方可以接触到更多的信息，并可以对这些多元信息进行重新结合，从而能够超越既存的知识，创造出新知识。"② 以高深知识的生产、扩散与应用来说，大学既不能放弃高深知识生产与扩散的职能，又要在高深知识的应用方面大有作为；大学既要以科学为基础、以政府为伙伴，也要以市场为导向，在传统开放科学路径的基础上，积极拓展创业科学的新路径，通过创新创业直接为经济社会的发展服务。

现代以降，大学作为一类组织取得了极大的成功。无论从机构数量的增长，规模的扩充，参与人数的增多，还是影响力的上升，也无论是从对经济社会发展和科技进步的贡献，还是对文化和制度的创新，大学无疑都是现代社会最为成功的专业机构。某种意义上，现代大学既是现代社会的一部分（社会系统的子系统），也是现代社会运行秩序的生产者（工作母机）。换言之，现代大学的逻辑既镶嵌于现代社会的逻辑中，又在生产着现代社会的逻辑。现代社会的逻辑是社会分工和专业化，现代大学的逻辑则是知识分工和专门化。在不断强化社会分工和专业化的社会背景下，正是凭借以学科为基本单位的知识分工，现代大学实现了高深知识生产与传播的专门化，从而在从传统向现代转型的过程中取得了巨大成功。不过，现代大学的成功也是其危机的根源和转型的障碍。组织进化论指出：对以往成功的过度适应是危险的。③ 要适应新时代的要求，在教学型大学和研究型大学之外，提出新的大学范式会非常困难。现行大学主流范式的支持

---

① 安德鲁·德尔班科. 大学：过去，现在与未来 [M]. 范伟，译. 北京：中信出版社，2014：128.

② 竹内弘高，野中郁次郎. 知识创造的螺旋：知识管理理论与案例研究 [M]. 李萌，译. 北京：知识产权出版社，2016：227.

③ 野中郁次郎，竹内弘高. 创造知识的企业：日美企业持续创新的动力 [M]. 李萌，高飞，译. 北京：知识产权出版社，2017：196.

者会利用以往的成功所确立的大学传统或潜规则来对抗任何可能的变革。

克里斯汀森主张："组织是价值网络的一个组成部分，并且经常受到既有产品概念的约束。因此，为避免'创新者的两难'困境，要想创造具有新的消费者价值的产品，组织必须在不同价值网络中确定新的位置，并且做到独立自主、自给自足。"① 在传统大学范式居于垄断地位的情况下，新概念大学或大学新范式的出现，一种情况是依赖旧范式下大学自身的自然演化，另一种情况则依赖研究者敏锐的学术触觉，基于环境变化创造出新的大学概念，以人为的建构（顶层设计）引领大学的转型发展。近十几年来，世界范围内创业型大学的兴起既与大学改革的实践探索有关，也与埃兹科维茨、伯顿·克拉克等人在高等教育研究中的概念创新密不可分。如果说学界提出的创业型大学作为大学的新概念是一种"拉动"因素，那么各国大学朝向创新创业的改革实践则可视为一种"推动"因素。就创业型大学作为大学的新范式而言，概念的拉动作用要小于实践者的推动。"在很多领域，方法往往落后于理论。"② 然而，在高等教育领域，实践往往走在理论前面。虽然早在1983年埃兹科维茨就发表了题为《美国学术界的创业科学家和创业型大学》的论文，正式提出了"创业型大学"的新概念；但时至今日，我们的大学改革仍处在"范式转移与常规建设之间"③。由于缺乏有效的理论引领，很多国家的高等教育改革仍然集中于寻找赖以建立创业型大学的有效路径，而非把"创新创业"作为"更高级的概念"，即大学转型发展的新范式。其结果，从教学型大学和研究型大学向创业型大学转型的实践进展仍然缓慢且困难重重，大学观念的更新仍面临种种的挑战。至今，研究型大学仍然是世界各国一流大学建设的主导范式，建立研究主导的世界一流大学仍是各国高等教育改革和发展的优先目标，创新创业仍不是大学的中心工作。

---

① 竹内弘高，野中郁次郎. 知识创造的螺旋：知识管理理论与案例研究[M]. 李萌，译. 北京：知识产权出版社，2016：152.
② 李锺文，等. 创新之源：硅谷的企业家精神与新技术革命[M]. 陈禹，等，译. 北京：人民邮电出版社，2017：218.
③ 陈平原. 在范式转移与常规建设之间[J]. 探索与争鸣，2018（5）：4—6.

为实现创新驱动发展，我们的大学应该像重视论文发表和科研获奖一样重视创新创业，应该花更多的时间去思考如何能更好地实现创新创业。近几十年来，伴随着工业社会向后工业社会的转型，在以美国为代表的发达国家，学术研究也开始从科学逻辑向市场逻辑转变，传统的教学型大学和研究型大学开始向教学创业型大学和研究创业型大学转变，并促使大学内部基于市场逻辑的实践活动体制化，凭借市场的力量焕发大学的活力。"不断发展的大学创新文化为大学教师提供了必要的信息和激励机制，使他们摆脱了仅专注于科学研究的传统，转而投入到更具前瞻性且整合了技术发展和商业化努力的综合性创新过程之中。"[1] 当今世界美国之所以是高等教育的超级强国、世界学术中心，绝不是世界大学排行榜和学科排行榜上美国大学和学科的数量多可以概括的，也不是美国大学高水平科研论文发表排世界第一所能代表的。美国作为世界高等教育超级强国的最有力的证据在于：美国的一流大学对于美国经济社会的发展作出了卓越贡献，源于美国一流大学的科技创新和社会创新为美国社会的创新创业作出了卓越贡献，确保了创新驱动发展战略在美国的成功实现。"近几十年来，这种开拓创新精神促使各高等院校纷纷响应政府号召，帮助学校教授们与企业开展合作，共同建立公司来开发新产品。这种结合有时甚至能带动学校所在的整个地区的经济发展，如加利福尼亚州的硅谷地区和大波士顿地区的发展就是这样。"[2] 可以说，在美国没有哪个行业像其大学那样在全世界居于绝对的领先地位，也没有任何一个行业或领域对于创新创业的贡献可以和其顶尖的一流大学相比。

当前在我国，无论是一流大学还是一流学科的定义和评价基本上沿用了兴起于 19 世纪的研究型大学的传统范式，强调科研论文发表和获奖的重要性，注重科学共同体内部的同行评价和政府的行政评价。对于科研成果

---

[1] 美国商务部创新创业办公室. 创建创新创业型大学——来自美国商务部的报告 [M]. 赵中建，卓泽林，译. 上海：上海科技教育出版社，2016：28.

[2] 德里克·博克. 大学的未来：美国高等教育启示录 [M]. 曲强，译. 北京：中国人民大学出版社，2017：22.

向应用转化以及知识创造价值没有给予必要的和充分的关注。世界范围内，自20世纪80年代以来，科学、技术与社会的关系发生了很大变化，大学、产业与政府的关系早已今非昔比。"以大学为根据地建立研究型企业，共同开展一些营利项目"[1]，正在成为普遍的做法。在即将到来的知识社会里，知识的生产、扩散和转化成为解释经济发展的内生变量，创新创业成为驱动经济发展的核心要素或决定性力量。"在新经济中，知识不仅是与传统生产要素——人力、资本和土地——并列的资源，而且是今日唯一有意义的资源。知识已经成为最重要的资源而不是一般资源这个事实是新型社会的独特之处。"[2] 在创新驱动发展的新时代，为尽可能提升我国知识创新的水平，提高知识创造价值的绩效，以实现全社会、全领域有组织、可持续的创新创业，大学的教学和研究目标不能再单纯以学术性观点和学科界限来设定，而应以国家战略需求或人类经济社会发展的重大需求和挑战为出发点，基于未来经济社会发展所需的重大技术，来探求其背后的科学原理，从而倒逼基础科学研究和教学内容的创新。

## 第二节 大学如何实现创新创业

如果说20世纪是管理的时代，那么21世纪就是创新创业的时代。"在20世纪的伟大实验，无论是大型企业还是政府，均已完成了其历史使命，至少在公众看来如此。取而代之的是一场声势浩大的创业浪潮，在全球范围内，无论是普通百姓、企业，还是整个国家，都在寻找和重振创业精神。"[3] 在创新驱动发展的新时代，为了满足创新创业的需要，科学研究最终要落实到问题解决层面，即便是最基础的研究，也总蕴含有向应用转化

---

[1] 德里克·博克. 大学的未来：美国高等教育启示录 [M]. 曲强，译. 北京：中国人民大学出版社，2017：20.

[2] 野中郁次郎，竹内弘高. 创造知识的企业：日美企业持续创新的动力 [M]. 李萌，高飞，译. 北京：知识产权出版社，2017：5.

[3] 拉里·法雷尔. 创业新时代：个人、企业与国家的企业家精神 [M]. 沈漪文，杨瑛，等，译. 北京：机械工业出版社，2014：14.

的可能。但将可能转化为现实不仅需要时间还需要方法。在现有分科体制下，任何单一学科，尤其是那些基础科学研究的知识，很难单独解决实践中的复杂问题。"科学中的许多问题，需要单个科学家不可能具有的系列智力资源。"① 因此，通过会聚策略以跨越不同学科的边界来解决实践中的难题便成为重要的选择。"会聚研究由于汇集了来自生命科学、物质科学、医学、工程学的知识和工具，将不断地激励创新研究，并解决极具吸引力的技术难题与社会挑战。"② 为促成和激励基础科学发现向实际应用的转化，会聚研究一方面可以通过跨越学科边界将不同学科的知识会聚在一起，另一方面也可以通过建立起合作网络（涉及政府、学术界、国家实验室、临床机构、产业界、资助机构等）对相关科学研究提供支持并使研究成果不断转化为新的创新形式和全新产品。③ 会聚研究作为一种问题解决或知识应用的具体策略，与各学科自身高深知识的生产并不矛盾。会聚研究的目的是"释放出多学科整合的巨大潜力，共同应对需要这种紧密合作才能解决的关键挑战"④。只有各学科持续生产出真正具有创新性的知识，学科知识的会聚才有现实意义，才能实现基础科学发现向实际应用的转化，并促进基于知识创新的创业。"在这个方面，新知识的创造既是关于理念的，也是关于理想的。这就是创新的动力。创新的精髓是根据具体理想或愿景来重新创造一个世界。"⑤ 毕竟，创新驱动发展要取得切实的成效，必须有科学上的新发现或技术上的新突破作为前提；只有基于具有创新意义的知识，那些市场导向型的创业活动才能真正创造出社会需要的价值。

---

① 保拉·斯蒂芬. 经济如何塑造科学 [M]. 刘细文，译. 北京：北京大学出版社，2016：68.
② 美国科学院研究理事会. 会聚观：推动跨学科融合——生命科学与物质科学和工程学等学科的跨界 [M]. 王小理，等，译. 北京：科学出版社，2017：10.
③ 美国科学院研究理事会. 会聚观：推动跨学科融合——生命科学与物质科学和工程学等学科的跨界 [M]. 王小理，等，译. 北京：科学出版社，2017：1.
④ 美国科学院研究理事会. 会聚观：推动跨学科融合——生命科学与物质科学和工程学等学科的跨界 [M]. 王小理，等，译. 北京：科学出版社，2017：3.
⑤ 野中郁次郎，竹内弘高. 创造知识的企业：日美企业持续创新的动力 [M]. 李萌，高飞，译. 北京：知识产权出版社，2017：10.

在创新创业过程中，为了实现知识的创新以及基于创新的创业，大学里的"研究者必须整合若干传统学科，形成一个临时的学术领域"[①]。在通常情况下，这个临时的学术领域具有"临时性""跨学科性"和"应用性"等特点。随着实际问题的解决，它既可以解散，也可以被制度化，成为一个综合性的跨学科领域，以便于今后应用于更广泛的领域。至于哪种可能性最后成为现实，则取决于这个临时的学术领域内的知识所创造的事物的价值及其对不同学科之间关系的整合程度。"这个过程将不同领域的知识整合到一个新的系统，创造出新的应用领域和可以用来重组和整合的新知识。"[②] 最后无论这些为了解决实际问题而组建的临时的学术领域是"事毕解散"还是成了"新的学科"，都无损于这个临时的学术领域的独特价值。"经过这样一个过程，研究者一边处理现实问题，一边向社会输出具体产品，并不断播撒临时领域的种子，最终使得新学科发展成熟。再进一步讲，即使研究不幸失败，最终无法获得具体产品，但只要这一研究方式能够保留下来，就可以将其研究结果作为人类共同的知识财富累积起来，最终为今后的研究所用。"[③] 在这样一个过程中，通过会聚研究形成的"临时的学术领域"为从学科研究走向跨学科研究，为从传统的基础研究走向新基础研究，为从知识生产走向产品开发，提供了一种新的进路，并为从纯基础研究、应用驱动的基础研究和纯应用性研究向"愿景驱动的基础研究"（这种研究将突破已知的应用并探索新的转化方式）[④] 的转化提供了新的可能。

对于创新创业，跨学科研究的组织意图也非常重要。在建立创新创业

---

[①] 吉川弘之，内藤耕. 产业科学技术哲学［M］. 王秋菊，陈凡，译. 沈阳，辽宁人民出版社，2015：82.

[②] 美国科学院研究理事会. 会聚观：推动跨学科融合——生命科学与物质科学和工程学等学科的跨界［M］. 王小理，等，译. 北京：科学出版社，2017：16.

[③] 吉川弘之，内藤耕. 产业科学技术哲学［M］. 王秋菊，陈凡，译. 沈阳，辽宁人民出版社，2015：88.

[④] 美国科学院研究理事会. 会聚观：推动跨学科融合——生命科学与物质科学和工程学等学科的跨界［M］. 王小理，等，译. 北京：科学出版社，2017：16.

型大学的过程中，跨学科研究不能为了学科自身，或为了跨学科研究而进行跨学科研究。跨学科研究应致力于通过跨学科研究来解决需要跨学科才能解决的重大科技与社会问题。跨学科研究不能仅是为了学术上的所谓"视角创新"，更多的是要为了将科学的发现转化为技术的进步，将学术的知识转化为社会的价值。"组织的意图为判断已知知识的真实性提供最重要的基准。如果没有组织的意图，若想对察觉或创造的信息或知识的价值作出判断，是不太可能的。在组织层级上，组织标准或愿景常常是意图的形式表达。这些标准或愿景可以用来评估和论证所创造的知识，知识必须是价值取向的。"① 否则跨学科研究不但不能解决分科制度的问题，不能实现大学创新创业的组织目标，反倒会加重基于分科的大学组织结构的制度成本，加剧学科化冲动。由于学术创业的"高机会成本"，为了实现"为了创新创业的跨学科研究"，大学内部的薪酬制度、人员聘用政策和学术评价制度必须有所改变，以激励教师和学生进行基于创新创业的科学探究。"大学非常需要适当改变专业学者的晋升、终身教职以及酬劳机制，这样商业化活动才能得到重视。"② 对于创新企业的建立，仅有这些还不够。"对于那些寻求建构可持续发展的会聚生态系统的组织机构而言，包容性治理体系、以目标为导向的愿景、有效的项目管理、对核心教职员工的稳定支持，以及灵活的或具有催化作用的资金都至关重要。同时还必须愿意承担风险，并能接受潜在的失败或项目重新定向的可能，这是前沿科学无法避免的问题。"③ 要保障"为了创新创业的跨学科研究"可持续进行并取得重要进展，既需要大学在科研管理和评价层面作出调整以引导组织和制度文化的变革，也需要跨学科研究恪守成果导向，为支持跨学科研究的诸多利益相关者（合作伙伴网络）提供他们所需要的产品和服务。此

---

① 竹内弘高，野中郁次郎. 知识创造的螺旋：知识管理理论与案例研究 [M]. 李萌，译. 北京：知识产权出版社，2016：67.

② 艾伯特·N. 林克，唐纳德·S. 西格尔，迈克·赖特. 大学的技术转移与学术创业——芝加哥手册 [M]. 赵中建，等，译. 上海：上海科技教育出版社，2018：34.

③ 美国科学院研究理事会. 会聚观：推动跨学科融合——生命科学与物质科学和工程学等学科的跨界 [M]. 王小理，等，译. 北京：科学出版社，2017：6.

外,"创新创业"要成为大学发展的新范式,不能局限于大学内部的"科学"和"技术",而必须深入到大学的组织制度与行为本身。"创新不一定必须与技术有关,甚至根本就不需要是一个'实物'。从造成的影响来看,几乎没有什么技术性创新能与报纸或保险之类的社会创新相比。现代的医院起源于 18 世纪欧洲启蒙运动时期所发生的社会创新,它对医疗保健的影响,远远大于其他许多医学上的进步。"① 同样的,由洪堡发明的现代大学制度对于现代科学的贡献,也远远大于任何一位伟大的科学家。20 世纪 90 年代以来,在世界范围内为应对知识经济和创新驱动发展的现实需要,对于大学从教学型、研究型向创新创业型的转变,有两条不同的路径。一种是新建创新创业型大学,通过"增量"的改革影响"存量"。比如,由谷歌(Google)、美国国家航空航天局(NASA)以及若干科技界专家联合建立的"奇点大学"(Singularity University);由密涅瓦计划和 KGI 合办的"密涅瓦大学"(Minerva Schools at KGI)。另一种是推动现有大学从教学型、研究型向教学创业型、研究创业型转变。比如,斯坦福大学、麻省理工大学、华威大学、特文特大学、恰尔默斯技术大学等。

与发达国家的高等教育改革相比,或许是因为经济社会发展所处阶段以及高等教育的制度基础不同,我国高等教育改革中对于创新创业的理解比较狭窄,反应也相对缓慢。虽然以"挑战杯"为代表的大学生创业计划竞赛已有近 30 年的历史,但大学组织本身对于创新创业的整体性应对却出现得很晚。2014 年 9 月,时任国务院总理李克强在天津的夏季达沃斯论坛上,发出"大众创业、万众创新"的号召后,"双创"问题才引起教育部和高校的普遍重视。值得注意的是,作为政府部门主导的"大众创业、万众创新"的一部分,我国高校的创新创业教育改革仍有很大的局限性。实践中无论是遴选"创新创业教育改革示范高校"还是推动在大学内部建立"创业学院",都主要是将创新创业教育作为人才培养工作的一部分或高等教育目标的一个子目标,而没有将其上升为大学转型发展的战略导向,更

---

① 彼得·德鲁克. 创新与企业家精神 [M]. 蔡文燕,译. 北京:机械工业出版社,2019:38.

没有尝试将创新创业制度化地嵌入大学的组织结构。高等教育改革中以强化科研职能为核心价值和共同准则的研究型范式仍主导着我国的一流大学和一流学科建设。无论是建立新的创新创业型大学还是推动现有大学向创新创业型大学转变，都没有成为高等教育改革的主要政策选择。结果就是，在"双一流"建设中我国大学虽然在各种大学、学科排行榜上取得了显著的进步，但其对于创新驱动发展的贡献并没有显著的提升，大学自身的创新创业能力仍然相对匮乏。"总的来说，中国和世界领先国的创新绩效依然存在明显的差距。……主要差距还在于中国的创新效率低下。"①

在知识经济时代，由于创新驱动发展的需要，大学变得前所未有的重要；但大学的重要性能否变成现实性，取决于大学自身的创新创业能力。只有具备卓越创新创业能力的大学，才能成为经济社会发展的引擎。世界一流大学建设进程中，那些研究密集型的大学会在排行榜上居于前列，却未必真的能够有效回应知识经济和知识社会发展对于创新创业的现实需求。在创新不息、创业不止的新时代，大学需要提供给社会的最佳服务和产品，主要不是论文也不是专利，而是足以保障创新创业具有可持续性的制度安排。面对经济社会发展的严峻挑战，没有大学范式的转换作为制度性的支撑条件，创新创业的实现只能靠运气。为实现创新驱动发展，传统大学的目的和核心价值观必须更新，范式必须转型。对于我们时代的大学，经济和学术的目标同样重要。在从教学型、研究型向创新创业型范式转换的过程中，大学要抛弃学术的自我中心主义，在自身的重要性与服务对象的重要性之间保持必要的平衡，在"价值创造知识"与"知识创造价值"之间建立起良性的循环。

现代大学从注重本科教学和基础研究向创新创业转型发展是一个连续的、漫长的、多维的过程。如果没有制度环境和制度文化的转型相配合，单凭学者或学科自身的努力很难实现从论文主义转向知识创造价值。在创新创业的过程中，为实现科研成果向实际应用的转化，仅有大学或科学共同体单方面的努力是不够的，学术链和产业链的耦合需要学术界和产业界

---

① 傅晓岚. 中国创新之路 [M]. 李纪珍, 译. 北京：清华大学出版社，2017：296.

的共同努力。"组织的知识创造应该被理解为一个'有组织地'放大由个体创造的知识,并且将其结晶为组织知识创造网络的一个部分的过程。这个过程发生在一个广泛的'互动社群'之内,它超越了组织内与组织间的层级和边界的'互动社群'之内。"[①] 由于大学的学术研究和学科建设受政府政策和经费资助的影响,产业界的创新创业也受政府产业政策和科研发展政策的调控,基于学术和产业的双重螺旋结构并非一种稳定的创新体系。大学和政府是研究、发展和创新的关键合作伙伴。大学领导和政府机构有着共同的愿望:增强合作,将创新思想和研究推向市场以解决现实问题,并建立高速增长的新公司。[②] 简言之,在推进并实现创新创业的过程中,单凭学术界和产业界的努力很难跨越基础研究和市场应用间的"死亡之谷"。任何一项创新创业计划或项目的成功,在很大程度上取决于其是否具备充分利用从大学、研究机构、产业界获取知识的能力。为实现创新创业的可持续性必须引入政府作为制度企业家,以实现创新政策和制度安排的有效供给。

　　实践证明,政府的政策选择可以改变创新创业的制度环境,对于促进学术界与产业界的合作至关重要。政府、学术界、产业界彼此之间良好的合作关系,可以"促进知识、思想、技术向社会转化,加速'创新时代'的发展,以实现国家目标"[③]。现在的关键问题是,在政策的驱动下,创新创业的制度环境已经发生了根本变化,但大学的学科制度和学院文化却没有随之变化。无论是大学本身还是大学内部的群体,对于过往的成功仍非常执着。保守的学院文化以及对系科制度的路径依赖已成为传统大学适应创新驱动发展这一新环境的巨大障碍。"对大学来说,一个明智的做法是,在校园里创建并且促进创业文化,帮助阻止有创业经历的教员流入私营企

---

① 竹内弘高,野中郁次郎. 知识创造的螺旋:知识管理理论与案例研究 [M]. 李萌,译. 北京:知识产权出版社,2016:219.
② 美国商务部创新创业办公室. 创建创新创业型大学——来自美国商务部的报告 [M]. 赵中建,卓泽林,译. 上海:上海科技教育出版社,2016:9.
③ 美国科学院研究理事会. 会聚观:推动跨学科融合——生命科学与物质科学和工程学等学科的跨界 [M]. 王小理,等,译. 北京:科学出版社,2017:15.

业。顺着这个思路,大学也许需要采取一些政策,促进创业性思考和学习。伯科维茨等人指出,从下至上改变大学组织以培养有益于学术型企业家和相关技术转移创新的氛围的方法也许是首选。"① 这并不意味着我们要等待学院文化的变迁和创业文化的形成。在学院文化发生变迁前或在从学院文化向创业文化变迁的过程中,"同样可行的方式是改变游戏规则,消除那些不合意的制度性影响,而增强那些能够在有利方向上发挥作用的制度性影响"②。最后要指出的是,以创新创业为目标,强调知识创造价值绝不同于大学学术研究的庸俗实用主义。当前在我国大学里,不少自然科学的学科有工程化的倾向,很多人文社会科学的学术研究也有沦为对策之学和智库之学的趋势。表面上看,这些大学里的学术研究好像很注重知识的应用或为经济社会发展服务,但事实上,由于没有把创新创业作为大学的根本利益和核心价值,很多所谓的应用性成果或对策建议,大多是"纸上谈兵"或"屠龙之术"。

## 第三节　创新创业何以成为大学的新范式

在工业社会中,企业的本质是创造利润而非知识。虽然创造利润的过程中也需要知识,但创造知识不是企业的职责更不是主要目的,甚至也不是创造利润的主要手段。企业可能拥有所在行业的某些专门知识,但充其量,企业只是基于知识的组织而不是创造知识的组织。但随着工业社会向知识社会的转型,知识成为了创新创业的源泉,为了实现持续创新或创新的可持续性,基于知识的企业逐渐向创造知识的企业转型。与工业社会关于企业的定位相比,"创造知识的企业"既是有关理念又是有关理想的概念。③ 在"创造知识的企业"里,发现新的知识并不是一项仅仅由 R&D

---

① 艾伯特·N. 林克,唐纳德·S. 西格尔,迈克·赖特. 大学的技术转移与学术创业——芝加哥手册 [M]. 赵中建,等,译. 上海:上海科技教育出版社,2018:262.
② 威廉·鲍莫尔. 企业家精神 [M]. 孙智君,等,译. 武汉:武汉大学出版社,2010:55.
③ 竹内弘高,野中郁次郎. 知识创造的螺旋:知识管理理论与案例研究 [M]. 李萌,译. 北京:知识产权出版社,2016:345.

部门、营销部门或战略规划部门管辖的专门任务。它是一种行为方式，实际上，它是一种存在方式。在这种情形下，人人都是知识工作者，换言之，人人都是企业家。①

知识社会提供了与工业社会不同的创新环境，也将颠覆传统的认知方式。如果说工业社会中创新的对象是机器和流水线，那么知识社会创新的主体则是知识人。在知识社会里，无论何种组织都必须关注知识的创造，并努力成为一个学习型组织或知识型组织。在此环境下，无论是企业的知识创造还是大学的学术创业，其共同的目标都是为了通过持续创新以维持组织内和组织间的竞争优势。"在新的'知识社会'里，企业成功与否将根据其创造知识的能力来衡量。"② 同样，在新的知识社会里，大学的成功与否也将根据其创新创业的能力来衡量。只有那些以最快速度进行并完成"超转型"（Hyper-transformation）的大学才能够在创新驱动发展的大时代获得可持续的竞争优势。近年来，作为创新创业型大学的典型代表，麻省理工学院和斯坦福大学的年度专利申请是哈佛的两倍，创办企业数量也是两倍多。它们也从产业部门接收较多的研发资金和专利收入。为强化基础研究与应用研究的合作，促进创新创业，哈佛大学承诺出资建立新的院系，并决定在麻省 Allston 建立新校园。③

长期以来，企业和政府一直是创新创业的主体，相比之下，大学则处于创新创业的边缘。工业社会中大学与企业是不同的组织，代表着不同的制度安排。大学作为一种科学共同体和学科综合体，主要的职能是向学生传播知识，并向不特定的群体公开发布新知识。换言之，过去大学作为科学的重镇，生产并传播作为公共物品的知识，不关心创新创业；知识的应用或技术创新是企业的天职。但在知识社会里，创新创业的性质和地位发

---

① 竹内弘高，野中郁次郎. 知识创造的螺旋：知识管理理论与案例研究 [M]. 李萌，译. 北京：知识产权出版社，2016：29.
② 野中郁次郎，竹内弘高. 创造知识的企业：日美企业持续创新的动力 [M]. 李萌，高飞，译. 北京：知识产权出版社，2017：288.
③ 保拉·斯蒂芬. 经济如何塑造科学 [M]. 刘细文，译. 北京：北京大学出版社，2016：80.

生了根本性的变化，知识的创新成了创新创业的基础，技术的进步"从根本上改变了社会创造知识和经济发展的方式"①。在此背景下，政府虽然拥有权力优势并可以强制推动制度变迁或政策出台，企业虽然在资金筹集和信息分享上居于有利地位，但这些都还不足以推动创新创业的普遍发生。与政府、企业以及其他社会机构相比，大学以高深知识的生产、扩散与应用为合法性基础，在创新创业方面拥有先天的组织优势。政府可以出台鼓励创新创业的政策和资金支持，企业也可以提供创新创业的市场和信息，但只有大学可以提供创新创业的资源，即创新的知识。"为了引导这种努力，一些大学站出来做了模范。例如，麻省理工学院实践了快速达成工业上赚钱的许可交易的途径。斯坦福大学，它的参与文化催生了硅谷，已经在打破边界上起了领导作用。另一所在校园里信奉创新的大学是北卡罗来纳大学教堂山分校。在 2010 年，那时的校长霍尔登·索普（Holden Thorp）启动了创新与创业办公室，目标是帮助教职工、学生和员工'将他们的新想法转化为实际可行的利益并改变世界'。南加州大学近年来也成为科技转化和创新的领导者。"②

要在更大范围将这种先天的组织优势转为现实的创新创业行动，还需要大学自身组织与制度的革新，以实现从教学型和研究型向创新创业型的范式转变。作为一种新的范式，大学的创新创业既是一个知识创造价值的过程，也是一个价值创造知识的过程。具体而言，创新就是为了价值创造新知识，创业就是将创造的新知识转化为有社会需要的价值。创新是创业的基础，没有知识的创新，创业就没有前途；反之，创业是知识创新的归宿，没有创业，知识创新的价值就很难实现。基于创业的需要可以倒逼知识的创新。对于传统大学，知识通常既是资源也是产品，既是输入物也是输出物。但对于创新创业型大学，关注的焦点，将不再是以知识生产知识

---

① 凯文·凯里. 大学的终结：泛在大学与高等教育革命［M］. 朱志勇，韩倩，等，译. 北京：人民邮电出版社，2017：6.

② 史蒂夫·C. 柯拉尔，等. 有组织的创新：美国繁荣复兴之蓝图［M］. 陈劲，尹西明，译. 北京：清华大学出版社，2017：135.

（常规建设），而是要基于价值的需要来生产可以解决问题的新知识，并将知识转化为更大的价值（范式转移）。如果说传统大学培养的是携带知识自由择业的人，那么创新创业型大学所关注的则是，如何培养可以利用自身携带的知识通过组建团队以生产新知识，并利用新知识成功创业的人。换言之，在新范式下创新创业型大学重点关注的不再是知识本身或知识生产本身，而是"价值创造知识"和"知识创造价值"的良性循环。

无论何时，大学的地位或所扮演的角色都不是由大学自身决定的，而是由所处的时代环境决定的。在自然资源或金融资本决定经济发展的时代，知识只能作为一种装饰在知识分子的小圈子内部分享或流动。当知识成为经济社会发展的内生变量，大学的地位或大学作为一种制度的比较优势才能凸显。我们时代经济的增长和发展虽仍离不开自然资源与金融资本，但对于知识的生产、扩散与应用的依赖性显著提高，创新驱动发展已经成为全世界的共识。在新的知识社会里，大学要从知识工厂转向创新引擎，其使命要从学术导向向创业导向转变，大学的知识生产范式及其自身的组织范式，将不可避免地面临综合转型。在新的知识社会里，就像企业作为一个组织，"不仅是处理信息的机器，而且还是一个通过行动和相互作用创造知识的实体"[1]。大学作为一个组织也不仅是传播与生产知识的机器，而且还是一个通过知识生产、扩散与应用来创造价值（创新创业）的实体。传统上，教学型大学以知识的传播为主，被视为"知识的仓库"，研究型大学以知识生产为重，被视为"知识的工厂"。"在知识经济时代，'知识工厂'已远远不能满足经济发展的需要了，需要大学直接参与到经济发展中来，于是'知识创业'形态诞生了，即利用大学的知识直接创造新的企业。"[2] 知识创业的兴起颠覆了大学"无私利"和"不营利"的传统，改变了人们对大学的组织特性和制度逻辑的认知，以知识创业为基础

---

[1] 竹内弘高，野中郁次郎. 知识创造的螺旋：知识管理理论与案例研究［M］. 李萌，译. 北京：知识产权出版社，2016：88.

[2] 张学文，陈劲. 面向创新型国家的产学研协同创新：知识边界与路径研究［M］. 北京：经济科学出版社，2014：78.

的创新创业型大学也因此可以被视为一种"颠覆性创新"。"大学创办企业的拥护者和反对者都需要一个更广泛的理论体系来思考大学在社会中的作用问题,既考虑它目前的作用是什么,也考虑它将来应该采取怎样的过程和方向。当大学通过组织现有技术转移到公司和创建新公司开始在'知识资本化'过程中起新的更直接作用的时候,创业科学的分析和规范的维度脱颖而出。"[1] 与在教学型大学和研究型大学里处在边缘位置的社会服务职能不同,在以创新创业为范式的大学里,基础教学与科研之外的创新创业行为成为了大学的中心工作。"知识创业或称知识资本化与大学研究成果的产业化进入大学议程,大学正发生着从象牙塔向创业范式的演变。"[2] 在创新创业范式的引导下,通过市场机制的引入,创新创业型大学打破了传统大学与企业的知识边界(科学共和国与技术王国),弥补了大学知识生产非市场治理机制下不可避免地存在的局限,提升了大学在经济社会发展中的地位。在市场机制下,"作为科学共和国的大学具有了技术王国的一些特性,企业也具有了大学基础科学研究的功能,也开始遵循开放科学的规范,两者的关系从互补开始走向互动,主要以交互为主。这种模式可以使大学取得更有价值的、接近市场的、具有重大经济意义的研究成果,企业可以获得相应的科学研究能力,为可持续的发展提供有力的保证"[3]。简言之,创新创业范式的出现可以看作大学作为一种社会机构在知识生产治理机制上的创新。

面向未来,作为人类社会知识创造的中心和典范,现代大学在知识社会面临严峻的挑战。如果说那些非知识型组织在知识社会面临的挑战是如何成为知识创造的组织,那么大学作为创造知识的制度性场所,其面临的挑战则是如何推动或促进知识创造价值。为实现知识创造价值,大学必须

---

[1] 亨利·埃茨科威兹. 三螺旋:大学·产业·政府三元一体的创新战略[M]. 周春彦,译. 北京:东方出版社,2005:16.
[2] 张学文,陈劲. 面向创新型国家的产学研协同创新:知识边界与路径研究[M]. 北京:经济科学出版社,2014:37.
[3] 张学文,陈劲. 面向创新型国家的产学研协同创新:知识边界与路径研究[M]. 北京:经济科学出版社,2014:97.

实现范式转换，即从创造知识的组织（研究型大学）向知识创造价值的组织（创新创业型大学）转型。"大学在努力增加对学术创业的正强化、责任以及回报的同时，也应该在升职和教职任期政策方面考虑创业成果，比如发明、专利、许可以及创立衍生企业。"[1] 与创造知识的企业一样，"创新创业型大学"也既是有关理念又是有关理想的概念。一方面，创新创业型大学反映了知识社会中大学理念的更新，即在创新驱动发展的新时代，大学自身要成为创新创业系统的一部分；另一方面，创新创业本身也是大学的一种理想。大学就是大学，原本无所谓"型"，创新创业的实现也没有确定的标准，创建创新创业型大学更多表明了在知识社会中大学应致力于追求"创新创业"的愿景。作为可以拉近现实世界与未来之间距离的愿景，"创新创业"是大学生存和发展理由的核心所在，它既是大学的理想又是梦想。为创建创新创业型大学，无论大学校长、教授还是政府官员，在关于创新创业这一根本问题上要有共同的价值观和准则。创新创业型大学的创建既不可能完全依赖政府自上而下的顶层设计，也不可能全凭传统范式的大学自发自觉自动地向创新创业型大学演进。创新创业作为大学转型发展的新范式的普及需要一个理论与实践相互作用的漫长过程。我们需要"朝着从转型到可持续性的转型概念移动"[2]，其间既需要政策驱动改革，也需要理论界对于大学观念的更新与重构。找到一位支持或赞同创新创业理念或范式的大学校长容易，激励大学教师和学生投身创新创业实践也相对容易，但要使已经高度科层化的大学组织制度适合创新创业，要使庞大的职能部门及其领导愿意并有能力支持创新创业行动却委实不易。大学是一个"底部沉重"的组织，中层管理者的重要性被忽视，经常沦为"消失的阶层"；创新创业的实现需要一个"强有力的驾驭核心"[3]，中层管

---

[1] 艾伯特·N. 林克，唐纳德·S. 西格尔，迈克·赖特. 大学的技术转移与学术创业——芝加哥手册 [M]. 赵中建，等，译. 上海：上海科技教育出版社，2018：262.

[2] 伯顿·克拉克. 大学的持续变革——创业型大学新案例和新概念 [M]. 王承绪，译. 北京：人民教育出版社，2008：96.

[3] 伯顿·克拉克. 建立创业型大学：组织上转型的途径 [M]. 王承绪，译. 北京：人民教育出版社，2003：4.

理者在创新创业过程中需要发挥承上启下的重要作用。为促进创新创业大学的创建和创新创业范式的普及，需要政府部门、产业界、大学校长、研究者和相关支持部门的共同努力，更需要大学本身建立起能包容和支持创新创业的组织结构，以提供制度上的支持。

总之，从教学型大学、研究型大学向创新创业型大学的转型不是大学的某一职能的单一转换或仅仅是增加一个新的职能，而是涉及大学自身"跨越多维度的多重转换"，这种转换"必将涉及一个动态、交互式和同步过程"。[①] 之所以将创新创业作为大学转型发展的新范式，其根本在于：一方面将创新创业作为大学的核心价值和共同准则，可以明确大学改革发展的根本利益所在，从而为大学的办学行为提供结构框架和指导原则，使看似混乱的个人目标和集体行动能够形成一种合力；另一方面它可以对原本弥散在大学里偶然的、零星的、自发的创新创业过程与行为进行系统思考与管理，最终使那些不确定的创新创业过程变成大学确定的职能和制度化的组织行为，以避免把创新驱动发展的时代使命交给命运或运气。在创新驱动发展的新时代，一方面大学需要成为国家创新创业系统的有机组成部分，另一方面创新创业本身也需要成为大学的重要组成部分。在实现创新创业的过程中，伴随大学"统一的目标"被"多目标办学"所取代，目标之间的平衡，工作时间的分配，利益相关方之间的价值冲突，将不可避免地对现代大学的转型发展与治理造成新的挑战。对于那些以建立创新创业型大学为目标的高校领导来说，如何"驾驭"所在大学，扮演好多种角色，并成功地在多种环境下进行本科教学、基础研究和创新创业的竞争，将成为检测他们的愿景领导力和大学治理能力的关键所在。

---

① 野中郁次郎，竹内弘高. 创造知识的企业：日美企业持续创新的动力 [M]. 李萌，高飞，译. 北京：知识产权出版社，2017：288.

# 第九章
# 创业精神与大学转型

**本章要点**：在创新驱动发展的新时代，创新创业成为时代精神的精华。为适应创新创业的需要，大学需要从管理主导的教学型大学、研究型大学向创业主导的创新创业型大学转变。大学转型的顺利进行既需要政府的政策引导，也需要大学人和大学自身的自觉。但无论政府的引导还是大学的自觉都需要创业精神作为"催化剂"。没有个人、机构以及国家基于创业精神的"创造性破坏"，旧的大学范式难以革新，新的大学范式也难以普及。

当前，面对从教学型、研究型向创业型大学转型的挑战，现代大学内部无论教师群体、学生群体，还是管理层都没有做好准备。"新的证据表明，如今的大学更偏重渐进式的保守研究，而不是大胆的创新项目。"[①] 在传统范式下，现代大学看上去非常"健康"，并无危机的征兆。相反，通过持续地加大投入、扩大规模，现代大学在教学和研究方面似乎不断地从成功走向成功。有时即便我们明知存在某些问题，大学的转型发展也缺乏足够的内生动力。"思想一而再、再而三地回到习惯的轨道，尽管它已经变得不适合，而更适合的创新本身也并没有呈现什么特殊困难。"[②] 究其原

---

[①] 克劳斯·施瓦布. 第四次工业革命：转型的力量 [M]. 李菁，译. 北京：中信出版社，2016：25.

[②] 约瑟夫·熊彼特. 经济发展理论 [M]. 何畏，等，译. 北京：商务印书馆，2019：98.

因，现代大学既有的组织结构与制度安排已经有序运行了太长的时间，突然的改变会给所有利益相关者和大学自身带来极大的不适应。具体来说，当前大学转型面临的最严峻的挑战就是既有组织结构和制度架构难以容纳创新创业精神。"现代的职能型组织一味追求高效：由不同的职能部门对客户和产品分别进行管理，而管理科学编撰出来的这种高效对创业精神来说却是最具毁灭性的打击。"[1] 基于科层制的组织架构，现代大学作为一类组织高度职能化。大学内部按不同的职能划分为不同的部门，每一个部门均被交给相关的行政管理人员。对于行政人员，他们的职责就是维持所在部门日常工作的正常运行，而不是有所创新，更不会引领革新。作为大学的最高层管理者，校长职位逐渐趋于职业化。职业化保证了大学校长管理工作的专业性，但也淡化了大学校长自身的创业精神与使命感对大学发展的重要性，削弱了其敬业精神和对事业成功的执着。"美国的高等教育研究者普遍认为，近30年来，大学校长已经变得非常被动和沉默寡言。他们不出格，不主动作为，小心谨慎，对学校发生的一切不表现出兴趣，只求保证大学机构的正常运转。"[2] 面对创新驱动发展的时代需要，对于大学的转型发展而言，我们更加需要的是创业精神而不是管理技巧。

## 第一节　什么是创业精神

创业精神，也称企业家精神，英文对应词为 Entrepreneurship。德鲁克有一本经典著作，英文书名为 *Innovation and Entrepreneurship: Practice and Principles*。该书有两个中文译本，一本译为《创新与创业精

---

[1] 拉里·法雷尔. 创业新时代：个人、企业与国家的企业家精神 [M]. 沈漪文，杨瑛，等，译. 北京：机械工业出版社，2014：7.
[2] 蒲实，陈赛，等. 大学的精神 [M]. 北京：中信出版集团，2017：67.

神》①，另一本译为《创新与企业家精神》②。其他类似的情况还有很多。作为一个专门术语，Entrepreneurship 在中文中如何翻译有时取决于习惯，有时取决于语境，译法并不固定，"企业家精神"和"创业精神"是两个较为常见的翻译。通常情况下，与"企业家"相对应，经济学文献中习惯用"企业家精神"，并发展出了相关子类。比如，在层次上，有个体的企业家精神、机构的企业家精神，也有国家的企业家精神；在性质上，有生产性企业家精神、非生产性企业家精神，也有破坏性企业家精神，有创新型企业家精神、模仿型企业家精神，也有分配型企业家精神、寻租型企业家精神。创业精神可以看作是企业家精神理论在非企业组织机构中的延伸或应用。理论上，无论营利组织还是非营利组织都需要创业和创业精神。企业家精神的子类同样适用于创业精神。狭义上，创业精神可以是指创办一个新的企业或推动一个企业转型发展；广义上，创业精神意味着一种普遍的、带有开创性的思想和行动的统一，适于所有组织的所有阶段。当前无论理论上还是实践中，也无论对于企业领域还是非企业领域，企业家精神和创业精神很多时候可以交叉使用，含义大致相当。比如，对大学的改革既适合于企业家精神也适合于创业精神，二者的内涵基本一致。但某些语境往往有习惯用法，比如，在对社会发展趋势的描述方面，"创业型社会"就比"企业家社会"更容易理解；在组织管理领域，"创业型管理""创业型组织"也比"企业家管理""企业家组织"更容易理解。在本文中，"创业"与"企业家"，"创业精神"与"企业家精神"会根据语境交叉使用，内涵不作区分。

从词源上看，"企业家精神"源于"企业家"这一概念。与企业所有者或管理者相比，"企业家"具有一定的特殊性。作为这个概念的发明人，萨伊写道："企业家把经济资源从生产率和产出较低的地方转移到较高的

---

① 彼得·F. 德鲁克. 创新与创业精神 [M]. 张炜，译. 上海：上海人民出版社，2002.
② 彼得·德鲁克. 创新与企业家精神 [M]. 蔡文燕，译. 北京：机械工业出版社，2019.

地方。"企业家运用新的形式创造最大限度的生产率和实效。根据萨伊所下的定义，企业家以及企业家精神既适用于私营部门，也同样适用于公共部门和志愿者参加的第三部门。① 在很多文献中，"企业"也可以作为组织的代名词而不是营利性组织的专有名词。基于此，很容易理解"企业家精神"的普遍性，即不只经济领域，社会的其他领域也同样普遍存在创业行动，也同样有企业家存在，也同样充满创业精神。"事业有成者，如皇家乐队指挥官和宗教组织领袖，所需的天赋非常相似。"② 但现代以降，由于工业社会中企业作为经济组织逐渐从社会的边缘走进中心，企业家成为了经济领域创业的主力军，"创业的主要定义及解释均来自经济学家"③。相关研究中企业家以及企业家精神几乎成了经济领域的专门术语。事实上，社会的每一个领域都有自己的企业家和企业家精神。当然，如果我们刻意坚守学科立场，和企业家精神相对应，在高等教育领域中将"创业精神"称之为"教育家精神"或许更加妥当。但面临的困境在于，相关文献中关于"企业家精神"的理论相对成熟，具有较广泛的解释力，而"教育家精神"作为一个概念尚没有被理论化。因此，本文中谈及大学以及大学校长的卓越行动，一律称之为"企业家精神"或"创业精神"，而不是"教育家精神"。

作为"创业精神"的延伸，当前"创新与创业精神"正在成为一种新的表述。事实上，从熊彼特开始，"创新"或"创造性破坏"就被视作"创业精神"的核心要件。按德鲁克的说法，企业家精神的"最基础的内涵（无论是在理论上还是在实践上）是进行系统化的创新实践"④，但过去

---

① 戴维·奥斯本，特德·盖布勒. 改革政府：企业家精神如何改革着公共部门[M]. 周敦仁，等，译. 上海：上海译文出版社，2006：前言·4.
② 戴维·兰德斯，乔尔·莫克，威廉·鲍莫尔. 历史上的企业家精神：从古代美索不达米亚到现代[M]. 姜井勇，译. 北京：中信出版社，2016：226.
③ 唐纳德·F.库拉特科. 创业学（第9版）[M]. 薛红志，李静，译. 北京：中国人民大学出版社，2017：5.
④ 特里萨·M.阿马布勒，等. 突破惯性思维[M]. 李维安，等，译. 北京：中国人民大学出版社，2001：159.

我们习惯于"创业精神"或"企业家精神",并不将其与"创新"相关联。究其根本,过去的经济社会发展中,"创新"与"创业"虽然紧密相关,但它们毕竟是两件事;现在"创新创业"成为了一个固定的组合。离开了创新无法创业,离开了创业也无法创新。背后的原因就是,创新与创业的关系发生了质的变化。过去创新的东西不一定用来创业,(普通)创业也不一定需要创新。但今天创新成为了创业的前奏,创业成为了创新的归宿,二者成了一个硬币的两面。基于时代精神,在本文中,企业家精神,其实质就是"创业精神","创业精神"也就意味着"创新与创业精神"。

对于创新和企业家精神,有两种不同的看法。熊彼特认为,创新意味着"创造性破坏",需要想象力和献身精神,既能洞察到创新发生后可能出现的新世界,又要倾注全部精力、调动各方资源实现这种想象力,而非坐"想"其成。在熊彼特看来,只有少数富有英雄气概的,才具备这些品质。因此,企业家以及企业家精神必然是稀缺的。而柯兹纳认为,创新弥漫于人类社会生活的每一个角落,企业家精神存在于每一个人身上,几乎所有人都有成为企业家的潜能。[①] 而按杰弗里·蒂莫斯的说法:"创业精神是一种白手起家创造和建设新的愿景的能力;从本质上来说,这是人类的一种创造性行为。"[②] 上述两种观点相比较,熊彼特强调英雄般的个人带来的间歇性的重大原始创新,而柯兹纳和蒂莫斯突出的则是普通人从事的连续性的创造性行为。熊彼特和柯兹纳、蒂莫斯的看法都符合事实。人类社会的创新创业既需要少部分天才人物的"创造性破坏",也需要无数普通人在每一个细节上的微小努力和持续改进。虽然不同学者对于创新与企业家精神有不同的理解,但有一点是没有异议的,即企业家精神的核心是创新,企业家精神的目标是创业;并非管理企业的就是企业家,也并非聚集了财富就是企业家精神。"人类历史中引领变革者其实就是创业者,而且

---

① 戴维·兰德斯,乔尔·莫克,威廉·鲍莫尔. 历史上的企业家精神:从古代美索不达米亚到现代 [M]. 姜井勇,译. 北京:中信出版社,2016:269-270.
② 李锺文,等. 创新之源:硅谷的企业家精神与新技术革命 [M]. 陈禹,等,译. 北京:人民邮电出版社,2017:85.

将来也一定会是。"①

现代以降，人类社会经历了从工业化到后工业化的变迁。在社会发展的不同阶段，由于经济-技术范式的不同，创业以及创业精神也享有不同的地位。"19 世纪的工业时代是由屈指可数的几个创业巨头驱动的。为了控制工业时代迅速崛起和四处扩张的商业帝国，20 世纪造就了'管理时代'。在此过程中，'创业'遭到贬低。但 21 世纪所形成的'创业时代'也是基于这一经济历史背景。"② 当前，在社会各个领域，经过现代化和工业化的洗礼，我们已经习惯了官僚主义和管理主义的"套路"，对于如何应用企业家精神来改变现状无从下手。事实上，企业家精神是一种通用的行动能力，而不是某种独特的人格特征；企业家精神不仅适应于个人，也适用于组织，甚至对一个国家或民族，企业家精神的有无也是一项重要特征。"企业家精神是以经济和社会理论为依据的，该理论视变化为常规。它认为，在社会中，特别是在经济中，最主要的任务是做与众不同的事，而非将已经做过的事情做得更好。"③ 对于个人，企业家精神意味着从无到有"创立自己的事业"；对于机构，企业家精神意味着通过颠覆现状、推陈出新以创造价值的使命感；对于国家，企业家精神意味着政府为个人和机构的创业提供全方位的支持，"个人和企业繁荣发展离不开国家的创业精神"④。

---

① 唐纳德·F·库拉特科. 创业学（第 9 版）[M]. 薛红志，李静，译. 北京：中国人民大学出版社，2017：5.
② 拉里·法雷尔. 创业新时代：个人、企业与国家的企业家精神[M]. 沈漪文，杨瑛，等，译. 北京：机械工业出版社，2014：10.
③ 彼得·德鲁克. 创新与企业家精神[M]. 蔡文燕，译. 北京：机械工业出版社，2019：31.
④ 拉里·法雷尔. 创业新时代：个人、企业与国家的企业家精神[M]. 沈漪文，杨瑛，等，译. 北京：机械工业出版社，2014：295.

## 第二节 大学转型需要创业精神

创业作为一种思维模式不仅适用于个人也适用于各类机构。"创业存在于推动创新想法的组织内部及外部、营利性或非营利组织、商业或非商业活动中。"[①] 根据企业家的创业实践，有学者将硅谷的创业精神分为四种不同类型：（1）眼光长远型企业家（远见者）；（2）收购型企业家；（3）转型式企业家；（4）持续创业型企业家。[②] 四种不同的企业家体现了四种不同的创业精神。在高等教育领域，那些卓越的大学校长的创业精神与企业家的创业精神类似。"企业家精神并不仅仅局限于经济性机构当中。关于企业家精神的发展史，没有比现代大学（尤其是美国现代大学）的创建和发展史更好的教材了。"[③] 与企业不同的是，高等教育领域很少有或没有"收购型企业家"和"持续创业型企业家"。无论哪个国家、哪个时期，卓越的大学都是国之重器，不容易创办，更不可能买卖。经济领域的企业家主要追求个人的自我实现，作为社会创业者的大学校长则强调大学作为一个组织的持续成长，强调社会性目标，创造并实现社会价值，而非直接创造财富。[④] 一个优秀的企业家为了追逐自己的创业梦想，可以创办多个卓越的企业，但要成就一所卓越的大学往往需要多位富有创业精神的校长薪火相传、不断接力。

高等教育领域作为"眼光长远型企业家"和"转型式企业家"的大学校长或创建者很多。洪堡作为柏林大学的创建者就属于"远见者"；陈嘉

---

① 唐纳德·F.库拉特科. 创业学（第9版）[M]. 薛红志，李静，译. 北京：中国人民大学出版社，2017：4.
② 李锺文，等. 创新之源：硅谷的企业家精神与新技术革命[M]. 陈禹，等，译. 北京：人民邮电出版社，2017：97.
③ 彼得·德鲁克. 创新与企业家精神[M]. 蔡文燕，译. 北京：机械工业出版社，2019：28.
④ 唐纳德·F.库拉特科. 创业学（第9版）[M]. 薛红志，李静，译. 北京：中国人民大学出版社，2017：85.

庚作为厦门大学的创办者亦是"远见者";斯坦福大学的创办者利兰·斯坦福和第一任校长乔丹也属于"远见者";南开大学的创办人兼第一任校长张伯苓亦是"远见者"。此外,艾略特之于哈佛大学、蔡元培之于北京大学则属于"转型式企业家"。与"远见者"的高瞻远瞩和开创之功相比,那些"转型式企业家"对于所在大学往往有"再造"之功。艾略特之后哈佛大学已是一所全新的大学;蔡元培之后北京大学亦是一所全新的大学。今天在世界范围内,虽然每年都会有新的大学建立,其中亦不乏作为"远见者"的大学校长出现。比如,西湖大学的创校校长施一公,南方科技大学的创校校长朱清时,他们都是当代中国高等教育领域"眼光长远型企业家"的典范。不过,从实践出发,相较于新建大学,高等教育领域还是已建立的"老大学"居多,更加需要作为"转型式企业家"的大学校长。对于校长而言,实现已有大学的转型发展并不比创办一所新大学容易。我们时代大学处于转型的十字路口,只有那些具有"转型式企业家"精神的大学校长才能够准确把握时机,以创业精神对所在大学进行"再造"。如果一所大学缺少作为"转型式企业家"的校长,大学的转型将不可避免地陷入路径依赖,错过转型发展的最佳时机,在创新创业的新范式下失去竞争优势。

  大学的历史上,尤其是19世纪以来,最具企业家精神的是现代大学的"发明"人——德国外交官、公务员威廉·冯·洪堡。1809年,"当时普鲁士刚刚被拿破仑打败,而且难逃被瓜分的命运。不论政治、军事还是财政上,普鲁士都已彻底宣告破产。然而,洪堡却创办了西方有史以来规模最大的大学——规模是当时大学的三四倍。随后,他开始聘用各学科的顶级学者。他最先聘请的第一位学者就是当时的哲学泰斗黑格尔。拿破仑战争后,许多历史悠久的著名学府被迫解散,许多一流的学者甚至面临行乞的命运。而洪堡支付给教授的薪水是有史以来教授最高薪水的10倍"[①]。洪堡的创业精神成就了柏林大学,柏林大学的成功也成就了洪堡的"创业"

---

① 彼得·德鲁克. 创新与企业家精神[M]. 蔡文燕,译. 北京:机械工业出版社,2019:245.

理想。对于洪堡而言，他所要创办的不只是一所大学，而是要通过创办大学重建一种"政治秩序"。"这种新秩序既不同于 18 世纪的独裁专制统治，也不同于受法国资产阶级支配的大革命所倡导的民主制度，而是一个均衡的制度。在这个制度中，公务员和政府官员均由完全没有政治背景的专业人士担任，他们的招募和晋升均严格依据其专长。他们在自己狭窄的工作领域内，将享有充分的自主权。"[①] 事实证明，洪堡作为高等教育领域实践型的制度企业家取得了决定性的成功；由他一手设计的柏林大学作为现代大学的"典范"，不但直接促成了后来研究型大学的崛起，而且"柏林大学确实建立了一个特别的政治结构。在这个政治结构中，自主自治的公务员和一般文职官员精英完全控制了政治和军事领域；自主自治的知识分子中的杰出人士与自主的大学相结合，创造出一种'自由的'文化氛围；经济结构也拥有相当的自由，而且大部分不受限制。这种结构首先使普鲁士拥有道德和文化的优越感，然后又使德国拥有政治和经济优势。很快，它就在欧洲取得了领导地位，并受到外界的推崇，特别是英国和美国的仿效。一直到 1890 年左右，这两个国家始终将德国视为文化和知识领域的楷模"[②]。柏林大学的成功既得益于当时特定的文化氛围、政治形势以及社会思潮，也得益于洪堡本人所具有的独特的企业家精神。洪堡以企业家的远见，抓住了稍纵即逝的"历史机遇"，促成了柏林大学计划的实现。

洪堡对于现代大学的"发明"以及他在"发明"现代大学过程中所展现出的创业精神成为了现代大学最为宝贵的遗产。柏林大学建立 60 年以后，洪堡在创建柏林大学时所展现出的企业家精神传到了美国，一大批杰出的美国大学校长就像洪堡当初创建柏林大学一样，"创建了全新的美国大学——既特别新颖又特别美国化的大学。第一次世界大战后，这些大学为美国赢得了学术和研究领域的世界领导地位，就如同一个世纪以前，洪

---

① 彼得·德鲁克. 创新与企业家精神 [M]. 蔡文燕，译. 北京：机械工业出版社，2019：246.
② 彼得·德鲁克. 创新与企业家精神 [M]. 蔡文燕，译. 北京：机械工业出版社，2019：247.

堡所成立的柏林大学为德国赢得了学术和研究领域的世界领导地位一样"①。1870年到1900年间，美国高等教育领域大学校长企业家精神的竞相涌现，为美国成为世界高等教育中心和学术中心奠定了坚实的基础。今天美国的那些世界一流大学大多建立于这一时期，比如斯坦福大学、芝加哥大学；或在这一时期实现了从殖民地学院到现代大学的转型，比如哈佛大学。"第二次世界大战以后，新一代美国学术界的企业家又再度创新，建立起了一批新式'私立''大都市'大学：纽约地区就有佩斯大学、菲尔莱-狄更斯大学和纽约理工学院；波士顿有东北大学；西海岸有圣塔克拉拉大学和金门大学，等等。这些大学就是企业家精神的代表。"② 正是因为一个多世纪以来，大学以及大学校长企业家精神的"薪火相传"，美国才成为当今世界独一无二的高等教育超级强国。

回顾历史，对于现代大学而言，真正的创新集中在19世纪初至20世纪中叶。在这一个多世纪里，随着美国一大批具有企业家精神的大学和大学校长的涌现，世界学术中心实现了从德国到美国的转移。这一时期是世界高等教育发展需要创新与创业精神而且产生了创新与创业精神的时期。某种意义上，也是现代大学理念与制度创新的黄金时期。无论从当时取得的成效还是对后世的影响来看，以洪堡创建柏林大学为起点，现代大学基于科研职能的制度化引发了第一次学术革命和大学转型，也奠定了其在工业社会和工业文明中作为"知识中心"的显赫地位。现在世界范围内的顶尖大学，除少数建立于中世纪或近代早期，大多是19世纪末至20世纪中叶建立。第二次世界大战以来，这些大学在研究型的范式下取得了巨大成功。但近30年来，全球范围内经济、社会以及技术发展的范式已经发生根本的变化。"无论是社会还是经济，公共服务机构还是商业机构，都需要创新与企业家精神。创新与企业家精神能让任何社会、经济、产业、公共

---

① 彼得·德鲁克. 创新与企业家精神［M］. 蔡文燕，译. 北京：机械工业出版社，2019：28.
② 彼得·德鲁克. 创新与企业家精神［M］. 蔡文燕，译. 北京：机械工业出版社，2019：29.

服务机构和商业机构保持高度的灵活性与自我更新能力。"[1] 随着现代大学中以科研为中心的第一次学术革命所蕴藏的创新潜能的逐渐枯竭，以创业为中心的第二次学术革命开始孕育并趋于成熟，现代大学从研究型向创新创业型的转型也成为大势所趋。当前与创新和创业相关的知识已经具备，政府、大学、企业对于创新创业的需求也非常迫切。作为创新创业生态系统的开发者和促进者，大学必须尽快通过创业型管理将创新与创业精神注入到原有理念与制度系统中。否则，在创新驱动发展的新时代，就外部竞争而言，大学会被其他更具创新与创业精神的机构击败；就内部竞争而言，不具有创新与创业精神的大学将被其他更具创新与创业精神的大学击败。现代大学转型面临的严峻挑战就是，如何用创新与创业精神改革已有大学，并创建新范式的大学。遗憾的是，直到今天还没有人像19世纪初的洪堡那样，为发展一种新的大学范式做出"典范"。这是我们时代的教育家必须接受的挑战，同时也是最大的机会。[2]

受企业发展经验和管理学的影响，现代大学的发展呈现出对规模效应和专业化的"迷思"。为了提高管理的专业化水平，可量化的绩效评估成为最有利的工具。为了在排名竞争中占据有利位置，大学的规模越来越大，人员越来越多。在很多国家，虽然规模大的大学不一定都排名靠前，但排名靠前的大学规模一般不会太小。"越大越好"成为大学发展的一种误区。"公共服务机构力图规模最大化而非最优化。但是，如果机构将最大化作为自己的目标，那么这个目标就永远也实现不了。然而，无论它是否达成目标，公共服务机构的行事方式都是相同的。无论成功与否，它都会把进行创新和尝试新事物的要求视为对其基本承诺、存在理由、信念及价值观的一种攻击而进行抵制。"[3] 当前由于办学精力和资源过多投向规模

---

[1] 彼得·德鲁克. 创新与企业家精神[M]. 蔡文燕，译. 北京：机械工业出版社，2019：295.
[2] 彼得·德鲁克. 创新与企业家精神[M]. 蔡文燕，译. 北京：机械工业出版社，2019：307.
[3] 彼得·德鲁克. 创新与企业家精神[M]. 蔡文燕，译. 北京：机械工业出版社，2019：210.

的扩张和可量化的排名,现代大学的理念和制度创新不够,内涵式发展受到抑制。在大学内部没有能够适应创新驱动发展的需要建立起支持创新创业的制度系统,也没有能够把创新创业确立为大学转型发展的新范式。规模过大和过度的管理,削弱了而不是提升了大学的核心竞争力。当然,出现这种局面的原因绝不在于在大学中工作的人的保守或惰性,而在于现代大学组织与制度本身的科层化,在于大学所依存的高等教育体制以及政府体制的官僚化以及管理过程的行政化。受组织惯性和路径依赖的影响,没有创新和企业家精神的注入,现代大学将难以避免组织的科层化和官僚主义的管理,无法成为创新创业生态系统的开发者和促进者。

在社会和经济转型的压力下,如果说在过去的 30 年里还只是部分大学在创业型范式下进行局部探索,那么在未来的 30 年里,在所有大学引入创新与创业精神并实施创业型管理将被排在大学议事日程的顶端。正如德里克·博克在《高等教育的商业化》(*The Commercialization of Higher Education*)一书所指出的:"具有创业精神的大学(Entrepreneurial universites)是现阶段高等教育机构发展的主流,一个成长的学术机构应该支持学术发展回应社会需求的核心价值,也唯有如此,大学才能永续经营,终而提升其学术价值和学校声望,如此不但能获得校内师生职工的认同,且最终会赢得社会大众的信任与肯定。"[①] 继工业社会之后的知识社会,实质上也是创业社会。在创业社会里,创新创业将成为人们日常生活的一部分。大学作为社会的"器官",必须调整自身的发展理论、制度与范式,以创新和创业精神融入创业社会的整体架构。"如今,全世界有史以来第一次朝着同一个经济方向前进。在 20 世纪的伟大实验,无论是大型企业还是政府,均已完成了其历史使命,至少在公众看来如此。取而代之的是一场声势浩大的创业浪潮,在全球范围内,无论是普通百姓、企业,还是整

---

① 汤尧,成群豪. 高等教育经营[M]. 台北:高等教育文化事业有限公司,2004:4.

个国家,都在寻找和重振创业精神。"① 面对人类经济社会发展的大转型,大学必须融入社会,大学的学术研究也必须融入社会。当前虽然以教学型、研究型为代表的旧范式的大学仍没有退出历史舞台的迹象,但我们的决策必须为大学转型发展的新范式留出必要的空间。

与正在逝去的工业社会相比,即将到来的以信息技术为主导的知识社会,本质上就是一个创业社会。在这个社会里,创新和创业精神将成为影响经济社会发展和大学转型的决定性因素。当然,经济社会发展以及大学转型需要创新和创业精神并不意味着必然会产生创新和创业精神。相反,创新和创业精神的稀缺恰恰说明了我们时代创新和创业精神可以发挥作用的机会还不够多、空间还不够大。对于公共部门而言,尤其如此。"阻碍公共服务机构发挥创新和企业家精神的力量来自机构内部,它已经成为机构不可分割的一部分。"② 从实践出发,要避免创新和创业精神的匮乏并促进创新创业,就意味着我们要把更多的事务交给企业家精神而不是官僚主义或管理主义。未来伴随着经济体系从"管理型"向"创业型"的转型,③"管理型大学"(Managerial university)④ 也必须向"创业型大学"(Entrepreneurial university)转型。当然,这并不意味着创业型大学不需要管理,恰恰相反,创业型管理是创建创业型大学的必要条件。无论个人、机构还是国家,创业活动要取得成功、企业家精神要转化为促进经济社会发展的生产力,都离不开"企业家管理"(entrepreneurial management)⑤;要使大学具有创新和创业精神并为企业家行为预留足够的空间,也必须有相应

---

① 拉里·法雷尔. 创业新时代:个人、企业与国家的企业家精神[M]. 沈漪文,杨瑛,等,译. 北京:机械工业出版社,2014:14.
② 彼得·德鲁克. 创新与企业家精神[M]. 蔡文燕,译. 北京:机械工业出版社,2019:208.
③ 彼得·F. 德鲁克. 创新与创业精神[M]. 张炜,译. 上海:上海人民出版社,2002:1.
④ 乌尔里希·泰希勒. 驾驭现代高等教育系统:需要更好地平衡冲突中的需求与期望[J]. 任增元,贾振楠,译. 北京大学教育评论,2018(2):46.
⑤ 彼得·德鲁克. 创新与企业家精神[M]. 蔡文燕,译. 北京:机械工业出版社,2019:171.

的管理架构。但无论如何，管理本身不能成为目的。伴随管理组织和规章的增多，不可避免滋生官僚主义，从而忽略了大学的根本目的在于创新创业。法雷尔曾将快速创新的核心归纳为两条法则："一是感受到创新的必要性；二是有采取行动的自由。"[①] 大学的创新与之类似。要建立以创新创业为使命的创业型大学，首要的任务就是凸显创新创业的必要性，清除"为管理而管理"而建立的各种不利于创新创业的"陈规陋习"；赋予大学创新创业的自主权，以创新和创业精神推动高等教育更新换代。

## 第三节 创业精神如何改革大学

现代大学是工业文明的产物。为适应工业社会劳动分工的需要，现代大学开发出了门类繁多的课程和越来越精细的专业。现代大学的专业教育和科研成果滋养了工业文明，而工业文明的繁荣也反哺了现代大学，促使现代大学的规模不断扩大，质量不断提高。知识经济的萌芽拉开了工业社会向知识社会转型的序幕。信息技术的发展创造了新的经济-技术范式。"由工业生产驱动的国家经济向知识和创新驱动的全球经济的转变"[②] 成为不可阻挡的潮流，基于并适应工业文明需要的现代大学面临严峻挑战。在由工业生产驱动的国家经济体系中，现代大学作为知识生产者和提供者的定位非常明确。在传统工业体系中，现代大学只是人才和知识的提供者，并不直接参与经济活动。在由知识和创新驱动的全球经济中，知识和创新成为价值创造的主要源泉。在知识经济框架下，"大学拥有大量活跃的思想，是创业精神的理想生态系统"[③]。面对社会的热切期待和时代的迫切需要，如果大学不能满足创新驱动发展的需要，抑或无法有效支撑所在区域

---

① 拉里·法雷尔. 创业新时代：个人、企业与国家的企业家精神[M]. 沈漪文, 杨瑛, 等, 译. 北京：机械工业出版社, 2014：77.

② 克利夫顿·康拉德, 劳拉·达内克. 培养探究驱动型学习者：21世纪的大学教育[M]. 卓泽林, 译. 上海：上海科技教育出版社, 2017：2.

③ 约瑟夫·E. 奥恩. 教育的未来：人工智能时代的教育变革[M]. 李海燕, 王秦辉, 译. 北京：机械工业出版社, 2018：87.

与国家的创新创业生态系统,那么知识和创新经济一旦陷入困境,将无法支撑现代大学的持续发展。因此,"要在新的经济现实中占有一席之地,高等教育需要进行重大整治。21世纪的大学不应培训学生从事那些在科技浪潮中即将消失的职业,而应把学生从过时的职业模式中解放出来,让他们可以掌握自己的未来"[①]。从古至今大学从来不会因为对于大学的需求下降而停止发展,而只会因为大学无法满足社会的需要而被迫停止发展。"自中世纪创立大学以来,经历了两次'学术革命',即先后将'研究'和'创业'作为新的学术任务引入,相应地也孕育了两种全新的大学理念和模式:研究型大学和创业型大学。创业型大学是在研究型大学的基础上成长起来的,是研究型大学的进一步发展和深化,并以其创业活动和实质性贡献引导着大学发展的新方向。"[②] 现代大学的成功源于其适应并满足了工业社会的需要,从而成为工业生产驱动的国家经济的支柱;未来大学转型的成败取决于其能否适应和满足信息社会的新需求,并成为知识和创新经济发展的新支柱。

经济-技术范式的变迁和知识与创新经济的发展对现代大学造成了深刻的影响,这种影响不仅体现在大学科研范式的转型,而且"已经从根本上重塑教育,把教育从服务于公共利益的历史承诺转化为以服务市场为中心和产生收入为目的的驱动力"[③]。为应对这种挑战,现代大学有两种"创造性解决问题的办法",一种是"适应",一种是"创新"。[④] 所谓"适应",主要关注找到解决问题的方案而不是发现真正的问题,面对创新驱动发展的需求简单将大学的发展"捆绑"在经济的"战车"上,以"经济上正

---

① 约瑟夫·E. 奥恩. 教育的未来:人工智能时代的教育变革 [M]. 李海燕,王秦辉,译. 北京:机械工业出版社,2018:前言·VII.
② 王雁,孔寒冰,王沛民. 两次学术革命与大学的两次转型 [J]. 浙江大学学报(人文社会科学版),2005(3):162.
③ 克利夫顿·康拉德,劳拉·达内克. 培养探究驱动型学习者:21世纪的大学教育 [M]. 卓泽林,译. 上海:上海科技教育出版社,2017:40.
④ 唐纳德·F.库拉特科. 创业学(第9版)[M]. 薛红志,李静,译. 北京:中国人民大学出版社,2017:110.

确"作为大学改革与发展的唯一宗旨。所谓"创新",即坚持大学的理念,将经济社会发展对于创新创业的需求作为影响大学发展的一个主要因素,对于知识和创新经济的需求作出创新型回应,以不寻常的方式完成任务。在"适应"策略下,现代大学不会放弃教学型大学、研究型大学的旧范式,也不会排斥创业型大学的新选择,但无论哪种选择都只是满足于应对眼前的问题,缺乏长远的战略眼光。而在"创新"策略下,现代大学发展需要致力于范式转型,即从适应工业社会需要的教学型大学、研究型大学向适应信息社会需要的创业型大学转变;通过转型实现大学发展范式与经济社会发展范式的统一。二者相较,"适应"是一种相对保守的策略,"创新"相对激进。大学的历史表明,"保守"优于"激进",但当前的现实会颠覆已有的传统。对于此次大学发展范式转型,过去是优点的东西现在可能成为缺点。究其根本,在工业社会中变革相对缓慢,面对社会的变化,大学的保守具有合理性。今天在信息社会中技术的变革日新月异,速度和时间成为决定很多事情成败的关键。面对知识和创新经济的压力,现代大学必须给出创新型回应,否则就会在激烈的竞争中"被无法抗拒的外力无情地重塑"[1]。这些"无法抗拒的外力"可能不符合大学的经典理念,但符合创新驱动发展的时代精神。大学发展需要永恒的理想,但亦无法、无力也不应拒绝时代精神的精华。"适应"之于大学的延续虽然必要,但在从工业社会向信息社会转型的关键节点,现代大学需要迅速调整办学的方向,以回应知识和创新经济的需要。当前,在国家与地区创新创业生态系统中,现代大学的发展范式虽有诸多缺陷,甚至无法排除被替代的可能,但基于对高深知识和人才的某种"垄断",至少直到目前大学仍然居于这种生态系统的核心。"大学有社会迫切需要的东西——服务于人类发展的能力以及创造经济增长所需要的知识和创新。换句话说,因为高等教育既是人类发展的源泉,也是推动经济富庶的新知识和创新的主要来源,它有促进人类发展的力量,并且为了社会能从学术成果和共有知识中获利创造

---

[1] 克利夫顿·康拉德,劳拉·达内克. 培养探究驱动型学习者:21世纪的大学教育[M]. 卓泽林,译. 上海:上海科技教育出版社,2017:48.

新知识。"① 不过，现代大学在创新创业生态系统中居于核心地位的优势不应也不能成为拒绝变革的理由，因为创业型大学的建立关乎"国家和民族的创业创新精神"②。为能够在创新创业生态系统中切实发挥创新引擎和知识中枢的作用，现代大学以及整个高等教育系统必须以前所未有的速度、广度和深度进行从未要求它进行过的最深刻的全面变革。

用创业精神来改革现代大学大致可分为两个阶段：第一阶段是如何克服大学对于创业精神的抗拒或抵抗；第二阶段才是如何通过创业精神使大学致力于创新创业。当大学自身对于企业家精神和创新创业有抵触心理时，创新创业作为大学发展的新范式很难取得成功。现代大学要转型成为适合创业型社会需要的创新创业型大学，必须把创新和创业精神作为符合组织自身需要的内在规律，并将创新创业作为大学发展的中心目标。在创新驱动发展的背景下，对于大学的转型发展来说，首要的问题或许不是"能不能"，而是"愿不愿意"。"观念上的变化并不能改变事实，但是却能非常迅速地改变事实的意义。"③ 现代大学首先需要在观念层面上将创新创业作为发展的新范式，将创新创业精神融入大学的全部工作，致力于为即将到来的创业社会培养创业驱动型人才，并贡献与创新和创业相关的知识。当然，大学发展范式从教学型、研究型向创业型的转变并不意味着大学必须放弃自己的理想，而只是在大学理想中及时注入"创业"这一新的时代精神。"创业精神是一种可以应用于任何业务情境的能力，包括那些无意产生利润的环境。教授创业精神——特别是社会创业精神（Social entrepreneurship）是一个影响全国的问题，也是一个大学应该优先考虑的问

---

① 克利夫顿·康拉德，劳拉·达内克. 培养探究驱动型学习者：21世纪的大学教育［M］. 卓泽林，译. 上海：上海科技教育出版社，2017：49.
② 王雁，孔寒冰，王沛民. 创业型大学：研究型大学的挑战和机遇［J］. 高等教育研究，2003（5）：52.
③ 特里萨·M. 阿马布勒，等. 突破惯性思维［M］. 李维安，等，译. 北京：中国人民大学出版社，2001：153.

题。"① 当前在教学型和研究型范式下，大学既蕴藏有创新创业的潜力，同时也有抑制创新创业的组织惰性和制度惯性。现代大学里抑制创新创业的力量甚至还要大于促进创新创业的力量。表面上看，以教学型和研究型为范式的大学在旧的组织与制度结构下也可以开展创新创业活动，并取得一定成效，但这只会延长旧范式大学以及旧范式本身的寿命，而不会从根本上化解大学发展的范式危机；旧范式下由于体制的约束不可能完全发挥大学之于创新创业的巨大潜力。一方面我们在政策上反复强调高等教育发展、一流大学建设对于创新驱动发展的重要，另一方面现代大学仍沿着过去的路径继续成为"文凭的工厂"和"论文的仓库"。我们时代大学没有充分展现出它在创新创业方面的潜能，创新创业教育仍然只是大学生活的点缀，高薪就业仍然是学生接受大学教育的最终目标。② 长远来看，在即将到来的创业型社会里，创新能力和创业精神将取代可雇佣性成为大学人才培养的焦点。"高等教育应该让学生为那些还不存在的工作做好准备。明日的职场将会极大地不同于今天我们所理解的职场，因为技术进步会影响、促进以及重塑职场和劳动力。反过来，职场将会更少地依赖技术狭隘和专注工作培训的个人，更多地依赖拥有能力适应不断变化的职场的人。"③ 大学教育不应只是为学生寻找高薪工作做好准备，而应是为学生适应持续变化的社会并创造一个更加美好的社会做好准备。

　　与观念更新相比，"转型式企业家"之于大学的转型同样至关重要。大学的转型需要作为"转型式企业家"的大学校长，那些具有企业家精神的大学校长要实现大学转型又必须是高水平的管理者。有人问德鲁克是否认为"同时存在着管理人员和企业家两种不同的人"，德鲁克的回答是："既是也不是。工作有企业家与管理者之分。如果你不懂管理，那么你就

---

　　① 约瑟夫·E. 奥恩. 教育的未来：人工智能时代的教育变革［M］. 李海燕，王秦辉，译. 北京：机械工业出版社，2018：86.
　　② 克利夫顿·康拉德，劳拉·达内克. 培养探究驱动型学习者：21世纪的大学教育［M］. 卓泽林，译. 上海：上海科技教育出版社，2017：57.
　　③ 克利夫顿·康拉德，劳拉·达内克. 培养探究驱动型学习者：21世纪的大学教育［M］. 卓泽林，译. 上海：上海科技教育出版社，2017：58.

不可能成为一位成功的企业家；反过来，如果你只懂管理而不具备企业家精神，那么，你就有可能变成一个官僚主义者。"在德鲁克看来，"创新与企业家精神应该是企业高层管理者工作的一部分"①。熊彼特也认为，"如果创业活动和一般管理活动之间不一定存在着明显的分界线"，则"对给定条件的适应性回应和创造性回应之间可能就不存在恰当与否的问题，但两者有着本质的区别"②。以创业精神推动大学转型过程中，在大学内部既有必要区分管理行为和创业行为，注意管理者的适应性回应和创业者的创造性回应之间的本质区别，也要注意保持管理者与创业者角色之间的平衡。大学的转型既需要有专业化的管理，又需要保持有创业的特征，以促进创新和引领变革。创业型大学的建立以及创新创业作为大学转型发展的新范式的普及，需要大学的管理者，尤其是高层管理者具备企业家精神。"正如火箭的成功升空需要一个强大的发射平台，大学也是如此。大学的'发射平台'就是它在创校或者刚刚起步时期的校长。"③ 除了大学校长和其他管理者个人的企业家精神，大学的转型更加需要大学自身作为一个组织的企业家精神以及大学内部师生员工的企业家精神。某种意义上，所谓"创业型大学"就是一个充满"创新和创业精神"的大学。"讨论企业家精神时，重心都喜欢放在高层管理者，特别是首席执行官的性格和态度上。当然，任何一个高层管理者都会破坏和抑制公司内的企业家精神。但是，我们很难确定，仅靠高层管理者的性格和态度本身，而不采取正确的政策和实践方法，是否可以建立起一个具有企业家精神的企业。高层管理者的性格和态度，只能对小企业和新企业有影响，原因是，即使是一个中等规模的公司，它也是一个相当大的机构，雇用了许多知道自己应该做什么且愿意去做的人，他们应该受到激励，赋予他们工具和不断的肯定。否则光

---

① 彼得·德鲁克. 创新与企业家精神 [M]. 蔡文燕，译. 北京：机械工业出版社，2019：译者序·XXVIII.

② 戴维·兰德斯，乔尔·莫克，威廉·鲍莫尔. 历史上的企业家精神：从古代美索不达米亚到现代 [M]. 姜井勇，译. 北京：中信出版社，2016：147.

③ 冯达旋. 全球化下的教育复兴：冯达旋谈高等教育 [M]. 魏晓雨，译. 哈尔滨：哈尔滨工业大学出版社，2018：146.

说不做，企业家精神将只能成为首席执行官的个人演说。"① 大学的转型也同样如此。创新创业的成功以及创业型大学的建立，需要大学校长和全体员工共享创新创业的理想和目标。"共享一种理想和意见一致不是一回事。"② 创业型大学的校长需要把大学的所有人凝聚在创新创业的理想上，并将其作为整个大学社群的共同目标而不是"接受一个最小公分母的意见一致"③，更不是依靠行政权力强行统一思想。

  概言之，创业精神之于大学转型的重要性可以分为两个层面。一个是以大学校长为代表的个体的创业精神，另一个是大学本身作为一个组织的创业精神。校长的创业精神对于大学转型之所以重要在于，校长拥有资源配置的权力，通过资源配置可以塑造大学努力的方向。因此，具有创业精神的校长对于大学本身就是一种稀缺资源。那些卓越的大学总是与杰出的校长密切相关。虽然理论上每个人都可能有创业精神，但实践中并不是所有时代的大学校长，更不是所有大学校长都有创业精神。"今天的大学中，很少有校长享有一个世纪以前的伟人的声望。过去这些伟大的大学领导者到哪里去了呢？对这个略带伤感的问题，有一个简单的答案：他们死了，与那个简单的时代一起死了。在那个时代里，正式领导者拥有不受约束的权力得到他们期望的一切。在今天的世界上，更广泛的参与，分享的权力，冲突的利益群体以及一应俱全的其他的复杂情况，请留意，当前呼唤魅力型校长来改造一所大学的时尚更可能导致大学内部的分裂，而不是建设性的改革。"④ 当然，一所大学能否拥有一位具有创业精神的校长不能只是靠运气，而是要依靠科学合理的遴选制度。在很多国家，通过严密的程

---

① 彼得·德鲁克. 创新与企业家精神 [M]. 蔡文燕，译. 北京：机械工业出版社，2019：198.
② 戴维·奥斯本，特德·盖布勒. 改革政府：企业家精神如何改革着公共部门 [M]. 周敦仁，等，译. 上海：上海译文出版社，2006：247.
③ 戴维·奥斯本，特德·盖布勒. 改革政府：企业家精神如何改革着公共部门 [M]. 周敦仁，等，译. 上海：上海译文出版社，2006：247.
④ 陈文申. 公共组织的人事决策——转型期中国大学人事改革的政策选择 [M]. 郑州：河南人民出版社，2002：177.

序、科学的标准在全球范围内寻找适合大学发展的具有创新和创业精神的校长，一直是维持大学可持续发展的重要一环。当然，大学校长的企业家精神未必都具有建设性和创新性。"在任何特定时期的任何特定社会中，创业活动的作用方向都严重依赖于现行的制度安排，以及这些制度安排为促进、不促进甚至阻碍增长的创业活动所提供的相对报酬。"① 大学校长的创业精神在生产性、非生产性与破坏性三种活动之间如何配置也完全取向于制度结构。除了校长的创业精神之外，更加重要的是大学作为一个组织的创业精神。与大学作为一个组织的持久性相比，任何校长的任职时间都是短暂的。那些伟大的校长或许可以在大学身上留下自己的"烙印"，但更多的人只能是"匆匆过客"。那些卓越的大学之所以卓越离不开某些杰出人物的"开创"或"转型"之功，但更重要的还在于大学组织和制度具有卓越性，即大学组织和制度本身的高品质。无论在哪个国家，也无论哪个时代，卓越大学的基业长青绝不是靠某一个英雄人物或天才校长，而是依靠支持创新和创业精神的制度系统。"一个生机勃勃的社会，它的制度的基本原理是鼓励一切个体在一切可能的方向上生活。"② 大学的绝大部分创造性工作和创新创业活动都是由师生完成，而不是高层的管理者。大学的教授群体拥有丰富的专业知识和良好的创造性思维，高层管理者需要制定合适的制度结构，并创造一种环境以激发他们的内在动机。唯有如此，才能实现大学的转型发展和持续创新。因此，为了使创新与企业家精神在现代大学里成为可能，需要建立一种新的组织结构。"如果一个组织的结构是鼓励企业家精神和行为的，那么几乎人人都可以成为企业家。反之，如果一个组织的结构是鼓励官僚主义行为的，则几乎任何企业家都会变成官僚主义者。"③ 为了使大学内部的所有员工以及大学外部所有的利益相关

---

① 戴维·兰德斯，乔尔·莫克，威廉·鲍莫尔. 历史上的企业家精神：从古代美索不达米亚到现代 [M]. 姜井勇，译. 北京：中信出版社，2016：序言·X.

② 张景安，亨利·罗文，等. 创业精神与创新集群——硅谷的启示 [M]. 上海：复旦大学出版社，2002：256.

③ 戴维·奥斯本，特德·盖布勒. 改革政府：企业家精神如何改革着公共部门 [M]. 周敦仁，等，译. 上海：上海译文出版社，2006；前言·5.

者都乐于授受创新创业这种新范式,并使大学自身具有企业家精神,新建立的组织结构"必须以企业家精神为中心设计各层关系,必须确保其奖励和激励措施、薪酬待遇、人事决定和政策都激励企业家行为,而不是惩罚这种行为"①。在创新驱动发展的新时代,大学要在创新创业的竞争中获胜必须实施"创业型管理",以使大学自身及其内部相关机构养成重视创新和创业精神的习惯,并付诸相应的政策和实践。

---

① 彼得·德鲁克. 创新与企业家精神[M]. 蔡文燕,译. 北京:机械工业出版社,2019:190.

第十章

# 创新创业与大学转型

**本章要点**：在创新驱动发展的新时代，大学面临创新创业的挑战。一方面大学担负着创新创业的使命，需要通过创新创业行动来满足经济社会发展的需求；另一方面大学自身也需要"创新创业"，即转型发展。如果大学自身无法实现从教学型、研究型向创新创业型范式的转变，那么大学的创新创业活动将缺乏组织与制度层面的保障。同样，如果没有创新创业活动的普遍开展，那么也很难激发出大学自身的创新与创业精神，并最终促成大学发展范式的转型。总之，"创新创业"既是大学转型的内部动力，也是大学转型的最终目的。

我们时代的高等教育主要是为了适应工业化大规模生产而设计的，难以满足第三次以及第四次工业革命的需要。要应对智能技术对于现代大学的挑战，首先需要明确有哪些事情是只有大学才能做得好的，是任何技术都无法取代的。"在可预见的未来，自动化风险较低的工作是那些需要社交技能和创造力的工作，尤其是在不确定状态下做出决策和提出创新思想的工作。"[1] 但长期以来，高等教育的课程体系习惯于向学生灌输事实、训练技巧，教学方法强调对于知识的记忆，高等教育的目标更多地是为未来的职业做好准备。无论是读写能力还是思维训练，大学都主要是为了培养"高级劳动力"或"知识工作者"。社会赋予大学的，同时也是大学向社会

---

[1] 克劳斯·施瓦布. 第四次工业革命：转型的力量 [M]. 李菁，译. 北京：中信出版社，2016：43.

所承诺的，就是为经济社会的发展提供人力资本和智识资源。"今天的大学是在规定的时间内提供标准化高等教育的理想引擎。这是一种机制，可以接触到深层次的知识，但往往去人格化。它的文化是由机制的目标和形式所塑造的，服务于各个学科部门、学位和学院，并精于此道。问题是，在21世纪，我们需要它发挥更大的作用。"[1] 当前在新的经济环境和技术环境下，大学不是不需要提供人力资本和智识资源，而是不能满足于只提供人力资本和智识资源。为了应对人工智能技术的挑战，避免受过高等教育的人被"机器人"所取代，我们的大学首先要让毕业生在工作场所具有"防御机器人的能力"（robot-proof）；为免于"自动化"的威胁，大学需要基于人的创造性，大力张扬学生的创新能力和创业精神。"就像我们的祖先无法与蒸汽机沿铁轨比赛拉煤一样，我们也无法与思维机器在纯粹的脑力和计算能力上竞争。这意味着教育人们用机器网络无法模仿的方式来进行思考。"[2] 可以预期，在人工智能居于主导地位的信息社会里，人类在纯粹的脑力和计算能力的竞争上将不可避免地全面落后于机器人。高等教育可以发挥作用的空间不再是灌输给学生更多的事实和知识，甚至也不是训练某项特定的专业技能，而是需要通过开发学生的批判性思维和创造性思维，以形成用之不竭的创新和创业精神。

## 第一节 创新创业需要企业家精神

根据熊彼特的理论，企业家精神的显著特点，即"创新"抑或"创造性的破坏"；企业家的独特任务就在于"打破旧传统、创造新传统"。[3] 某种意义上，企业家精神源于人的创造本性。只要是人类社会需要创造性的

---

[1] 约瑟夫·E. 奥恩. 教育的未来：人工智能时代的教育变革 [M]. 李海燕，王秦辉，译. 北京：机械工业出版社，2018：140.
[2] 约瑟夫·E. 奥恩. 教育的未来：人工智能时代的教育变革 [M]. 李海燕，王秦辉，译. 北京：机械工业出版社，2018：24.
[3] 约瑟夫·熊彼特. 经济发展理论 [M]. 何畏，等，译. 北京：商务印书馆，2019：105.

领域，都必然存在企业家精神。按杰弗里·蒂莫斯的说法："创业精神是一种白手起家创造和建设新的愿景的能力；从本质上来说，这是人类的一种创造性行为。"① 因此，企业家和企业家精神作为专业术语虽然源于经济领域，但这绝不意味着它只适用于经济范畴。如德鲁克所言："除了那些称之为'存在主义'和'社交'的行为外，它适合于人类的所有行为。我们目前已然了解，无论是在哪个领域，企业家精神的差异都是微乎其微的。教育领域的企业家和医疗保健领域的企业家，在这两大领域都已是硕果累累，他们与身处企业界或工会的企业家所做的事情基本相同，使用的工具基本相同，遇到的问题也基本相同。"② 企业家精神蕴藏于所有人身上，也蕴藏于所有机构身上，我们需要做的是，建立有利于企业家实施"创造性破坏"行为的政策和制度环境。无论在哪个时代，一个社会如果封闭保守、信息匮乏，很难产生企业家和企业家精神。企业家精神涌现的前提是"变化"，在企业家的眼里，变化就是机遇。有了变化就有了创新的空间，就意味着可以通过打破现状来创造价值。"在许多情况下，创造力呼唤一种有意识的文化变革。不这样做的风险甚至会更大。当创造力被扼杀时，组织失去了一种有效的竞争武器，即新思想。"③ 与过去相比，我们时代的知识和信息丰富，各种变化和新事物层出不穷，这一方面体现了企业家在经济社会发展中的重要作用，另一方面也为企业家精神在更广泛的社会领域创造价值提供了条件。

理论上，每个国家每个时代都不乏具有企业家精神的人，但实践中总是有些国家相较于另一些国家、有些时代相较于另一个时代，拥有更多具有创新性和建设性的企业家。实践中，一些国家相较其他国家具有更适合创造性企业家精神的制度的原因往往在于，"现在"要受"历史传承"的

---

① 李锺文，等. 创新之源：硅谷的企业家精神与新技术革命 [M]. 陈禹，等，译. 北京：人民邮电出版社，2017：85.

② 彼得·德鲁克. 创新与企业家精神 [M]. 蔡文燕，译. 北京：机械工业出版社，2019：33.

③ 特里萨·M. 阿马布勒，等. 突破惯性思维 [M]. 李维安，等，译. 北京：中国人民大学出版社，2001：24.

制约，因此短期内制度至多只能发生局部改变。① 由于不同的制度所设定的激励机制不同，那些社会各个领域中具有企业家潜质的人便会有不同的选择。创新型创业家只有在具备良好的资源禀赋以及制度可预测的环境下才能茁壮成长。② 从最初的起源上来看，那些更适合创造性企业家精神的制度又是如何产生的呢？作为答案，"它们的产生可能是而且往往是历史偶然"③。尽管"历史偶然"难以控制，也难以改变，但通过历史和现状的分析仍然可以确认制度结构与企业家精神之间的相关性，从而为借助合理的政策来改进大学制度设计以培育企业家精神提供契机。具体就更适合创造性企业家精神的大学制度建设而言，一种高等教育体制和制度文化无法在真空中形成和维持，大学自身同样也参与其中。要充分解释政府为何会控制大学以及大学为何对创新创业漠不关心，要充分考虑诸多利益相关者在这种体制形成过程中的共同作用。毕竟"社会所建立的制度是利益和信念共同作用的结果"④。因此，在特定的社会、特定的时代，我们需要思考的最根本的问题不只是哪些因素制约了大学的发展，而是对于大学发展不利的那些特性为什么经久不灭，甚至还一直在相互强化。

在谈及历史上不同区域企业家精神的兴衰时，针对有些地方长期陷于贫穷，有学者指出："最根本的问题不是哪些因素损害了经济发展，而是对经济不利的特性为什么经久不灭。直到现代，这些特性仍然相互强化，而且还从限制企业规模和寿命的法律条款中汲取了力量。"⑤ 大学的发展中也面临同样的"吊诡"。无论在哪个国家，总是有许多高等教育机构长期

---

① 戴维·兰德斯，乔尔·莫克，威廉·鲍莫尔. 历史上的企业家精神：从古代美索不达米亚到现代 [M]. 姜井勇，译. 北京：中信出版社，2016：222.
② 戴维·兰德斯，乔尔·莫克，威廉·鲍莫尔. 历史上的企业家精神：从古代美索不达米亚到现代 [M]. 姜井勇，译. 北京：中信出版社，2016：326.
③ 戴维·兰德斯，乔尔·莫克，威廉·鲍莫尔. 历史上的企业家精神：从古代美索不达米亚到现代 [M]. 姜井勇，译. 北京：中信出版社，2016：637.
④ 戴维·兰德斯，乔尔·莫克，威廉·鲍莫尔. 历史上的企业家精神：从古代美索不达米亚到现代 [M]. 姜井勇，译. 北京：中信出版社，2016：222.
⑤ 戴维·兰德斯，乔尔·莫克，威廉·鲍莫尔. 历史上的企业家精神：从古代美索不达米亚到现代 [M]. 姜井勇，译. 北京：中信出版社，2016：101.

陷于平庸。长期以来，高等教育理论研究者喜欢将政府的控制或统治者的保守思想视为制约大学发展的决定因素，简单地认为大学自治、学术自由是左右大学发展的黄金法则。但这无法解释，为什么同一个国家，同一个时期，在几乎同样的自治与自由条件下，有些大学走向了卓越，有些大学陷于平庸。如鲍莫尔所言：如果我们想要解释"经济现实中真正巨大的差异"，就必须要关注企业家精神。[1] 要解释现实世界中大学发展的巨大差异也必须关注企业家精神。在大学发展中真正起作用的不是那些不受时空制约的抽象的理念，而是合乎时代要求的脚踏实地的行动和坚持不懈的努力。无论哪个国家，也无论哪个时代，那些能够从群体中脱颖而出的大学，绝不是依靠历史的长短，也不是靠规模的大小，而是在于具有企业家精神。那些卓越大学走向卓越的历程离不开具有创新与企业家精神的校长和教授的接力。得益于校长和教授群体的创新与企业家精神，那些卓越的大学往往也是最富有创新与企业家精神的大学。他们深知，创新和创业一旦停止，大学的卓越就将成为过去。

当前对于创新创业有一种误解，认为作为创业的资源——创新一定是科技创新，甚至将创新直接当作高科技创新。熊彼特于1939年最早把"创新"一词当作基本创业行为来使用，20世纪上半叶，"企业家"这一术语已和科学创新密切相关。[2] 对于企业家精神来讲，创新不一定是科技创新，更不一定是高科技创新。就创业者将机会或创意市场化以及促进变革而言，创新的含义很广泛，有高科技的创新，有中科技的创新、低科技的创新，也有零科技的创新，即社会创新或制度创新。[3] 德鲁克认为："创新是这样一种方法：企业家通过它，或者可以创造出新的资源，带来新的财富

---

[1] 威廉·鲍莫尔. 企业家精神[M]. 孙智君，等，译. 武汉：武汉大学出版社，2010：4.

[2] 戴维·兰德斯，乔尔·莫克，威廉·鲍莫尔. 历史上的企业家精神：从古代美索不达米亚到现代[M]. 姜井勇，译. 北京：中信出版社，2016：482−483.

[3] 彼得·德鲁克. 创新与企业家精神[M]. 蔡文燕，译. 北京：机械工业出版社，2019：297.

增长，或者可以挖掘现有资源的潜力，创造更多的财富。"[①] 如果用经济学的语言来讲："创新就是改变资源的产出。或者，创新就是通过改变产品或服务，为客户提供价值和满意度。"[②] 我们时代那些一流的企业家和企业，既有凭借科技创新而改变世界的，比如乔布斯和沃兹尼亚克创立的苹果，任正非创立的华为，佩奇和布林创立的谷歌；也有借助既有的互联网技术，通过商业模式创新而颠覆现状的，比如扎克伯格创立的 Facebook，马云创立的阿里巴巴，贝佐斯创立的亚马逊。

企业家精神对于世界的影响也同样如此。很多时候经由制度企业家的努力，社会创新的影响还大于科技创新。钱德勒认为："通观整个历史，组织创新对经济增长做出了重要贡献。在现代工商业界，企业家对开展组织创新起着重要作用，并奠定了大型现代企业得以创立的基础。"[③] 德鲁克也认为："从造成的影响来看，几乎没有什么技术性创新能与报纸或保险之类的社会创新相比。现代的医院起源于 18 世纪欧洲启蒙运动时期所发生的社会创新，它对医疗保健的影响，远远大于其他许多医学上的进步。"[④] 同样，就对于科学的贡献而言，无论再伟大的科学家也比不上洪堡发明的现代大学制度。对于大学的转型而言，创新创业指向的不仅是科技创新，也必然包括社会创新。在创新创业生态系统中，大学进行社会创新的空间不比科技创新的空间小。从实际效果看，社会创新的贡献也不会比科技创新的贡献小。当然，无论是科技创新还是社会创新，要产生切实的效果都离不开企业家精神。"革新与其说需要更多的资源，不如说需要能够推动

---

[①] 特里萨·M. 阿马布勒，等. 突破惯性思维［M］. 李维安，等，译. 北京：中国人民大学出版社，2001：144.

[②] 彼得·德鲁克. 创新与企业家精神［M］. 蔡文燕，译. 北京：机械工业出版社，2019：40.

[③] 戴维·兰德斯，乔尔·莫克，威廉·鲍莫尔. 历史上的企业家精神：从古代美索不达米亚到现代［M］. 姜井勇，译. 北京：中信出版社，2016：598.

[④] 彼得·德鲁克. 创新与企业家精神［M］. 蔡文燕，译. 北京：机械工业出版社，2019：38.

革新的人。"[1] 需要注意的是,"从社会角度看,更多的企业家精神总是合意的,其实这取决于我们如何定义企业家精神。若企业家精神被定义为创新,则显然有可能出现'过犹不及'的情况"[2]。对于大学而言,教学内容和科研活动的创新永无止境;但对于大学自身的组织与制度而言,则需要在变革与可持续性之间保持平衡。

从企业家精神的视角,正确理解创新与科技创新、科技创新与社会创新以及创新与知识之间的关系,有利于校正我们对于创新创业的认识。现代大学要以创新创业作为转型发展的新范式,并不意味着为了创新创业的需要大学就强行将基础研究"工程化"或"理工化",更不意味着大学要去办各种各样的营利性企业,而只意味着现代大学自身要努力张扬创新与创业精神,大学的教育要聚焦于学生创新与创业精神的培养,通过创新创业共同促进社会的进步和经济的发展。"人才的培养不限于知识上的传授、技术上的指导和兴趣上的启蒙,而是特别引导、鼓励和帮助学生创立他们自己的事业。"[3] 工业社会中大学与经济社会的发展保持一定的距离,大学的毕业生要么作为专业人才去企业工作,要么作为公务员去政府部门工作。相当长时期内,高等教育一直是卖方市场,企业和政府对于大学在创新与创业精神方面的需求没有凸显。在可预见的将来,受人工智能与自动化技术的影响,"常规性和重复性的中等收入工作机会将大幅减少"[4]。由于智能技术的广泛应用,传统经济体将向高科技社会转变,市场就业机会将持续减少,政府也在精简人员,非正规经济可能渐渐消失,只剩下公民

---

[1] 乔治·凯勒. 大学战略与规划:美国高等教育管理革命 [M]. 别敦荣,译. 青岛:中国海洋大学出版社,2005:83.

[2] 戴维·兰德斯,乔尔·莫克,威廉·鲍莫尔. 历史上的企业家精神:从古代美索不达米亚到现代 [M]. 姜井勇,译. 北京:中信出版社,2016:270.

[3] 张景安,亨利·罗文,等. 创业精神与创新集群——硅谷的启示 [M]. 上海:复旦大学出版社,2002:7.

[4] 克劳斯·施瓦布. 第四次工业革命:转型的力量 [M]. 李菁,译. 北京:中信出版社,2016:42.

社会可以容纳大量高等教育毕业生。① 在此背景下，创新与创业精神对于大学转型发展就变得至关重要。为了实现对学生创新与创业精神的培养，大学自身首先要具有创新与创业精神。很难想象一所自身没有创新与创业精神的大学可以培养出具有创新与创业精神的学生。

## 第二节　企业家精神如何促进大学转型

近年来，科技的迅猛发展、经济社会的大转型，一方面对于传统大学的发展范式提出了挑战，另一方面也为创新创业实践提供了前所未有的机遇。历史上，"公共服务机构的创新，大多都是由局外人带来的，或是因为遭遇大灾难后不得不创新。例如，现代大学就完全是由一个局外人——普鲁士外交官洪堡创建的"②。当前，在转型发展的关键时期，现代大学既需要有创新与创业精神的人来参与管理，也需要焕发自身的创新与创业精神；既需要通过科技创新和社会创业来为创新驱动发展作出贡献，也需要通过"内部创业"（Intrapreneurship）来维持大学自身的可持续发展。发达国家高等教育改革的经验表明，只有创新和创业精神才能克服官僚主义和过度科层化对于大学创新创业意愿和能力的抑制，只有持续的创新创业才能确保大学在创业社会和创业经济中作为"知识中枢"的地位。

长期以来，在工业文明的技术与制度环境下，大学已形成了一套行之有效的教育内容和方法。人工智能颠覆了对技术的传统定义，甚至消解了人与技术的界限。随着基于信息技术的人工智能不断取得突破并趋于普及，人类社会的经济-技术范式也必将发生根本的转变。工业社会的经济发展主要依赖物理学和化学领域的科技创新，而信息社会的经济发展将主要依赖物理类、信息技术类和生命科学类技术的突破与整合。如果说工业

---

① 杰里米·里夫金. 第三次工业革命：新经济模式如何改变世界［M］. 张体伟，张豫宁，译. 北京：中信出版社，2012：280.
② 彼得·德鲁克. 创新与企业家精神［M］. 蔡文燕，译. 北京：机械工业出版社，2019：207.

文明的基础是以石油为代表的资源，那么在信息社会中"智能"和"数据"本身将成为最重要的资源。哪个国家最先拥有了最高智能的技术和最大规模的数据以及掌握该技术和数据的公司，哪个国家就将主导或引领全球的经济发展和社会变革。在此背景下，作为人力资源最为密集的专业性组织，大学能否应对人工智能发展对于高等教育提出的挑战，将成为决定一个国家在新经济环境下是否具有全球竞争力的最重要的筹码。当然，大学本身并不是创新驱动发展的"终结者"，其本身也是"被决定者"；我们不能指望仅仅通过大学的转型就可以实现知识和创新经济的崛起。创新创业生态系统的建立需要全社会的共同努力。

整个工业化进程中，由于经济社会发展对于大学创新的依赖性不强，凭借对于专业人才的培养和基础研究，大学并未显示出劣势；相较于其他的机构，大学凭借对于人的社会化的独特功能，反倒成为一种制度层面上的比较优势。但随着从工业社会向知识社会的转型，经济-技术范式对于创新创业提出了更高的要求。就像中国传统社会对于人的创新性和专业性要求不高，科举制度就是一种效率很高的制度，但近代社会对于人才的要求发生了根本改变，科举制度就只能退出历史的舞台。当前依靠公共政策驱动的大学体制是工业社会的产物，它首先服务于民族国家的政治正确性，主要致力于为国家和社会培养适合工业经济体制需要的专业人才，创新创业并非大学的核心任务，大学既有的组织与制度结构也难以有效支撑创新创业生态系统的建构。面对创新驱动发展的时代需要，现代大学必须实现"重整"。一方面在大学内部以创业为中心重构组织与制度结构，将创新与创业精神确立为大学的核心价值；另一方面在大学外部构建起政府、企业以及其他中间机构共同参与的创新创业生态系统，为大学实现从教学型、研究型向创新创业型范式的转型发展提供有力支撑。

对于追求卓越的创新创业型大学，必须基于创新创业的需要来调整大学的组织与制度结构，而不是根据大学的既有组织与制度结构来安排创新创业。但今天我们的大学领导者仍然是以大学旧有的组织与制度结构来适应和满足创新驱动发展的需要，而不是根据创新驱动发展的需要来重构已经过时的大学组织与制度结构。当前,"如果说大多数组织已经开始适应不确定性,那么,大多数管理者还没有做到这一点,他们仍保持着工业时代机械式的思维方式。他们在工作中通常设定明确的、量化的目标"[1]。面对大学转型发展和学术研究中的不确定性,很多大学的高层管理者过多地将精力放在了耗时的评价和规划上,而不是进行开放性的探索。在加速时代,面对转型发展的机遇,"实际上,过多的分析可能是有害的;当一个机会被详细调查清楚后,它或许已经不复存在了"[2]。当然,这并非意味着大学应放弃对于发展的战略规划以及必要的学术评估,更不意味着在不确定性的情境下选择盲目的冒险或肆意的扩张,而是要求大学在创新驱动发展的新时代,凭借创新与创业精神,抓住稍纵即逝的机遇、果断决策。"企业家精神就是运用判断力。在公开有效的行动信息无法提供普遍认可的规律时,就必须依靠判断力来进行决策。"[3] 创新与创业精神绝不只是创造经济增长和繁荣的最佳选择,也是所有社会机构,包括大学,应对变化、创造价值的最佳武器。

值得注意的是,与萨伊、熊彼特以及德鲁克等学者以"创新"为中心对于企业家精神的正面肯定和赞扬不同,鲍莫尔完全将企业家精神作为一个中性概念。他根据企业家的"创新"在实践中的客观表现区分了企业家精神的子类,比如,"创新型企业家精神""模仿型企业家精神""分配型企业家精神""非生产性企业家精神""寻租型企业家精神"。如他所言:"很明显,企业家精神并不能被认为是高尚的代名词。不能说那些带有创新性的东西就一定是值得赞赏的,因为它并不总是能够提升社会的利益。要制定与企业家精神有关的合理政策,关键之一在于要寻找到那些可以阻

---

[1] 特里萨·M. 阿马布勒,等. 突破惯性思维 [M]. 李维安,等,译. 北京:中国人民大学出版社,2001:164.

[2] 阿玛尔·毕海德,等. 创业精神 [M]. 北京新华信商业风险管理有限责任公司,译校. 北京:中国人民大学出版社,2000:59.

[3] 戴维·兰德斯,乔尔·莫克,威廉·鲍莫尔. 历史上的企业家精神:从古代美索不达米亚到现代 [M]. 姜井勇,译. 北京:中信出版社,2016:295.

止或防止企业家精神被用于非生产性用途的各种措施。"[1] 鲍莫尔对于企业家精神的分类以及相关实证研究拓展和深化了人们对企业家精神的理解，也使得企业家精神作为一种理论更具实践解释力。无论何时，也无论在哪个领域，都会有一些人比另一些人更有使命感，也更富有进取精神，能够利用同样的资源创造更多的价值。区别在于价值创造的方式和目的不同。鲍莫尔断言："若企业家被简单地定义为极具想象力创新性地增进自身财富、权力和声望的个体，则人们似乎可以推断，他们并非人人都关心能满足这些目标的活动是否或多或少有利于增加社会产品，进而是否会阻碍社会生产。"[2] 比如，在有些制度规则下，掠夺是获得价值的合法手段，而在另一些制度规则下，价值的来源只能是"实干"。如果掠夺具有合法性，那么所有人对财富将不可能有"恒心"，也不会进行真正的创新。只有将实干作为企业家精神的核心，价值的创造才会具有生产性和可持续性。

人类社会不仅经济领域存在非生产性企业家精神或寻租型企业家精神，社会其他领域，包括高等教育领域也同样存在。和经济领域的市场化竞争相比，大学世界的竞争准则更加多样而模糊。在某些特定时期，大学的社会与学术地位与其真实的水平和贡献并不总是一致。尤其是在国家控制型高等教育体制下，大学的社会地位有时取决于行政级别或是否入选某一重点建设项目。借助国家权威和行政权力来提升大学的社会与学术地位，非常容易引发非生产性企业家精神或寻租型企业家精神。在我国高等教育重点建设过程中，由于缺乏科学的遴选标准和公正的程序，有时政府的行政权力或某个领导的意志都有可能成为决定一所大学能否入选某个"计划"或"工程"的关键因素。在此背景下，以大学和地方政府的名义向中央政府进行"游说"和"公关"就显得至关重要。在控制型体制下，面对国家重点建设的重大机遇，每一所大学都有"游说"和"公关"政府

---

[1] 威廉·鲍莫尔. 企业家精神［M］. 孙智君，等，译. 武汉：武汉大学出版社，2010：11.
[2] 戴维·兰德斯，乔尔·莫克，威廉·鲍莫尔. 历史上的企业家精神：从古代美索不达米亚到现代［M］. 姜井勇，译. 北京：中信出版社，2016：19.

的动机，但成功与否则与大学管理层，尤其是大学校长和书记以及地方政府领导的"企业家精神"直接相关。毕竟，无论哪个领域，"企业家趋于将其才能投向能为他们带来财富、权力和威望相混合的最大回报的系列活动上"[①]。单位体制下公立大学属于事业单位，大学校长和书记属于"官员"的身份。只有那些具有企业家精神的大学校长和书记才会积极谋划，尽力协同地方政府，紧跟中央政府的政策，力争抓住每一次重点建设的机遇。

遗憾的是，政府的重点建设政策遵循的是政治的逻辑，未必完全符合大学成长的规律；如果大学校长和书记以及地方政府的企业家精神只是体现为以创造性的方式去追求大学的地位或行政级别，而不去关心用来达到目的的手段，那么一味迎合政府政策的结果未必能够实现大学的内涵式发展。实践中那些富有"企业家精神"的大学有的抓住政策机遇，实现了长远发展；但也有的虽然抓住了政策机遇并没有实现发展，而只是暂时获得了"租金"收益。"制度为潜在企业家创造了激励和相对报酬。制度决定了人们的努力将导致财富的'创造'抑或只是财富的'再分配'。相较于更加自由的市场社会，寻租社会的'创新型企业家精神'并不必然更少。但寻租社会的企业家会投身于通过再分配来创造收入。"[②] 鉴于此，高等教育重点建设政策如果总倾向于搞"学术锦标赛"，那么将不可避免地导致"分配型企业家精神"和"寻租型企业家精神"的增加，诱使大学领导者将更多精力和"创造力"集中于从政策的框架里多分"一杯羹"。着眼于经济社会的可持续发展，政策应激励大学领导者和大学自身以企业家精神促进大学的创新创业，将精力和资源更多地集中于创新创业型大学建设，而不是热衷于排名游戏。对于大学的转型发展，创新型企业家精神是生产性的，分配型企业家精神是非生产性的，而寻租型企业家精神则是破坏性

---

① 威廉·鲍莫尔. 企业家精神 [M]. 孙智君，等，译. 武汉：武汉大学出版社，2010：301.
② 戴维·兰德斯，乔尔·莫克，威廉·鲍莫尔. 历史上的企业家精神：从古代美索不达米亚到现代 [M]. 姜井勇，译. 北京：中信出版社，2016：221.

的。为了促进大学转型发展,相关政策设计需要激励创新型企业家精神,减少分配型企业家精神,并尽可能避免寻租型企业家精神。"为了找到将企业家活动调整到更具有生产性目的的措施,我们不必耐心等待缓慢的文化变迁。同样可行的方式是改变游戏规则,消除那些不合意的制度性影响,而增强那些能够在有利方向上发挥作用的制度性影响。"[①] 大学转型过程中,制度建设应以创新创业为中心,将创造性活动导向生产性,致力于激励生产性企业家精神,抑制非生产性企业家精神。对于政府,所有关于大学的顶层设计都应激励大学组织和个人的企业家精神保持生产性的方向,坚决避免"攫取性思维",更不能找借口对创新创业行为进行变相惩罚。

## 第三节　创新创业型大学的创建

基于现代主义的专业化理论,社会组织经常被区分为界限分明的"类型"。无论是公共组织与私营组织的两分法,还是政府、企业、第三部门的三分法,共同的特征就是强化不同类型组织间边界的不可渗透性。在组织类型学的框架下,组织的独特性被凸显,而共通性被忽视。对于组织发展,共通性与独特性同样重要。戴维·奥斯本和特德·盖布勒就曾指出:"政府不可能像企业那样运作这一事实并不意味着它不可能更有企业家精神。任何机构,无论公营私营,都可以有企业家精神,正像任何公私机构,都会出现官僚主义。在官僚主义行为和企业家行为之间是一个巨大的连续体,政府肯定可以在这个区域内调整自己的位置。"[②] 同样,大学不可能像企业一样营利这一事实并不意味着大学不可能更有企业家精神,在行政化和市场化,在官僚管理与创业管理之间仍有足够大的制度空间。非营

---

[①] 威廉·鲍莫尔. 企业家精神[M]. 孙智君,等,译. 武汉:武汉大学出版社,2010:55.

[②] 戴维·奥斯本,特德·盖布勒. 改革政府:企业家精神如何改革着公共部门[M]. 周敦仁,等,译. 上海:上海译文出版社,2006:18.

利性既不是大学与企业之间难以逾越的鸿沟,也不是大学适用企业家精神的障碍。为了适应创新驱动发展的需要,大学的转型发展需要从偏向行政化转向偏向市场化,从偏好官僚管理转向创业管理,以企业家创业行为替代科层化组织行为。

当前在高等教育领域,最具企业家精神的是那些公开上市的营利性大学。它们完全遵循营利性企业的游戏规则参与市场竞争,以企业家精神为传统的高等教育市场带来了前所未有的改变。除营利性大学之外,企业家精神在非营利性大学中也取得了丰硕成果。那些富有企业家精神的创业型大学在与传统研究型大学的竞争中已经占得先机,为现代大学的转型发展指明了方向。遗憾的是,以斯坦福大学和麻省理工学院为代表的创新创业型大学的成功,并没有能够动摇世界一流大学建设中研究型大学范式的主导地位。创新创业和产业收入在主要世界大学排行榜上要么被忽视,要么就是在指标体系中仅占很小权重。为了扭转已有排名和评价体系对于大学创新与创业精神的束缚,2015 年 9 月 16 日,汤森路透首次发布了"TOP100 全球最具创新力大学名单"。与传统的大学排行榜相比,该榜单旨在遴选出那些促进科学发展、发明创新技术、帮助推动全球经济发展的大学。

回顾历史,在 19 世纪到 20 世纪的大部分时间里,对于所有组织,尤其是大型组织而言,创新创业不是核心任务,规模的扩张成为优先工作。通常情况下,在大型组织里管理者以及管理者的管理者居于组织发展的主导地位。在组织的内部,员工是组织人而不是创业者。在高等教育领域,19 世纪以来,对于大多数国家的大学,尤其是公立大学,其运行也主要不靠创新和创业精神驱动,而是依靠制度化的权力以及公共政策的激励。近年来,在我国为了推动大学的创新创业,政府部门从良好的愿望出发,以"很好的理由"采取了种种举措,但由于官僚机构固有的制度逻辑,这些措施很少能真正地促进大学的创新创业,更谈不上创建创新创业型大学。政府基于创新创业教育所推出的诸多政策,最终只是强化了政府对于大学创新创业工作的管理,而不是激励大学的创新和创业精神。在世界范围内，20世纪80年代以来，创业型大学的产生源于大学对与工业界关系的重新考量。作为创新与企业家精神在高等教育领域的体现，创业型大学的建立一方面缓解了大学自身的财政危机，另一方面也满足了经济社会发展对于创新的迫切需求。如果说1983年埃兹科维茨提出创业型大学以及创业科学家的概念还带有一定的探索性，那么创业型大学和创业科学40年的发展历程可以证明，"创新创业"是现代大学转型发展的唯一出路。与40年前相比，当前经济社会发展对于创新创业的要求更加地迫切。在新的以信息技术和人工智能为主导的经济环境中，创业型大学开始向创新创业型大学转变。与过去对"创业"的关注相比，"创新创业"更加凸显了"创新"与"创业"之间密不可分的关系。对于创业的需要在任何时代、任何领域都存在，但我们时代对于大学而言，最为重要的是"创新创业"而不只是"创业"。在美国商务部的相关报告中，"创新创业型大学"的创建已经成为内涵明确的公共政策目标。[①] 将创建"创新创业型大学"作为公共政策的目标并不意味着政府可以强迫大学改变办学定位，政府能够做的主要是通过政策引导改变大学的偏好与行为。转型总会带来不适应，很难期望大学自身主动走出"教学"和"研究"的"舒适区"以适应创新驱动发展的需要。政府可以改变资源配置的方式以及政策导向，当外部诸多利益相关方拥有了决定大学发展的关键资源时，无论愿意还是不愿意，大学终将按照或参照社会的需要适当调整自己的"目的地"和"路线图"。

当前全球范围正在经历一场创业革命（Entrepreneurial revolution）。创业革命之于21世纪就像工业革命之于20世纪一样重要。[②] 作为创业革命的重要组成部分，从"教学型大学""研究型大学"到"创新创业型大学"的转换，不仅凸显了"创新创业"的重要性，而且反映了经济-技术范式的变迁。创业型大学概念提出之时只是为了强化研究型大学为经济社

---

[①] 美国商务部创新创业办公室. 创建创新创业型大学——来自美国商务部的报告［M］. 赵中建，卓泽林，译. 上海：上海科技教育出版社，2016：8—14.

[②] 唐纳德·F. 库拉特科. 创业学（第9版）［M］. 薛红志，李静，译. 北京：中国人民大学出版社，2017：16.

会发展服务的意愿和愿景,继而希望能够成为一种不同于研究型大学的新的大学类型。稍后的经济社会发展以及技术进步给了创业型大学更大的制度空间和利基空间,为创业型大学从美国走向全球奠定了基础。在新的经济-技术范式下,旧的大学范式已经过时,转型发展将不可避免。"我们的各种信息技术和以知识为基础的经济给我们许多机遇去做也许是50年以前无法梦想的事情。为了要抓住这些机遇,我们必须对我们工业化时代的体制机构的残余加以重塑改造。"[①] 某种意义上,基于工业时代的技术环境所形成的大学制度已不适合信息社会的经济-技术环境。我们时代大学面临的最严峻挑战就是如何从20世纪的教学型、研究型范式转变为21世纪的创新创业型范式。为满足创业革命的需要,"成为创业型组织是在这个世界上生存的唯一方式"[②]。在新的经济、技术与制度环境下,以创新创业作为新的发展范式,创新创业型大学将不再是对研究型大学的"拾遗"和"补缺",而将成为一种"创造性破坏"和"颠覆式创新"。在从教学型、研究型大学走向创新创业型大学的路途上,改变的不只是我们对于"教学"和"研究"的理解,更根本的改变还包括大学的理想与未来。

---

① 戴维·奥斯本,特德·盖布勒. 改革政府:企业家精神如何改革着公共部门[M]. 周敦仁,等,译. 上海:上海译文出版社,2006:14.
② 拉里·法雷尔. 创业新时代:个人、企业与国家的企业家精神[M]. 沈漪文,杨瑛,等,译. 北京:机械工业出版社,2014:12.

# 第十一章
# 大学创新创业生态系统的构建

**本章要点**：在创新驱动发展的新时代，创新创业之于大学不是一种新增的职能，而是一种新的发展范式。为了实现创新创业，一方面需要大学从教学型、研究型向创新创业型范式转换；另一方面还需要建立基于大学的创新创业生态系统。实践证明，创新创业需要融入一种类似于生态的，而非市场或科层的系统中。创新创业活动要转化成"地区优势"需要构建一个基于大学的创新创业生态系统。只有在一个类似生态的系统中，大学的创新与创业精神才能充分释放，整个社会的创新创业活动才具有可持续性，并切实促进经济社会发展。

在创新驱动发展的新时代，经济社会发展对于创新创业的依赖性显著增加。在工业时代，科技创新和制度创新也会给企业带来巨大的竞争优势，但相对来说，过程比较慢。而在知识经济时代，知识的进步和科技的创新随时都可能转化为竞争优势，并创造巨大的经济与社会价值。"微弱的领先可以带来压倒性的优势，而小小的失误也会导致致命的失败。"[1] 为了在激烈的市场竞争中获胜，创新创业的速度就变得至关重要。为保障创新的可持续性，企业通常选择将创新职能制度化，以便可以有组织有计划地获得创新成果。创新职能的制度化可以提高企业自主创新的能力，但并不能完全解决创新的困境。在开放式创新的大环境下，创新不再只是单个

---

[1] 李锺文，等. 创新之源：硅谷的企业家精神与新技术革命［M］. 陈禹，等，译. 北京：人民邮电出版社，2017：12.

企业或大学的问题，而是以大学为中心的系统问题。在硅谷，"企业家精神并不是一种个人行为。它非常依赖一些网络，network、大学、VC、产业等等，所以，这种不断的信息交流、沟通，从律师、VC 到做市场的人，所有这些人都汇集到一起，形成网络"①。为保证硅谷创新创业精神的可持续性，美国的州政府把很大的精力放在重视大学的发展，不仅支持一流的大学，而且支持一些社区的大学，普通的大学，让它们从事不同层次的培训和教育，培训技术人员，为社会输入不同的劳动力。另外一点就是产业和大学之间的关系。大学适应产业发展需要，产业又促进大学的教学方案的制定。②。一种有利于创新创业的制度环境的形成需要政府、企业和大学以及其他各种专业机构的共同努力。要克服创新创业的困境不能仅依靠企业自身或高等教育系统将创新职能制度化，而是需要整个社会为创新创业提供良好的制度环境，并以大学为中心建立稳健的创新创业生态系统。

## 第一节 知识流动是创新创业的前提

无论是基于科技创新的创业还是基于社会创新的创业，都离不开与创新和创业相关的知识的进步与扩散。无论何时，大学内部创新与创业知识的生产与扩散都是创新与创业精神得以产生的必要条件。从知识经济和知识社会的本质出发，与创新创业相关的所有努力都指向一个共同的目标，即促进知识的流动，尤其是与创新和创业相关的知识的流动。一个社会是否有利于创新创业，并不取决于它拥有或生产了多少知识，或使知识完全免费，而取决于这个社会的制度环境是否有利于知识的流动。一个国家的大学或研究机构即便生产了再多的高深知识，如果这些知识不能"在缺乏

---

① 张景安，亨利·罗文，等. 创业精神与创新集群——硅谷的启示 [M]. 上海：复旦大学出版社，2002：85.

② 张景安，亨利·罗文，等. 创业精神与创新集群——硅谷的启示 [M]. 上海：复旦大学出版社，2002：82.

共同实践活动的部门之间流动"①，那也无法对创新创业作出贡献。企业自身的知识创新和内部创业也同样如此。无论对于个人还是组织，创新与创业精神的形成都需要基于丰富的专业知识和高效的信息传播。封闭的环境限制知识的流动，也会扼制创新创业的可能。为了创新创业，与创新和创业相关的知识与信息需要快速地流动，而不能是"束之高阁"。在硅谷开放式创新的体制下，以斯坦福大学为代表的知识生产机构为创新创业提供了丰富的专业知识和信息。"对一些公司，尤其是制药公司来说，通过专利方式进行技术转移是非常重要的。对于计算机和信息网络公司来说，斯坦福大学的贡献在于研究和创建能够迅速向市场推出新产品的公司。对于高科技领域已经成立的公司来说，贡献则在于研究生教育，它一方面不断补充着智库，另一方面通过远程课程不断为行业中的工程师提供继续教育。"② 事实证明，没有那些"弥漫在空中"的专业知识，就没有硅谷。

最初级的知识流动是单向的，比如知识从大学向企业流动，由于缺乏反馈回路，大学提供的知识与企业需要的知识有时无法匹配；稍后，为了提高知识流动的效率，大学与企业、企业与企业之间知识流动的矩阵结构逐渐建立，单向的流动被双向的流动所取代。但仅有一个矩阵结构对于创新创业仍是不够的。"在一个矩阵中很难看出结构与自发性，也许能看到传播与对等关系，但却看不到对等关系结果所产生的复杂的反馈回路、促使形成快速信任的共生共存现象和实践团体跨越企业和网络边界的途径，也看不出遍布整个硅谷的持续变化关系（企业、市场及混合体），以及新企业占据的空间。对硅谷来说，更有效的方法似乎是用已有人使用过的生态学比喻——把硅谷看作一个生态系统，这个生态系统是许多物种的栖息之处，但它的成长从根本上而言是一个集合过程。"③ 创新创业的发生通常

---

① 李锺文，等. 创新之源：硅谷的企业家精神与新技术革命 [M]. 陈禹，等，译. 北京：人民邮电出版社，2017：22.
② 李锺文，等. 创新之源：硅谷的企业家精神与新技术革命 [M]. 陈禹，等，译. 北京：人民邮电出版社，2017：188.
③ 李锺文，等. 创新之源：硅谷的企业家精神与新技术革命 [M]. 陈禹，等，译. 北京：人民邮电出版社，2017：31—32.

不可能基于单一的技术创新，而是基于更加复杂的知识网络。只有网络结构才能提供"多向流动、复杂的反馈回路、倍增的结构形式和复杂的相互依存关系"[①]。理想的状态下，网络结构接近生态系统，但这并不意味着网络结构必然是生态系统。严格来讲，知识流动网络结构的建立为创新创业生态系统的形成奠定了组织与制度基础，但创新创业生态系统的形成无疑意味着更多内容，比如，创业文化与企业家精神，再比如，区位与地理优势。在信息技术条件下，网络的优点是可以超越区域的限制，将更大范围内的相关者联系起来，以便于那些具有专业性的知识的流动和传播。但知识网络结构的缺点是较为脆弱，同一网络中的人往往具有高度的同质性，同质性会导致创新的困境。然而，对于一个区域而言，创新创业生态系统的建立更加强调"在地化"而不仅是"网络化"；创新创业生态系统需要扎根本土，基于实践网络又不同于实践网络；生态系统类似于"实践社区"或"栖息地"。"硅谷并不是一种经济机器，我们无法在机器的一端注入各种原材料，然后期待在另一端口可以生产出像苹果和思科这样的大公司。硅谷是一个培育公司的生态系统，没有合适的土壤和气候，什么果实也结不出来。"[②] 硅谷模式之所以难以在别处复制，根本原因就在于，硅谷是创新与创业精神的"栖息地"，拥有完整的创新创业生态系统以及与之匹配的产业体系，而不仅仅是一个社会和知识的网络结构。作为一个生态系统，硅谷"最为重要的一点就是打破科技公司之间以及科技公司与金融、教育、公共事业机构之间的界限"[③]。为了保障创新创业生态系统中知识的快速流动，硅谷特别强调团体内部的共同实践、面对面的接触以及彼此的信任。

在创新创业过程中，知识的流动可以分为组织内流动和组织间流动。

---

① 李锺文，等. 创新之源：硅谷的企业家精神与新技术革命［M］. 陈禹，等，译. 北京：人民邮电出版社，2017：16.
② 李锺文，等. 创新之源：硅谷的企业家精神与新技术革命［M］. 陈禹，等，译. 北京：人民邮电出版社，2017：277.
③ 安纳利·萨克森宁. 地区优势：硅谷和128公路地区的文化与竞争［M］. 曹蓬，等，译. 上海：上海远东出版社，1999：序言·2.

组织内的流动主要受组织的壁垒影响，组织间的流动则主要受社会结构的制约。所谓组织壁垒，即组织内部的职能部门，不同的职能部门往往基于不同的逻辑而建立并运行，不同职能部门的人有不同的"忠诚"。因此，组织自身生产的知识在组织内部有时很难流动或传播。卓越的组织之所以卓越，很大程度上是因为在组织内部实现了知识共享，确保知识流动阻力最小化。那些卓越的组织自身不仅能够创造知识，而且可以实现知识的商业化。组织间的知识流动，既包括同一类型组织间的流动，也包括不同类型组织间的流动。同一类型组织间的知识流动多通过市场交易或开放式共享。不同类型组织间的知识流动方式多种多样，既包括市场交易，也包括共同研发、合同科研、人才流动，等等。与同类型组织相比，不同类型的组织间存在异质性，知识双向流动对于创新创业的价值更加显著。"尽管按理说应当由大学产生知识并传播到硅谷中，但事实上这种流动是双向的。所有学院和系所，例如计算机学系、工程院和商学院等，都同硅谷的企业有着双向流动的密切联系。教员和学生把创意带给企业，帮助企业积累知识；反过来，学校也通过参加访谈、研讨会、讲座等活动从企业工作人员那里获取知识。同样，在硅谷做咨询工作的教员和实习的学生也在双向传播知识。"[1] 就创新创业的实现而言，大学虽然拥有各种专业性知识和好的创意，但大学对于知识的商业化并不精通，这些知识之于大学也就没有多大的价值。相反，企业虽不善于生产显性的专业知识，但拥有隐性的专业知识，而且善于把好的创意转变成成功的企业，实现知识的商业化。二者合作，更加容易促成创新创业的发生。实践表明："硅谷所形成的高度完善和发达的创新网络使知识创新和技术创新这两大系统高度协同，造就了世界上大学与企业协同创新效应最大的奇迹。"[2]

相比于组织内知识流动，组织间知识流动的阻力主要不在于组织本

---

[1] 李锺文，等. 创新之源：硅谷的企业家精神与新技术革命［M］. 陈禹，等，译. 北京：人民邮电出版社，2017：31.

[2] 张景安，亨利·罗文，等. 创业精神与创新集群——硅谷的启示［M］. 上海：复旦大学出版社，2002：277.

身,而在于制度环境,而制度环境的形成则与政府的政策有关。以硅谷为例,"虽然政府并未给该地区以任何特殊的待遇,但是政府在美国计算机工业和随后的硅谷公司两者的兴起过程中始终扮演了一个至关重要的角色。这里的成功大部分必须归功于美国创新体制所具有的独特特性"①。具体而言,政府通过建立有利于创新创业的制度,间接地推动了美国计算机工业的发展。在此过程中,联邦政府履行了三种职能:(1)公司运营规则的制定者;(2)公司产品的购买者;(3)研究工作和早期系统开发的资助者。② 由此可见,在硅谷为了保障组织间知识的双向和多向自由流动,机制的创新意味着不同组织可以通过机制本身来促进知识与人才的流动,而不是简单依靠资本的力量或职位的诱惑。无论在硅谷还是其他地区,通过精心规划和必要的机制设计,不同类型组织的知识都可以通过自由流动相互激发,从而极大地促进创新创业的实现。

总之,创新创业的前提在于知识的流动。"专业知识,西蒙称之为'可以蔓延的网络',也就是他用来探索和解决问题的智力空间,这种空间越大越好。"③ 在创新驱动发展的时代,为了保障知识的自由流动,促进创新创业生态系统的建构,"我们需要学会对政府的新政策或措施提出以下问题:它是否能够推进社会的创新能力?它是否有助于社会和经济的灵活性?它是否会干涉或惩罚创新与企业家精神?至少,在执行某项新政策或新措施之前,应先将该政策对创新和企业家精神的影响考虑在内"④。无论哪个国家,对于特定区域内的知识的自由流动以及创新创业生态系统的建构,政府的政策影响都是首要的因素。政府的政策选择将最终决定大学能

---

① 李锺文,等. 创新之源:硅谷的企业家精神与新技术革命[M]. 陈禹,等,译. 北京:人民邮电出版社,2017:160.

② 李锺文,等. 创新之源:硅谷的企业家精神与新技术革命[M]. 陈禹,等,译. 北京:人民邮电出版社,2017:163.

③ 特里萨·M. 阿马布勒,等. 突破惯性思维[M]. 李维安,等,译. 北京:中国人民大学出版社,2001:6.

④ 彼得·德鲁克. 创新与企业家精神[M]. 蔡文燕,译. 北京:机械工业出版社,2019:305.

否充分利用经济-技术范式变化带来的发展机遇。当然，这个过程中我们也要警惕政策制定者权力的扩张有可能会抑制复杂系统的自我调节能力。[①]

## 第二节　创新创业需要一个生态系统

我们时代"创新不仅仅是指新的创新（novel innovations），还包括基于现有思想和技术的传播扩散而产生的创新。它不仅包括技术创新，也包括非技术创新，如新的管理实践和新的制度结构。换句话说，创新是对新的产品、新的生产工艺、新的组织管理方法、新的市场营销方式和新的商业模式的引进或应用。一个完整的创新链（innovation chain）既包括新知识的创造，也包括新知识的商业化"[②]。与企业有组织制度化的创新（新知识的商业化）不同，大学的创新多局限于"新知识的创造"，即"新的创新"，对于"新知识的商业化"，即"创新创业"重视不够。原因在于，大学在科学精神方面有优势，而企业家精神较为匮乏。长期以来，大学的组织文化与制度环境不利于那些具有科学精神的企业家或具有企业家精神的科学家的成长，而企业则恰恰相反。斯坦福大学之所以能够孕育出硅谷，其根源之一在于特曼的"企业家精神"，而硅谷形成之后之所以长盛不衰，其"优势来自其整体环境——创新与创业精神的栖息地"。[③] 正是因为"企业家精神"的匮乏及"创新与创业精神栖息地"的难以复制，虽有很多国家和地区试图复制硅谷模式，也有很多大学试图模仿斯坦福大学，但成功者几乎没有。"这些集体竞争力是有机地成长起来的，而不是通过简单的机械式实施方法发展的。无疑，新兴地区可以向成熟地区学习，但是由于地区因素（文化、组织形式等）对地区化的形成具有重要意义，对于新兴地区而言，简单地模仿成熟地区的做法是错误的（并且可能为此付出重大

---

[①] 克劳斯·施瓦布. 第四次工业革命：转型的力量 [M]. 李菁，译. 北京：中信出版社，2016：52.

[②] 傅晓岚. 中国创新之路 [M]. 李纪珍，译. 北京：清华大学出版社，2017：5.

[③] 李锺文，等. 创新之源：硅谷的企业家精神与新技术革命 [M]. 陈禹，等，译. 北京：人民邮电出版社，2017：2.

代价)。"① 由此可见，硅谷模式只适合于硅谷，并不适合所有国家和地区，但这并不意味着硅谷模式完全不可以"模仿"或"学习"。

  对于硅谷模式的"模仿"或"学习"能否取得成功的关键在于我们如何理解硅谷模式。"整个世界不可能都变成硅谷，但整个世界都可以从硅谷得到启发。"② 严格来讲，这个世界上不会再有第二个硅谷，但完全可以有各种各样与硅谷类似的"创新与创业精神栖息地"。其他地区需要向硅谷学习的应该是如何发挥本地区"知识和关系簇群"的优势，而非从文化到制度完全"克隆"硅谷，更不是起一个带有"硅"的名字。"要在全球经济中保持持续的竞争优势，就必须更加立足于本地资源——知识、关系、原动力——这些是遥远的对手无法匹敌的。"③ 今天在全球化的世界上，很多与创新创业有关的要素都可以自由流动，唯一不能流动的就是基于本地资源的"地区优势"。"每一个地区都有其自己的历史，并依赖于不同的力量。我们可以发现，在中国、以色列以及印度，建立一个充满活力的高科技园区的成功战略并不相同。而这些地区的成功是在于它们强化了自己特有的力量。"④ 硅谷的成功一方面源于斯坦福大学孕育了硅谷的地区优势，另一方面也源于硅谷的地区优势激活了斯坦福大学的创新与创业精神。"硅谷有一个以地区网络为基础的工业体系，能促进各个专业制造商集体地学习和灵活地调整一系列相关技术。该地区密集的社会网络和开放的劳工市场弘扬了不断试验探索和开拓进取的创业精神。在网络系统中，公司内各部门职能界限相互融合，各公司之间的界限和公司与贸易协会和

---

  ① 李锺文，等. 创新之源：硅谷的企业家精神与新技术革命［M］. 陈禹，等，译. 北京：人民邮电出版社，2017：33.
  ② 约瑟夫·E. 奥恩. 教育的未来：人工智能时代的教育变革［M］. 李海燕，王秦辉，译. 北京：机械工业出版社，2018：86.
  ③ 李锺文，等. 创新之源：硅谷的企业家精神与新技术革命［M］. 陈禹，等，译. 北京：人民邮电出版社，2017：4.
  ④ 李锺文，等. 创新之源：硅谷的企业家精神与新技术革命［M］. 陈禹，等，译. 北京：人民邮电出版社，2017：341.

大学等当地机构之间的界限也已打破。"① 在一个类似生态的系统中，斯坦福大学与硅谷相互成就。没有斯坦福大学的知识生产和创业精神就不会有硅谷的出现；同样的，若没有硅谷的创新创业生态系统也没有斯坦福大学今天的地位。

与科层化的制度空间相比，生态系统不但可以最大可能凸显本土的比较优势，而且可以为创新创业行动提供容错空间，减少失败可能造成的破坏性影响，最大可能增加创新创业的可能性。在组织形式科层化、管理过程官僚化、职能部门权力化的制度空间里，创新与创业精神很难存在，创新创业行动也很难产生。因为组织的壁垒限制了知识的自由流动，行政化的体制压抑了创新与创业精神。"硅谷栖息地的资源和条件包含了人员、企业与机构以及它们之间的社会网络与互动模式。与自然栖息地一样，硅谷的企业生态环境具有复杂、动态、相互依存等显著的特征。"② 这种复杂的生态系统使硅谷的创新与创业精神长盛不衰，而不是昙花一现。在一个生态系统中，"那些有利于整个生态系统的，未必有利于个体物种或企业。事实上，某些企业可能不得不为了整个地区的生存而牺牲。相反，许多人试图保护个体物种以建设整体地区，结果却适得其反"③。硅谷地区的产业发展正是如此。与自然栖息地生态系统的生生不息一样，在硅谷一个企业失败了，会有更多的新企业在建立，一个行业破产了，会有更多的新行业萌芽。基于稳健的生态系统，"随着工业专门化及分化过程的不断重复，这个地区发展出一种形式多样、适应性强的工业生物圈。任何一家公司的困难不再能瓦解整个行业，整个行业的失败也不再能威胁整个地区"④。

---

① 安纳利·萨克森宁. 地区优势：硅谷和128公路地区的文化与竞争 [M]. 曹蓬，等，译. 上海：上海远东出版社，1999：4.
② 李锺文，等. 创新之源：硅谷的企业家精神与新技术革命 [M]. 陈禹，等，译. 北京：人民邮电出版社，2017：3.
③ 李锺文，等. 创新之源：硅谷的企业家精神与新技术革命 [M]. 陈禹，等，译. 北京：人民邮电出版社，2017：32.
④ 安纳利·萨克森宁. 地区优势：硅谷和128公路地区的文化与竞争 [M]. 曹蓬，等，译. 上海：上海远东出版社，1999：48.

从生态系统的角度看，硅谷在创新创业方面的成功不是偶然的。无论历史上还是现实中，偶然的成功不是没有，但往往缺乏可持续性。硅谷地区持续的创新创业与其独特的社会网络结构和创新创业体制密不可分。在硅谷，知识网络和社会网络结构就像一个生态系统具有巨大的包容性。在网络化的生态系统中，硅谷自身就像一个介于市场与企业之间的生境，而在其中每一个"小生境"都相互依存并相互支持。"硅谷发展高度依赖特殊的制度环境，这一环境无法轻易地为其他地区所复制。我们的分析还表明仅仅照搬公司的结构和特点，仅把它们当作互不相干的行为者是不行的。理解硅谷的关系网络如何建立、如何相互关联，是理解地区经济发展差异的根本。"[①] 从表面上看，硅谷所具有的条件或特点，都不是唯一的，更不是垄断性的。比如合理的游戏规则，知识密集，高质量劳动力的流动机制，以结果为导向的精英体制，鼓励冒险、容忍失败的氛围，开放的商业环境，大学、研究机构与产业界的互动，企业、政府与非营利机构间的合作，高质量的生活，专业化的商业服务机构。[②] 在美国或世界上其他国家和地区都不难找到符合上述条件的地方，但世界上并没有出现第二个"硅谷"。原因就在于，上述条件只是硅谷形成的必要条件，而不是充分条件。其他国家或地区可能会有硅谷的显性特征，甚至可以复制硅谷的产业体系，但却无法演化出嵌于其内部的创新创业生态系统。硅谷的成功并非上述外部因素的简单叠加或汇总，而是彼此间"化学反应"的结果。

因为文化与制度环境的差异，波士顿 128 公路就缺乏硅谷这种"地区优势"。"128 公路地区是以少数几家比较一体化的公司为主导的。它的工业体系建立在一些独立公司的基础上，而这些公司已把各种生产活动内部化了。保守秘密和忠于公司等惯例支配了公司与顾客、供应商及竞争者之间的关系，增强了鼓励稳定和自力更生的地区文化氛围。公司管理的层级

---

① 李锺文，等. 创新之源：硅谷的企业家精神与新技术革命［M］. 陈禹，等，译. 北京：人民邮电出版社，2017：216.

② 李锺文，等. 创新之源：硅谷的企业家精神与新技术革命［M］. 陈禹，等，译. 北京：人民邮电出版社，2017：6-10.

制保证了权力的集中,信息往往由上而下垂直流动。公司之间的界限、公司内部各部门之间的界限以及公司和当地机构之间的界限,在这种以独立的公司为基础的体系中泾渭分明。"① 当今世界上类似波士顿 128 公路地区的文化与制度环境比比皆是,具备硅谷那样作为"创新与创业精神栖息地"的地区则寥寥无几。也正是因为如此,创新与创业精神才尤其珍贵。基于个人和组织的创新与创业精神,各种各样的创新创业会对一个地区的组织与文化产生革命性影响,促进创新创业生态系统的形成。"文化和制度并非一成不变,它们就像常规和惯例一样,在冲突和斗争中不断地得以创造和再创造。"② 无论哪个国家或地区,创新创业生态系统都不会自发形成,而是需要个人和机构基于创新与创业精神的扎实行动。如果一个国家或地区没有认识到建立创新生态系统的必要性,那么这个国家或地区今后一定会受到来自其他国家颠覆和创新的巨大压力。③ 对硅谷而言,在动态变化的环境中,不同时期、不同的要素会产生不同的组合,不同的组合又会对不同的产业产生不同程度的影响;伴随着产业的演化,各个要素的相对重要性也会不断地变化,从而形成了一个创新创业生态系统。从硅谷的产业发展和斯坦福大学的关系看,"具体的行业和一个行业内的不同领域,对斯坦福大学所扮演各种角色的依赖的侧重也各有不同。因此,对于斯坦福大学在创造和支撑硅谷经济发展中究竟扮演什么角色这个问题没有唯一的答案。对于不同的产业部门,硅谷的主要贡献可能不同,它同样会随着具体公司生命周期的改变而改变。一家公司开始成功地将具体技术商业化的时候,会随后建立起它自己的新产品和服务流。但对一家成熟的公司来说,尽管斯坦福大学也可能提供一些新的产品,但这所大学的主要贡献还

---

① 安纳利·萨克森宁. 地区优势:硅谷和 128 公路地区的文化与竞争 [M]. 曹蓬,等,译. 上海:上海远东出版社,1999:4.
② 安纳利·萨克森宁. 地区优势:硅谷和 128 公路地区的文化与竞争 [M]. 曹蓬,等,译. 上海:上海远东出版社,1999:序言·5.
③ 克劳斯·施瓦布. 第四次工业革命:转型的力量 [M]. 李菁,译. 北京:中信出版社,2016:37.

是向其提供受过良好教育的新职工和为其已有员工提供继续教育"[1]。同时，在产业与大学的互动中，每一个产业的每一次升级也都会反作用于硅谷和斯坦福大学，促进硅谷自身创新创业生态系统的不断优化。硅谷正是凭借着不息的创新和创业精神以及"把好的创意变成成功企业的创造力"[2]，通过诸多要素的不确定组合形成了一个生态系统，进而实现了一系列非计划性的技术进步和产业转型。

总之，创新创业的实现是一个系统工程和复杂的社会过程，需要一个国家或地区所有的组织和机构都参与进来，在竞争中合作，在合作中竞争，仅依靠政府、企业和大学远远不够。其他一些机构，比如，优质的中小学、职业院校、科研机构、风险资本产业、专业供应商和服务公司等，对于区域创新创业生态系统的建立都极为重要。"创业思维不只关乎创业者，还包含各种愿意支持及提供合作的利益相关者。非创业者也可以通过间接方式支持创业者创业。这表现了一个社会对创业的广泛包容。"[3] 区域创新创业生态系统的形成，不是由大学、企业以及其他相关机构的数量或规模决定，而是需要多方的共同治理，尤其是政府的元治理。与创新创业相关的诸要素在地理上的简单聚集并不能自然形成一个生态系统。

## 第三节 大学在创新创业生态系统中的地位

对于创新创业生态系统的建立，美国体制的优越性体现在"高度强调多样性与竞争性"[4]。美国之所以能够形成一种多样性和竞争性主导的创新

---

[1] 李锺文，等. 创新之源：硅谷的企业家精神与新技术革命 [M]. 陈禹，等，译. 北京：人民邮电出版社，2017：176.

[2] 李锺文，等. 创新之源：硅谷的企业家精神与新技术革命 [M]. 陈禹，等，译. 北京：人民邮电出版社，2017：6.

[3] 唐纳德·F.库拉特科. 创业学（第9版）[M]. 薛红志，李静，译. 北京：中国人民大学出版社，2017：16.

[4] 李锺文，等. 创新之源：硅谷的企业家精神与新技术革命 [M]. 陈禹，等，译. 北京：人民邮电出版社，2017：161.

创业生态系统，根源则在于其联邦的体制。基于联邦制的顶层设计，在美国没有处于中心地位的国立大学，公立大学由州政府负责，私立大学则依靠市场和自身力量。在资金市场、人才市场、学术市场上，公、私立大学都相互竞争。基于这种多样性与竞争性的体制优势，以硅谷为代表的创新创业生态系统使美国作为世界学术中心的同时，也引领全球的创新创业浪潮，"成为既是学术中心又是产业中心的集中地"[1]。与美国相比，其他国家的高等教育系统要么缺乏多样性，要么缺乏竞争性。在欧洲，大学以公立为主，私立大学几乎没有生存空间。欧洲的大学作为公共机构，强调公共性多于创新创业，强调公平性多于竞争性。在中国，虽然民办高校的数量近年来有了显著的增长，但在高水平的高等教育机构中，公立大学仍然占据绝对优势。此外，在高等教育重点建设政策的驱动下，中国高校间虽然竞争激烈，但资源配置仍行政化多于市场化；高校之间的竞争被行政权力所主导，竞争的标的物被政策的目标所锁定；大学在排行榜上的表现优于对经济社会发展的贡献；学者更热衷于论文发表而不是创新创业。

当前为了适应创新驱动发展的需要，各国纷纷改革本国的大学体制，以建立有效的创新创业生态系统。"然而它们所依靠的系统制度——金融、劳动力市场、大学-商业间的纽带和政府的政策——却不能很好地帮助完成这一目标。这些国家缺少有力的外部环境让拥有新技术或新应用方法的人们凝聚成团队或者企业、筹集风险资本并进入新市场。"[2] 究其根本，问题不在于一个国家是否重视创新创业而在于与创新创业相关的知识与什么样的结果相联系。我们时代在很多国家对于大学创新创业的重视已经不成问题，但如何使大学实现创新创业、发展何种范式的大学仍面临巨大争议。对于很多国家，尤其是发展中国家而言，大学仍处于从边缘迈向中心的艰难进程中。由于难以摆脱对既有范式的依赖，现有大学难以将高深知

---

[1] 李锺文，等. 创新之源：硅谷的企业家精神与新技术革命 [M]. 陈禹，等，译. 北京：人民邮电出版社，2017：206.
[2] 李锺文，等. 创新之源：硅谷的企业家精神与新技术革命 [M]. 陈禹，等，译. 北京：人民邮电出版社，2017：163.

识的生产、传播与应用和经济社会的转型发展相融合,难以满足创新创业实践和创新驱动发展的迫切需要。某种意义上,大学的发展仍然孤立于经济社会系统之外,而不是嵌入经济社会的可持续发展之中。在很多国家,大学虽然也生产、传播高科技的知识,并参与科学、技术与社会的创新,但难以发挥创新引擎和"知识中枢"[①]的作用。对于创新生态系统的构建而言,这些国家的大学充其量只是一个次要的促进者而非系统开发者。

就大学和经济社会发展的关系来看,不仅不同国家的大学在经济社会发展中的贡献不同,即使在一个国家内部,不同地区的大学对于经济社会发展的贡献也有巨大差异。在美国,斯坦福大学和麻省理工学院都是世界一流的研究型大学,都对所在区域的经济社会发展作出了卓越贡献。"斯坦福大学和麻省理工学院都鼓励以商业为导向的研究,并在战后都赢得了联邦科研合同,但是麻省理工学院的领导把精力集中于和政府机构建立联系,并从成熟的电子生产厂商那里取得财政支持。相反,斯坦福大学的领导者由于缺乏与政府的联系,或者说不容易接近华盛顿方面,便积极地推动新科技企业的形成,积极地与地方工业讨论合作。这一对比——麻省理工学院以政府和大型成熟公司为导向,斯坦福大学在小公司中推动合作关系——从根本上决定了这两个地区所形成的产业体系。"[②] 基于不同地区的文化和制度差异,同一国家的大学在处理与工业界的关系时也会存在显著差异。基于路径依赖的原理,一所大学如果与地方经济社会的发展相疏离,就会倾向于进一步疏离;一所大学越是深度介入地方经济社会发展,就越不得不更深地介入。"麻省理工学院和128公路地区之间的关系体现了新英格兰正式的、等级森严的社会关系模式。麻省理工学院没有注意到斯坦福大学在促进学校同当地科技企业关系上的成功。当斯坦福大学的荣誉学位计划(Honors Program)将高等学位授予越来越多的当地工程技术人

---

① 田华,王沛民. "知识中枢":大学创业转型的新功能——以美国佐治亚理工学院为例[J]. 高等工程教育研究,2009(1):24.
② 安纳利·萨克森宁. 地区优势:硅谷和128公路地区的文化与竞争[M]. 曹蓬,等,译. 上海:上海远东出版社,1999:12—13.

员时，麻省理工学院仍然拒绝改变它的住读传统。同样，1969年斯坦福大学成立了执照颁领处，鼓励在大学里开发出的科技商业化，而麻省理工学院直到80年代末才设立了这样的机构。"[①] 斯坦福大学的创新与创业精神成就了硅谷，同时硅谷的成功也给予了斯坦福大学巨大的支持，使斯坦福大学更具创新与创业精神。相比之下，冷战期间来自军方的大合同成就了麻省理工学院的尖端科研，从而也使麻省理工学院的高层领导者把更多的精力集中于和政府机构建立联系而不是致力于成为创新创业的引擎。

无论何时，一个组织的发展总是和它所处的环境密切相关。在不同地区或区域社会资本的密集程度不同，社会结构也有差异。相比区域差异的天然性、不可消除性，国别的差异有时反倒是次要的。无论在经济领域还是教育领域，一个国家内部的差异并不会比国与国之间的差异小。"这种区域性经济是简单的自由市场经济理论所无法解释的。"[②] 同样，如果我们忽视了区域社会结构和文化的差异，仅就高等教育自身的逻辑或规律来看，也无法解释不同地区大学创新创业水平的巨大差异。表面上，大学作为一类组织独立存在，大学的创新创业和周边其他组织和社会网络似乎没有多大的关系。但事实上，大学作为一个组织牢牢镶嵌于更大的组织与制度环境之中，特定区域"组织场"的存在是形塑大学创新创业的重要力量。通过组织间的持续交往，大学既会对该地区的其他组织施加影响，也会受到其他组织的影响。最终，由于组织交往模式和创新创业系统的差异，进而形成不同的制度与文化；基于不同的制度与文化，同样的组织却可能发挥完全不同的作用。

基于地区优势的差异，理解大学在创新创业生态系统中的地位特别需要"地理"的视角。所谓地理的视角，不只是指大学的区位优势与劣势，而是要充分考虑大学与地方的互动。在那些自然条件优越、经济发达的地

---

[①] 安纳利·萨克森宁. 地区优势：硅谷和128公路地区的文化与竞争［M］. 曹蓬，等，译. 上海：上海远东出版社，1999：73.

[②] 安纳利·萨克森宁. 地区优势：硅谷和128公路地区的文化与竞争［M］. 曹蓬，等，译. 上海：上海远东出版社，1999：49.

区，大学很容易汇聚人才、获得资源，成长的空间更大。而在那些自然条件相对恶劣、经济欠发达的地区，大学不但难以吸引人才，已有的人才还容易流失；受资源约束，在这些地区大学的成长空间相对较小。面对区位的优劣，政府和大学有两种不同的选择，一是将大学迁到自然条件优越、经济发达的地区办学或建立分校、校区，另一种是对自然条件相对恶劣、经济欠发达的地区实施政策倾斜，通过大力发展高等教育来弥补地理位置上的劣势，以平衡整个国家的经济社会发展。实践中单靠两种方法中的任何一种都不能保障整个高等教育系统的健康运行，要维持高等教育与区域经济社会发展间的平衡，需要因地制宜、因校制宜、因时制宜。"形成满足社会公众需求的教育'生态系统'，重要的是明确中央与地方的权责。实际上，教育本应当是地方政府的事权，而不完全是中央政府的事权，这也是世界大多数国家通行的做法。因为地方政府更了解本地区的社会需求，也最贴近区域的社会公众，而且，高等教育最直接的受益者也是区域性的，因此，地方政府对本地高等教育的发展更加关注，也更热心。"[1] 最终的目标就是通过采取正确的政策与决策让大学与区域经济社会发展的关系朝着更积极的方向发展。

对于政府而言，大学自身的发展不能成为发展大学的唯一目的，更不能是哪些区域有利于大学发展就在哪里办大学；相反，大学可以成为平衡经济社会发展、弥补区位劣势的一种手段或方法。在构建基于大学的创新创业生态系统的过程中，区域层次的政策比国家或部门层次的政策更加具有针对性。因此，"如果高等教育事权和责任不能下放地方政府，高等教育'生态系统'也就难以形成"[2]。实践证明，区域政策可以刺激和协调大学之间以及大学与企业之间的合作。"不要用自上而下的干预和官僚式的指导方式，政策措施应在当地利益集团交换信息、谈判或协作时主动出

---

[1] 林建华. 校长观点：大学的改革与未来 [M]. 上海：东方出版中心，2018：21.
[2] 林建华. 校长观点：大学的改革与未来 [M]. 上海：东方出版中心，2018：22.

台。"① 中央政府可以通过顶层设计和政策倾斜强化在艰苦地区办好大学的意志,地区决策者可以建立制度,通过大学汇聚人才,以促进当地经济社会发展的持续改进。"与传统的自上而下的干预或放任自流的方法不同,区域政策可以在当地组织和设计,以刺激和调整——不是直接管理——生活在区域经济中的许多公共机构和个人之间的各种联系。"② 虽然仅凭大学无法扭转其所在区域在区位上的劣势,但作为区域创新创业生态系统的主要利益相关方,大学的存在和持续发展至关重要。当创新创业植根于地区社会结构和制度时,大学间的竞争就可以把对本地的了解和在当地的关系融进大学的发展中。这样本土资源就成为创新创业的源泉,可以避免大学的同质化和知识生产的孤岛现象。

总之,对于大学在区域创新创业生态系统中的地位以及在区域经济社会发展中能够发挥的作用必须置于更广泛的区域结构中来考察。"尽管生产和市场日趋全球化,地区仍是提供竞争优势的重要来源。"③ 对于特定区域,大学能否在创新驱动发展的过程中起到"知识中枢"作用,除了主观上"愿不愿意"、客观上"有没有能力",更重要的还是取决于区域创新创业生态系统的支持。如果没有所在区域创新创业生态系统的支持,即便大学在主观上愿意创新创业,客观上也有能力创新创业,仍然不可能在实践中取得创新创业的成功,更不用说成为创新驱动发展的"引擎"。

---

① 安纳利·萨克森宁. 地区优势:硅谷和128公路地区的文化与竞争[M]. 曹蓬,等,译. 上海:上海远东出版社,1999:186.
② 安纳利·萨克森宁. 地区优势:硅谷和128公路地区的文化与竞争[M]. 曹蓬,等,译. 上海:上海远东出版社,1999:185.
③ 安纳利·萨克森宁. 地区优势:硅谷和128公路地区的文化与竞争[M]. 曹蓬,等,译. 上海:上海远东出版社,1999:181.

# 第十二章
# 为何及如何创建创新创业型大学

**本章要点**：创新创业型大学是基于经济社会发展的需要和大学发展范式的变革而人为塑造的，其形成需要内外部条件的支持。外部条件主要指社会的经济-技术范式，内部条件主要指大学的发展范式。创新创业型大学的创建和运行，外部条件起决定性作用，但这种决定性作用要基于相应的内部条件才能实现。在此过程中，利益相关方既要避免创新创业的官僚化和过度的功利主义，也要合理延伸大学的服务边界，更新大学的治理结构和组织文化。

大学是一个"人造物"。不同时代人们会根据经济社会发展的不同需求塑造不同范式的大学。我们时代是一个创新驱动发展的时代，也是一个创业革命的时代。为满足创新驱动发展和创业革命的需要，以研究为中心的大学发展范式需要向以创新创业为中心的大学发展范式转变。在工业社会中，基于研究型的范式，大学的中心工作是生产知识，偶尔涉及知识向实践应用的转化。然而，在后工业社会中，基于创新创业的需要，大学的中心工作将是在知识生产的基础上尽最大的可能促成"知识创造价值"。现代社会正处于从工业社会向后工业社会转型的过程中，大学从研究型向创新创业型的转变也已经开始。在此过程中，既需要充分发挥政府之于高等教育的领导力，也要避免创新创业的官僚化；既要密切大学与经济社会发展之间的关系，也要避免实践中过度的功利主义；既要合理延伸大学的服务边界，也要坚守大学之所以为大学的底线。归根结底，创新创业型大学的创建是一个从理念到制度，从治理结构到组织文化的系统工程。某种意义上，从研究型大学到创新创业型大学的转变，也就意味着以"继承和变革的平衡"为基础，实现大学的"系统更新"。

## 第一节 社会形态的变化

与农业社会和工业社会所信奉的劳动创造价值不同，后工业社会迎来了知识价值革命。与工业经济相比，基于知识的经济意味着知识创造价值。作为人类社会迄今为止最为成功的知识机构，大学对于以知识为轴心的后工业社会至关重要。如果说在农业社会里决定一个国家强弱的主要是土地和人口，在工业社会里主要是组织的效率和资源的丰富程度，那么在后工业社会里决定一个国家发达与否的最重要条件将是人力资本的储备或高等教育发展水平。在后工业社会里，一个国家高等教育改革的成败关乎国家的兴衰与安危。在全新的经济-技术范式下，"其他像自然资源和资金等投入，可以以全球通行价在国际市场中买到，但是劳动生产率的提高是很难通过这种方式一蹴而就的。良好的教育不仅能提高劳动力的效率，还能使人们更好地适应包括新技术的引进在内的各种变革，并赋予一些非凡的人才发明创造的能力"[①]。我们时代任何一个后发国家要实现持续繁荣都不可能再重复西方国家工业化的旧路，而必须在新的历史条件和经济社会情境中创造新的发展模式。就目前而言，这种新的发展模式就是以大学作为创新创业的引擎，以强大的高等教育作为强国的坚实基础，抓住信息技术革命的机遇，大力发展知识和创新经济。历史和实践证明，高等教育发展要走在技术的前头，而不是被技术反超。高等教育走在技术的前头，能够促进经济社会的健康发展；而一旦技术反超了高等教育，科技在促进经

---

[①] 克劳迪娅·戈尔丁，劳伦斯·凯兹. 教育和技术的竞赛[M]. 陈津竹，徐黎蕾，译. 北京：商务印书馆，2015：55.

济发展的同时会加剧社会的两极分化。[①] 需要警惕的是，今天大学发展范式的转型已经滞后于经济-技术范式的转型，高等教育的进步也滞后于信息技术革命的加速发展。[②] 在这种情况下，高等教育能否像理论预期的那样对于国家的强大和经济的繁荣起决定性作用充满不确定性。面对这种不确定性，哪个国家的高等教育成功地适应了知识社会中创新驱动发展和创业革命的需要，哪个国家就将成为新的世界高等教育中心。相反，哪个国家的高等教育如果放缓了或忽略了对于具有创新精神和创业能力人才的培养和供给，哪个国家就将成为知识和创新经济的失败者。

长期以来，受农业社会对于"增长"的偏好的约束，工业社会中"发展"经常被混同于"增长"，或直接将"增长"当作"发展"。这和工业经济偏向规模管理有关。在工业化大生产的时代，"大"往往就意味着"好"。但随着工业社会向后工业社会的转型，"创新"成为"发展"的核心要义，没有创新就谈不上发展。究其根本，基于知识的经济不再以规模取胜而强调创新驱动。没有创新作为坚实的基础，一个国家或地区的发展难以启动，即便启动了也是脆弱的，只能居于产业价值链的末端。那么如何实现创新创业呢？何种制度化手段才能确保可持续的创新创业呢？在现有制度框架下，没有任何一种专业机构可以单独实现创新创业的职能。要实现创新创业的可持续性需要以创新创业为目标，对现代社会中不同的组织制度进行整合，以有利于或有助于实现知识创造价值。创新创业的实现，尤其是创新驱动发展和创业革命是一项系统工程，涉及诸多社会组织和利益相关方，择其紧要包括政府、大学和企业界。大学作为"创新引擎"和"创业孵化器"，对于创新创业的启动至关重要；企业作为创新成果产业化的终端，对于创新创业成果的扩散至关重要；而政府作为"元治理者"，其政策直接决定了大学与企业是否愿意以创新创业为目标进行深

---

① 克劳迪娅·戈尔丁，劳伦斯·凯兹. 教育和技术的竞赛［M］. 陈津竹，徐黎蕾，译. 北京：商务印书馆，2015：9.
② 王建华. 大学落后于时代了吗？——技术的视角［J］. 南京师大学报（社会科学版），2019（5）：32—44.

度合作。三者相较，虽然部分的高科技企业和科研机构也有强大的研发能力，但大学仍然处于知识创新和创新创业的"轴心地位"。因此，我们时代许多国家和政府的首要任务就是使本国或本地区的大学处于智力和科学发展的前沿。[1]

在工业社会里，那些自然资源匮乏的国家或地区，通过贸易的方式可以获得丰富的资源，以促进经济-社会的快速发展。近代以来，西方世界的兴起证明，资源的匮乏并非制约工业化国家经济社会发展的关键因素，真正影响大国兴衰的是制度的优劣。与工业社会依赖资源驱动的经济-技术范式不同，后工业社会的经济社会发展主要依赖创新驱动。而创新的根本则在于原创性的知识而非自然资源或金融资本。虽然知识本身也可以像自然资源或金融资本一样在全球流动，但由于隐性知识的存在，没有哪个国家或地区仅靠输入显性知识就可以实现创新驱动发展战略。和工业经济相比，实现知识创造价值的条件更加复杂，对文化与政策环境的要求更高。没有追求卓越的组织文化和适当的激励机制，实践中很难产生原创性的科学发现，而如果没有原创性的科学发现，就不可能实现创新驱动发展。事实证明，那些自身知识基础设施薄弱的国家很难涌现出具有全球竞争力的高科技企业，也很难依靠跨国的人才引进或专利购买在本土实现创新驱动发展和创业革命。这也就是为什么近年来世界各主要经济体纷纷加大对高等教育投资，集中优势资源建设世界一流大学的原因所在。过去的重点大学建设，无论是否指向世界一流都仅仅是一个独立的大学项目，大学建设大多是文化建设的一部分，其目的是为了展示国家的软实力；而今天的世界一流大学建设已不只是独立的大学项目，而是成为了国家建设和经济社会发展战略的重要组成部分；一个国家世界一流大学的多少与排名的高低成为了"硬实力"的象征。今天世界各国建设世界一流大学，其"主要目标是在一个国家或地区的高等教育体系和国家经济中创建一个充

---

[1] 菲利普·G. 阿特巴赫，贾米尔·萨尔米. 世界一流大学：发展中国家和转型国家的大学案例研究[M]. 王庆辉，王琪，周小颖，译校. 上海：上海交通大学出版社，2011：2.

满活力且具有自我驱动力的知识型组织"①，而不仅是为了文化建设或满足本国公民接受高等教育的需求。

受经济至上主义的影响，当前社会各界对于创新驱动发展中"创新"的理解仍然偏重科技创新。以科技创新为基础，政府对于高等教育的重点建设也集中于研究型大学，强化理工类学科的建设。以研究型大学为基础建立世界一流大学，以理工类学科为主建设世界一流学科，被许多国家视为全球化时代经济政策的优先选择。但事实上，研究型大学虽然拥有丰富的创新资源和卓越的创新能力，却并非创新创业的最佳选择，更不是唯一选择。仅仅依赖工业社会中关于"创新"的认知，很难驱动后工业社会的创新经济。在基于知识和创新的后工业社会里，我们需要发挥"精神想象力"，对于"创新"的认知进行一次革新。② 在工业社会中，研究型大学作为一种理念，主要强调知识本身的价值，而非通过知识创造价值。在后工业社会中要实现创新创业的目标，需要以研究型大学为基础，创造出一种全新的大学理念和制度，即创新创业型大学。创新创业型大学作为一种新理念和新制度，对于创新的理解和认知更加丰富：创新不仅意味着科技创新，也包括社会创新，创业也不仅是企业创业或商业创业，也包括社会创业；同时，实现创新创业的途径也不只是科技成果的转化或高科技公司的孵化，还包括创新创业教育。"大学的必要反应部分体现在它们的研究计划上，但更重要的反应在教育本身。如果我们的学生要实现其奉献社会的全部潜能，充分享受创造和认识的美丽与冒险（这是同等重要的），我们必须教会他们如何创造知识。"③ 我们必须清醒地认识到，大学实现创新创业的根本路径仍然在于人才培养。只有培养出了适合创新创业型社会需要

---

① 菲利普·G.阿特巴赫，莉斯·瑞丝伯格，贾米尔·萨尔米，伊萨克·弗鲁明. 新兴研究型大学：理念与资源共筑学术卓越［M］. 张梦琪，王琪，译. 上海：上海交通大学出版社，2020：191.

② 威廉·德雷谢维奇. 优秀的绵羊［M］. 林杰，译. 北京：九州出版社，2016：82.

③ 查尔斯·维特斯. 麻省理工学院如何追求卓越［M］. 蓝劲松，主译. 北京：北京大学出版社，2013：76.

的人，大学才能从根本上确立其作为后工业社会轴心机构的地位。

总之，当前经济社会发展对于知识和创新的需求给高等教育发展提供了前所未有的机遇，但同时也加剧了高等教育的合法性危机。高等教育本身并非造成这种现象的主要原因，问题的根本在于，高等教育生存和发展的外部环境发生了根本性变化。作为遗传与环境的产物，高等教育机构如果能抓住机遇、成功应对创新创业的挑战，将成为后工业社会的轴心机构；如果不能满足经济社会发展对于知识与创新的需求，那么以大学为代表的高等教育机构有被其他知识组织取代的风险。我们时代经济-技术范式的变化对于高等教育的转型发展提出了现实需要，然而，经济社会发展范式转型对知识创造价值的需求不仅会反映在高等教育领域，也会诱发社会其他领域的知识机构或高科技公司通过在线教育、在职培训或其他途径做出供给反应。换言之，仅仅因为后工业社会对于知识和创新的需求的增强，并不能确保以大学为代表的高等教育机构的轴心地位。在社会持续变革的今天，即便因为组织惯性和路径依赖，大学相比其他知识机构拥有一定的优势，这种优势也只能是暂时的。大学要确保其在后工业社会中的轴心地位，需要转变发展范式以成为变革的引领者。

## 第二节 大学自身的变革

作为学术组织，大学经历了不同的时代，但不同的时代需要不同的大学发展范式。有些时代，大学关乎信仰，有些时代，大学捍卫理性；有些时代，大学推进科学革命，有些时代，大学助力经济发展。历史和实践经验表明，大学是一个相对保守的组织，没有政府的干预，很少也很难实现自下而上的组织变革。"在大多数情况下，他们会抑制或者非常不情愿，认为在熟悉的环境中有很大的安慰和更大的安全感。因此，他们容易抑制用新思路和新方式去代替旧观念，他们会由于僵化而失去许多良好的发展机会。"① 政府能够影响大学变革的政策工具或手段很多，最常用也最有效的就是资金。大学属于非自足型组织，且越好的大学对于资金的需求越大。除了激励现有院校通过内部变革实现转型发展之外，凭借巨额资金投入，政府还可以尝试建立新范式的大学作为变革的"催化剂"，以促使已有的大学系统发生变革。当然，无论对老大学的重点建设还是新建大学，外部政策和资金本身都不足以改变大学。真正改变大学的只能是大学自己。大学为了在对外部资金的竞争中拥有比较优势，通常会主动或被动变革自身的制度安排和价值偏好。最终，即便是政府不再提供额外的资金激励，变革后的大学的制度安排和价值偏好也会难以更改。在冷战期间美国的许多私立大学为了竞争国防合同，对于大学组织进行了重新定位，传统的院系自治和学科平衡战略被废弃，在学术资本主义政策激励下，学术企业家阶层兴起，一种适合企业界和联邦政府需要的新型的大学制度被建构。"如果说二战前的大学是学者和科学家的共同体，那么战后的大学就是松散的学术企业家（Entrepreneurs）的集合体。"② 如今冷战早已结束，但作为"松散的学术企业家的集合体"的冷战大学的制度安排依然存在，并影响深远。"虽然学术企业家在很大程度上是冷战大学的产物，但这一创造物即使在冷战结束后也不大可能消失。由于大学继续依靠外部资助，并用诸如发表的研究成果数量和博士生培养数量等数据作为学术声誉的指标，学术企业家将继续存在，就像对其他行为的惩罚也将继续存在一样。"③ 20 世纪 80 年代以来，随着学术资本主义的盛行以及学术创业的风起云涌，冷战大学的制度安排显示了巨大的优越性。冷战期间，特曼关于政府、企业与大学"三赢"的制度设计为后来斯坦福大学从研究型大学向创业型大学的转型奠定了制度根基。硅谷奇迹的诞生以及斯坦福大学在创

---

① 菲利普·G. 阿特巴赫. 世界级大学领导力 [M]. 姜有国，译. 北京：中国人民大学出版社，2014：6.
② 丽贝卡·S. 洛温. 创建冷战大学：斯坦福大学的转型 [M]. 叶赋桂，罗燕，译. 北京：清华大学出版社，2007：3.
③ 丽贝卡·S. 洛温. 创建冷战大学：斯坦福大学的转型 [M]. 叶赋桂，罗燕，译. 北京：清华大学出版社，2007：296.

新创业领域的卓越表现都和特曼对于斯坦福大学的改造密不可分。特曼对于斯坦福大学的改造"是更大的经济和社会观的一部分,这个观点就是由专家指导和塑造经济和社会,在大学中工作的科学和工程专家是企业成长繁荣的关键,它与 21 世纪初期一些进步主义者的观点类似"①。冷战期间斯坦福大学的制度转型也可以视为今日创新创业型大学的先驱。所不同的是,在冷战期间斯坦福大学的学术企业家们所要"服务"的客户主要是联邦政府和军工企业,后来的创业型大学则面向更加广阔的经济战场,而今天的创新创业型大学则力图在人类经济社会发展的所有领域贡献"创新的力量",并推动"创业革命"。

今天伴随着从工业经济(社会)向知识经济(社会)的转型,大学作为"创新的引擎"和"创业的孵化器",在经济社会发展中的价值愈益凸显。"知识经济对高端人才和技术引领的创新的需求已经使作为先进教育与研究中心的大学走向了一个新的时代。今天的大学已经不再处于发展和进步的边缘,它们发现了属于自己的中心舞台,并因其功效而获得关注。"② 面对广泛而深刻的社会变革,大学不是不需要再维系信仰,也不是不需要再捍卫理性、推进科学,而是需要在做好这些工作的同时,将创新创业置于大学工作的优先位置或中心位置。当然,仅仅从议事程序上或在宣传口号上将创新创业摆在优先位置是不够的,大学的管理者需要思考在一个新型的以创新创业为主导的社会里,大学应该以何种范式发展才能适应经济社会发展的变化,并以"创新引擎"和"创业孵化器"的身份,引领这个新型的社会可持续发展。在这方面,新加坡国立大学是一个很好的案例。在过去的几十年,伴随新加坡的经济规模从第三世界成功转型到第一世界,新加坡国立大学也成功转型,加入到全球卓越大学的行列。但如果新加坡要通过竞争跻身于 21 世纪的知识型经济大国,新加坡国立大学就

---

① 丽贝卡·S. 洛温. 创建冷战大学:斯坦福大学的转型 [M]. 叶赋桂,罗燕,译. 北京:清华大学出版社,2007:167.
② 菲利普·G. 阿特巴赫. 世界级大学领导力 [M]. 姜有国,译. 北京:中国人民大学出版社,2014:25.

不仅需要在研究和教学的传统任务中领先全球,而且需要成功创造高科技产品,并通过知识转化带来经济效益。基于此,21 世纪初新加坡国立大学确立了"成为全球知识型企业"的目标,把建设"创业型大学"作为自己的第三使命。为实现这一目标,新加坡国立大学建立了新的组织(NUS 公司),进一步加强了学校在支持技术商业化中的作用,以促进技术商业化和创业精神的整体推进。NUS 公司不仅承担了把技术许可和行业联办扩大到产业联络处的职能,而且也开设了一个大学层面的创新中心,这个中心融合了创业教育、创业促进和推广,为独立于新加坡国立大学的公司提供支持等功能。[①] 20 世纪 80 年代以来在创建创新创业型大学的浪潮中,新加坡国立大学并非个案,新加坡国立大学的成功也不是偶然的。其他国家或地区类似的案例还有很多。[②] 某种意义上,它反映了我们时代大学转型发展的趋势。

不过,趋势是一回事,现实又是一回事。一所大学最终是否选择向创新创业型大学转变,并非完全由大学自身决定,而是受高等教育生态系统的影响。"大学运作的条件(生态环境)是其追求卓越能否取得成功的关键因素,国家的环境条件在大学的发展中起主导作用。"[③] 只有政府高度重视经济社会发展范式转换,大力推进创新驱动发展和创业革命,而且经济社会发展从创新创业中获得了切实的收益,创新创业型大学才容易取得成功。这也就意味着大学之于创新驱动发展和创业革命的重要性必须被中央或地方政府的最高领导层所理解和重视,并将推动大学朝向创新创业范式转型发展作为高等教育改革和发展的优先事项。"最有效的高等教育领导

---

[①] 菲利普·G. 阿特巴赫,贾米尔·萨尔米. 世界一流大学:发展中国家和转型国家的大学案例研究 [M]. 王庆辉,王琪,周小颖,译校. 上海:上海交通大学出版社,2011:118—125.

[②] 参见:伯顿·克拉克. 建立创业型大学:组织上转型的途径 [M]. 王承绪,译. 北京:人民教育出版社,2003;伯顿·克拉克. 大学的持续变革——创业型大学新案例和新概念 [M]. 王承绪,译. 北京:人民教育出版社,2008.

[③] 菲利普·G. 阿特巴赫,贾米尔·萨尔米. 世界一流大学:发展中国家和转型国家的大学案例研究 [M]. 王庆辉,王琪,周小颖,译校. 上海:上海交通大学出版社,2011:174.

力既要有能力去影响教师又要能影响重要的政治家,并使用这种混合的能力去实现期望中的改变。"① 在最新一轮的高等教育竞争和世界一流大学建设运动中,政府的作用,尤其是政治家的高等教育领导力的重要性被凸显。那些理解并重视高等教育之于经济社会发展重要性的国家,在高等教育强国建设中取得了显著进展;而那些对经济社会发展趋势以及高等教育之于经济发展的重要性缺乏了解的国家,其高等教育的竞争力则被进一步削弱。当然,政府强有力的干预或政治家的积极介入对于一个国家的高等教育发展或世界一流大学建设并非总是积极的和有效的,内在的冲突和矛盾也会有很多。"政治家们预计收获成功的时间点与创立和建设一所全新大学的现实背道而驰。在政治领域,六个月的时间已然十分漫长,而对于一所大学来说六个月则是转瞬即逝。一所高质量大学的发展必须要放在几十年的区间内进行衡量,然而政府作为赞助人的期望通常是放在几个月或几年的区间内来衡量的。"② 高等教育的发展以及世界一流大学的成长有其自身的规律,政府的政策驱动以及巨额资金投入只有顺应或符合高等教育发展的规律才有可能产生积极的结果,否则不但难以成就世界一流大学,还会损害高等教育发展的自主性。

## 第三节 大学"创新创业"的"注意事项"

在加速发展时代,为了追求卓越并实现卓越,无论是新建的大学还是老大学,都必须基于创业精神,成为创业型组织。我们时代创业不再是企业的"专利",每一个社会组织都需要"创新"和"创业"。只有勇于创新创业才能对组织面临的机会和威胁做出创造性的应对。与企业相比,大学的创新创业有所不同。那些致力于创新创业的大学可理解为大学对于创新

---

① 菲利普·G. 阿特巴赫. 世界级大学领导力 [M]. 姜有国,译. 北京:中国人民大学出版社,2014:174.
② 菲利普·G. 阿特巴赫,莉斯·瑞丝伯格,贾米尔·萨尔米,伊萨克·弗鲁明. 新兴研究型大学:理念与资源共筑学术卓越 [M]. 张梦琪,王琪,译. 上海:上海交通大学出版社,2020:144.

创业型社会的"适应"（adapt），而非对于企业创业经验的"采纳"（adopt）。① 面对模糊的、充满不确定性的未来，大学需要的是强大的"适应力"而不是不断复制企业的管理方式和技术。"最成功的大学是那些对新的环境适应最好的大学。"② 为实现从研究型大学向创新创业型大学的转变，大学的领导者和管理者需要通过战略规划以达成对当前形势的共同理解，确认我们对需要改变的事情是否有一个共识。如果没有，我们通过什么来达成所需要的共识？哪些是院校的主要价值？它们是否与我们的既定使命一致？我们是否有必需的人力和资源来达到我们的目标？我们是否有能力实施变革？如果没有，我们该如何来培养这种能力？我们应该设置什么样的机制来监测执行情况并调整以应对不可预见的挑战？我们怎样才能将过程制度化？③ 以此为基础，大学的领导者和管理者需要探索在不同背景下实现创新创业的最好的组织方式，需要去发现什么是创新创业的最优途径以及如何实现创新治理和创业治理。在实现创新创业并朝向创新创业型大学转变的过程中，以下事项需要特别注意。

首先，避免创新创业的官僚化。为实现创新创业的目标，在强化国家对高等教育的宏观规划，并打造大学强有力的管理核心的同时，要避免创新创业精神的官僚化，避免学术自治和学术自由受到行政权力的过度侵蚀。"学术自由既不是保证出类拔萃的充分条件，也不是必要条件。但是学术自由和出类拔萃之间的联系，作为一个经验到观察到的事实，仍然是十分牢固的。"④ 近年来，那些新兴的研究型大学之所以能在极短时间内迅速崛起，很大程度上得益于它们"享有与国家管理机构之间的特权关系，

---

① 查尔斯·维特斯. 麻省理工学院如何追求卓越 [M]. 蓝劲松, 主译. 北京: 北京大学出版社, 2013: 44.
② 迈克尔·夏托克. 成功大学的管理之道 [M]. 范怡红, 主译. 北京: 北京大学出版社, 2006: 32.
③ 菲利普·G. 阿特巴赫. 世界级大学领导力 [M]. 姜有国, 译. 北京: 中国人民大学出版社, 2014: 3.
④ 菲利普·G. 阿特巴赫. 世界级大学领导力 [M]. 姜有国, 译. 北京: 中国人民大学出版社, 2014: 70.

相比其他大多数大学，它们能够更加自主灵活地动作"[1]。不过，需要警惕的是，国家的积极介入和额外投入在促进高等教育发展的同时，其所带来的问责机制也会削弱大学的创业精神。如果大学只是为了完成政策目标或希望得到国家奖励而开展创新和创业规划，那么创业行为本身将面临官僚化的风险。[2] 在政府主导和政策驱动框架下，由于大学的创新创业是被计划、被控制的，而不是自主的，最终创新创业活动将成为大学的一个标签或口号，无法真正促进创新驱动发展和创业革命，也就无法实现大学自身向创新创业范式的转变。

为避免创新创业的官僚化，走出政策驱动的误区，大学需要更新对于创新创业的理解，调整办学定位，"积极寻求创造性的方式来促进研究初级阶段的不断增值，同时为学术创业者提供更多的机会"[3]，但绝不因对外部资助的追逐而放弃对于学术卓越的追求。对于创新创业型大学而言，不能只是政府和社会要求其进行创新创业，而应是基于经济社会发展以及自身发展的需要积极投身创新创业。创新创业的过程既改变经济社会发展，也改变大学自身。比如，新加坡科技设计大学就立足于为新加坡打造一种独一无二的文化，一种不同于靠规章制度驱动的环境，这是一种由机遇、创业精神和自主性主导的环境。[4] 再比如，俄罗斯的斯科尔科沃科学技术学院，其行动的核心就是强调创新和创业精神，从而使得年轻一代的创新

---

[1] 菲利普·G. 阿特巴赫, 莉斯·瑞丝伯格, 贾米尔·萨尔米, 伊萨克·弗鲁明. 新兴研究型大学：理念与资源共筑学术卓越 [M]. 张梦琪, 王琪, 译. 上海：上海交通大学出版社, 2020: 9.

[2] 迈克尔·夏托克. 成功大学的管理之道 [M]. 范怡红, 主译. 北京：北京大学出版社, 2006: 165.

[3] 菲利普·G. 阿特巴赫, 莉斯·瑞丝伯格, 贾米尔·萨尔米, 伊萨克·弗鲁明. 新兴研究型大学：理念与资源共筑学术卓越 [M]. 张梦琪, 王琪, 译. 上海：上海交通大学出版社, 2020: 68.

[4] 菲利普·G. 阿特巴赫, 莉斯·瑞丝伯格, 贾米尔·萨尔米, 伊萨克·弗鲁明. 新兴研究型大学：理念与资源共筑学术卓越 [M]. 张梦琪, 王琪, 译. 上海：上海交通大学出版社, 2020: 134.

者以及各式转型理念顺利走向市场。① 又比如，2006 年慕尼黑工业大学以德国大学卓越计划为契机，凭借"慕尼黑工业大学·创业型大学"的未来理念成为首批入选德国精英大学的三所大学之一。在 2012 年的第二阶段评选中，慕尼黑工业大学再次凭借"创业型大学"的未来构想，续享精英大学的殊荣。② 2019 年慕尼黑工业大学再次入选德国"精英大学"名单。

  其次，警惕功利主义的陷阱。近年来，高等教育愈来愈强调为经济社会发展服务。为满足创新驱动发展和创业革命的需要，创新创业型大学以知识创造价值为使命，直接与经济发展"挂钩"。这很容易诱发或触发高等教育中功利主义的陷阱。因此，对于高等教育为经济社会发展服务以及创新创业型大学致力于创新驱动发展和创业革命需要客观看待和科学理解。"研究型大学对国家创新体系最重要的独一无二的贡献最终在于教育，它使人们理解新兴科技并获得明智地应用科技的创造力、思维方式和技能。"③ 高等教育可以为经济社会发展作出巨大贡献，这是高等教育的本质属性决定的，绝不能为了使高等教育为经济社会发展作出更大的贡献而违背高等教育发展的规律。否则会适得其反。同样，创新创业型大学符合创新驱动发展和创业革命的需要，也是以大学的质的规定性为前提的，是大学制度转型的自然结果。"大学创收不应该被看成是降低大学质量、违背大学个性、损害大学名誉的活动，而应该把它视为有益于大学教学和研究的核心事务。换言之，大学不应仅仅为金钱而创收，创收是因为学术上要取得更大成果需要经济支持。特别是学术共同体更需要通过创收过程来增

---

① 菲利普·G. 阿特巴赫，莉斯·瑞丝伯格，贾米尔·萨尔米，伊萨克·弗鲁明. 新兴研究型大学：理念与资源共筑学术卓越［M］. 张梦琪，王琪，译. 上海：上海交通大学出版社，2020：141.
② 冯倬林，刘念才. 世界一流大学评价与建设［M］. 上海：上海交通大学出版社，2019：46.
③ 查尔斯·维特斯. 麻省理工学院如何追求卓越［M］. 蓝劲松，主译. 北京：北京大学出版社，2013：125.

强学术价值,而非恭敬地为学校的非学术部门效劳。"① 和研究型大学的精英主义一样,创新创业型大学也是追求卓越的大学,绝不是基于功利主义和庸俗实用主义哲学的企业化大学或商业化大学。本质上,外部资源的增加并不必然导致学术的卓越,相反,只有学术的卓越才能持续吸引外部资源的投入。如麻省理工学院前校长维特斯所言:"我们必须避免看待问题时遇到的功利主义陷阱。显然我们为国家作出了巨大贡献,这必将继续成为 MIT 使命的主要组成部分。但我们不要过分强调这些贡献,并以之作为大学吸引投资的理由。一旦我们这样做,那就有可能不经意间危及我们的传统——智力卓越、创新、诚实、开放、服务世界、渊博的学术和独立评价。我们对社会进步和福利作出的贡献最终取决于我们是否富于想象、明智而勇敢地驾驭自身进程的能力。"② 无论何时也无论如何,教学和科研都是大学之所以为大学的根基,教学、科研的卓越也是创新创业型大学实现创新驱动发展以及促进创业革命的组织基础。一所追求卓越的大学,首先必须是一所教学和科研卓越的大学。没有教学和科研的卓越,就不可能有卓越的创新创业型大学。大学需要或必须为创新创业作出贡献,但这绝不意味着可以忽视人才培养和基础研究的重要性。"有足够的证据表明,大学核心工作的成功扩展了其社会作用——主要的科技园,重要的工业合作伙伴,对当地和国家经济生活的影响,等等,都有可能发生在学术排名靠前的院校而不是学术排名靠后的院校。"③ 对于创新创业型大学的创建,教育、科研和创新创业并非矛盾的存在而是相互支撑的关系。教育、科研不能有违创新创业的方向,创新创业也不能损害教育、科研的质量。教学型大学、研究型大学向创新创业型大学转型,需要改变的主要是大学的办学理念、制度安排、治理结构和组织文化,而不是大学的核心业务。

---

① 迈克尔·夏托克. 成功大学的管理之道 [M]. 范怡红,主译. 北京:北京大学出版社,2006:63.
② 查尔斯·维特斯. 麻省理工学院如何追求卓越 [M]. 蓝劲松,主译. 北京:北京大学出版社,2013:13.
③ 迈克尔·夏托克. 成功大学的管理之道 [M]. 范怡红,主译. 北京:北京大学出版社,2006:4—5.

再次，合理延伸服务的边界。与传统的为社会服务职能相比，创新创业涉及的范围更加广泛。长期以来，社会服务的范围通常局限于大学实体所在区域；而在信息技术革命背景下，大学的创新创业需要嵌入全球经济和产业系统中。不过，由于文化传统、意识形态以及政治体制的约束，在相当长的时期内，大学仍然是国家的和地方的大学。因此，虽然信息技术可以压缩空间的距离，使原本受物理空间阻隔的教学、科研和创新创业活动可以不受组织实体限制，但地理位置对于大学的约束很难完全超越。至少在当下，大学作为一种理念和制度嵌镶于实在的社会网络，而不可能完全"寄身"于虚拟的网络空间。因此，基于实在的社会网络的不可超越性以及虚拟网络的无所不在，任何一所大学都既是地区的大学、国家的大学，也是全球性的大学。一方面由于知识本身的世界性或超国家性，与工业经济相比，基于知识的经济也更趋向于全球化。以知识经济和知识社会为制度基础的创新创业型大学，在定位上更需要全球化视野。"知识和受过创造教育及技能训练的能对知识进行创造性运用的人才是未来的重要资源。是知识而非自然资源或地理位置将决定国家和社会的繁荣昌盛。知识分布在整个组织和社会当中；我们必须学会共同而有效地使用知识。"[①] 我们时代任何一个地区或国家的大学都难以独立存在，而必须嵌入全球价值链和产业链，相互竞争、相互依存。但另一方面在可以预见的未来，在民族国家的框架下，受文化传统、意识形态和政治体制的制约，知识经济和知识社会也只能趋于全球化而无法达致实质上的全球化。因此，创新创业型大学仍将既是全球性大学也是地区的大学、国家的大学。不过，随着经济全球化的不断深入以及知识社会的正式来临，创新创业型大学作为地区大学和国家大学与过去教学型大学、研究型大学作为地区大学和国家大学将会有根本的不同。在工业社会中，大学所在的地区和国家是大学提供社会服务的"目的地"（毕业生主要在本地就业），而在基于知识经济的后工业社会中，大学所在的地区和国家则是大学实现知识创造价值的"出发

---

[①] 查尔斯·维特斯. 麻省理工学院如何追求卓越 [M]. 蓝劲松，主译. 北京：北京大学出版社，2013：78.

地"（大学孵化的创新创业组织一开始主要分布在本地）。

最后，实现大学的"系统更新"。对于大学的转型发展，人才、制度安排与核心价值观是三个最为核心的要素。表面上看，成就一所卓越大学的第一要素是人才，但实质上，同样的人才在不同的大学所能发挥的作用差异极大。那些创新创业型大学之所以能够实现创新创业就在于人才、制度安排与核心价值观能够相互协调、相互促进。一所大学不能只是依靠高薪或其他物质刺激来吸引外来人才，而必须增强制度与价值观方面的先进性和竞争力。在实现创新创业的道路上，大学仅仅依靠"挖人"或大规模的人才引进所能起到的作用是有限的，也是不可持续的。作为一所新兴的创新创业型大学，洛桑联邦理工学院之所以能够在短时间内实现追求卓越的办学目标，就在于其通过"系统更新"形成了一种创业和创新文化。为实现创新创业的目标，洛桑联邦理工学院任命了分管创新和技术转让的副校长，创建了专门的赠款计划"创新捐赠"，为洛桑联邦理工学院的内部创业者量身定制提供支持，协助知识产权管理，增加中小企业的准入，要求所有课程中涵盖技术管理，建立技术转让办公室，创建了一个创新园区。[①]

当前，在驱动大学转型发展的过程中，很多大学的领导者将注意力投向从外部获得更多的物质资源和学术精英，而忽略了大学自身组织、制度、治理结构和文化的变革。事实上，如果忽略了大学组织、制度、治理结构与文化的变革，如果无法形成创业文化并建立以创新治理和创业治理为中心的治理体系，大学将难以在创新创业使命上取得成功，更不要说实现学术卓越与经济卓越的平衡。与传统的研究型大学高度重视学术精英的汇聚，并热衷精英治理不同，那些富有创业精神的大学校长和专业的富有远见的学术管理人员才是成功创建创新创业型大学的关键。换言之，创新创业型大学的成功更加需要富有进取精神的学术企业家，而不只是杰出的

---

[①] 菲利普·G. 阿特巴赫，莉斯·瑞丝伯格，贾米尔·萨尔米，伊萨克·弗鲁明. 新兴研究型大学：理念与资源共筑学术卓越 [M]. 张梦琪，王琪，译. 上海：上海交通大学出版社，2020：31.

科学家。对于朝向创新创业范式转型的大学而言，无论物质资源还是人才的投入都很重要，但这些投入本身并不能保证大学的卓越及其在创新创业方面的成功。相反，如果过度重视或强调外部的资源投入和评估指标，而没有从根本上改进大学内部的制度安排和治理机制，没有更新大学的组织文化和价值观，这就像是"要通过检查球场和球鞋的质量以及教练的资格证书来向观众确保一场足球比赛的质量"[①] 一样，最终会"南辕北辙"。

总之，创新创业型大学的创建是一项系统工程。创新创业的实现需要注意高等教育生态系统与创新创业生态系统的"可兼容性"，需要内外部条件的相互匹配。某种意义上，创建创新创业型大学也就意味着以"继承和变革的平衡"为基础，对于大学旧有的理念、制度、治理结构与文化的系统更新或再造。

---

① 菲利普·G. 阿特巴赫. 世界级大学领导力 [M]. 姜有国，译. 北京：中国人民大学出版社，2014：119.

# 主要参考文献

1. 库恩. 科学革命的结构[M]. 李宝恒，等，译. 上海：上海科学技术出版社，1980.
2. 阿什比. 科技发达时代的大学教育[M]. 滕大春，滕大生，译. 北京：人民教育出版社，1983.
3. 恩格斯. 自然辩证法[M]. 于光远，等，译编. 北京：人民出版社，1984.
4. 周蕴石. 筑波大学[M]. 长沙：湖南教育出版社，1986.
5. 约翰·齐曼. 元科学导论[M]. 刘珺珺，张平，孟建伟，译. 长沙：湖南人民出版社，1988.
6. 丹尼尔·贝尔. 资本主义文化矛盾[M]. 赵一凡，等，译. 北京：生活·读书·新知三联书店，1992.
7. 联合国教科文组织国际教育发展委员会. 学会生存——教育世界的今天和明天[M]. 华东师大比较教育研究所，译. 北京：教育科学出版社，1997.
8. 马克斯·韦伯. 学术与政治[M]. 冯克利，译. 北京：生活·读书·新知三联书店，1998.
9. 亨利·埃兹科维茨，劳埃特·雷德斯多夫. 大学与全球知识经济[C]. 夏道源，等，译. 南昌：江西教育出版社，1999.
10. 堺屋太一. 知识价值革命[M]. 金泰相，译. 沈阳：沈阳出版社，1999.

11. 安纳利·萨克森宁. 地区优势：硅谷和128公路地区的文化与竞争［M］. 曹蓬，等，译. 上海：上海远东出版社，1999.

12. 许美德. 中国大学1895－1995：一个文化冲突的世纪［M］. 许洁英，译. 北京：教育科学出版社，1999.

13. 阿玛尔·毕海德，等. 创业精神［M］. 北京新华信商业风险管理有限责任公司，译校. 北京：中国人民大学出版社，2000.

14. 让·波德里亚. 消费社会［M］. 刘成富，等，译. 南京：南京大学出版社，2001.

15. 特里萨·M. 阿马布勒，等. 突破惯性思维［M］. 李维安，等，译. 北京：中国人民大学出版社，2001.

16. 约翰·布鲁贝克. 高等教育哲学［M］. 王承绪，等，译. 杭州：浙江教育出版社，2002.

17. 约翰·齐曼. 真科学：它是什么，它指什么［M］. 曾国屏，等，译. 上海：上海科技教育出版社，2002.

18. 张景安，亨利·罗文，等. 创业精神与创新集群——硅谷的启示［M］. 上海：复旦大学出版社，2002.

19. 彼得·F. 德鲁克. 创新与创业精神［M］. 张炜，译. 上海：上海人民出版社，2002.

20. 陈文申. 公共组织的人事决策——转型期中国大学人事改革的政策选择［M］. 郑州：河南人民出版社，2002.

21. 筑波大学教育学研究会. 现代教育学基础（中文修订版）［M］. 钟启泉，译. 上海：上海教育出版社，2003.

22. 伯顿·克拉克. 建立创业型大学：组织上转型的途径［M］. 王承绪，译. 北京：人民教育出版社，2003.

23. 汪丁丁. 知识印象［M］. 北京：中信出版社，2003.

24. 彼得·德鲁克. 社会的管理［M］. 徐大建，译. 上海：上海财经大学出版社，2003.

25. 乌尔里希·贝克. 风险社会［M］. 何博闻，译. 南京：译林出版社，2004.

26. 默顿. 科学社会学（上册）［M］. 鲁旭东，林聚任，译. 北京：商务印书馆，2004.

27. 汤尧，成群豪. 高等教育经营［M］. 台北：高等教育文化事业有限公司，2004.

28. 陈荣平. 管理大师中的大师——彼得·德鲁克［M］. 保定：河北大学出版社，2005.

29. 亨利·埃茨科威兹. 三螺旋：大学·产业·政府三元一体的创新战略［M］. 周春彦，译. 北京：东方出版社，2005.

30. 汤姆·奈特，特雷弗·豪斯. 知识管理——有效实施的蓝图［M］. 蔺雷，李素真，译. 北京：清华大学出版社，2005.

31. 乔治·凯勒. 大学战略与规划：美国高等教育管理革命［M］. 别敦荣，译. 青岛：中国海洋大学出版社，2005.

32. 矢野真和. 高等教育的经济分析与政策［M］. 张晓鹏，等，译. 北京：北京大学出版社，2006.

33. 弗雷德里克·E. 博德斯顿. 管理今日大学：为了活力、变革与卓越之战略［M］. 王春春，赵炬明，译. 桂林：广西师范大学出版社，2006.

34. 丹尼尔·若雷，赫伯特·谢尔曼. 从战略到变革：高校战略规划实施［M］. 周艳，赵炬明，译. 桂林：广西师范大学出版社，2006.

35. 曼纽尔·卡斯特. 网络社会的崛起［M］. 夏铸九，王志弘，等，译. 北京：社会科学文献出版社，2006.

36. 戴维·奥斯本，特德·盖布勒. 改革政府：企业家精神如何改革着公共部门［M］. 周敦仁，等，译. 上海：上海译文出版社，2006.

37. 菲利普·G. 阿特巴赫. 变革中的学术职业：比较的视角［M］. 别敦荣，主译. 青岛：中国海洋大学出版社，2006.

38. 帕克·罗斯曼. 未来高等教育：终生学习与虚拟空间［M］. 范怡红，主译. 青岛：中国海洋大学出版社，2006.

39. 刘念才，Jan Sadlak. 世界一流大学：特征·排名·建设［M］. 上海：上海交通大学出版社，2007.

40. 迈克尔·夏托克. 成功大学的管理之道［M］. 范怡红，主译. 北京：北京大学出版社，2006.

41. 亨利·埃兹科维茨. 麻省理工学院与创业科学的兴起［M］. 王孙禺，袁本涛，等，译. 北京：清华大学出版社，2007.

42. 弗兰克·罗德斯. 创造未来：美国大学的作用［M］. 王晓阳，蓝劲松，等，译. 北京：清华大学出版社，2007.

43. 丽贝卡·S. 洛温. 创建冷战大学：斯坦福大学的转型［M］. 叶赋桂，罗燕，译. 北京：清华大学出版社，2007.

44. 西蒙·马金森. 教育市场论［M］. 金楠，等，译. 杭州：浙江大学出版社，2008.

45. 罗杰·金，等. 全球化时代的大学［M］. 赵卫平，主译. 杭州：浙江大学出版社，2008.

46. 托马斯·弗里德曼. 世界是平的：21世纪简史［M］. 何帆，等，译. 长沙：湖南科学技术出版社，2008.

47. 克拉克·克尔. 大学之用［M］. 高铦，等，译. 北京：北京大学出版社，2008.

48. 比尔·雷丁斯. 废墟中的大学［M］. 郭军，等，译. 北京：北京大学出版社，2008.

49. 菲利普·G. 阿特巴赫，乔治·巴兰. 世界一流大学：亚洲和拉美国家的实践［M］. 吴燕，宋吉缙，等，译校. 上海：上海交通大学出版社，2008.

50. 伯顿·克拉克. 大学的持续变革——创业型大学新案例和新概念［M］. 王承绪，译. 北京：人民教育出版社，2008.

51. 刘念才，程莹，Jan Sadlak. 大学排名：国际化与多元化［M］. 上海：上海交通大学出版社，2009.

52. 刘念才，Jan Sadlak. 世界一流大学：战略·创新·改革［M］.

上海：上海交通大学出版社，2009.

53. 汪丁丁. 串接的叙事：自由 秩序 知识 [M]. 北京：生活·读书·新知三联书店，2009.

54. 彼得·F. 德鲁克. 后资本主义社会 [M]. 傅振焜，译. 北京：东方出版社，2009.

55. 乔治·M. 马斯登. 美国大学之魂 [M]. 徐弢，等，译. 北京：北京大学出版社，2009.

56. 杰勒德·德兰迪. 知识社会中的大学 [M]. 黄建如，译. 北京：北京大学出版社，2010.

57. 威廉·鲍莫尔. 企业家精神 [M]. 孙智君，等，译. 武汉：武汉大学出版社，2010.

58. 古德哈特. 古德哈特货币经济学文集（上卷）[M]. 康以同，等，译. 北京：中国金融出版社，2010.

59. 金子元久. 高等教育财政与管理 [M]. 刘文君，编译. 上海：华东师范大学出版社，2010.

60. 安东尼·史密斯，弗兰克·韦伯斯特. 后现代大学来临 [M]. 侯定凯，赵叶珠，译. 北京：北京大学出版社，2010.

61. 玛莎·努斯鲍姆. 告别功利：人文教育忧思灵 [M]. 肖聿，译. 北京：新华出版社，2010.

62. 马万华. 多样性与领导力——马丁·特罗论美国高等教育和研究型大学 [M]. 北京：教育科学出版社，2011.

63. 劳伦斯·维赛. 美国现代大学的崛起 [M]. 栾鸾，译. 孙传钊，审校. 北京：北京大学出版社，2011.

64. 迈克尔·吉本斯，等. 知识生产的新模式：当代社会科学与研究的动力学 [M]. 陈洪捷，沈文钦，等，译. 北京：北京大学出版社，2011.

65. 程星. 世界一流大学的管理之道——大学管理决策与高等教育研究 [M]. 北京：北京大学出版社，2011.

主要参考文献　243

66. 海尔格·诺沃特尼，彼得·斯科特，迈克尔·吉本斯. 反思科学：不确定时代的知识与公众［M］. 冷民，等，译. 上海：上海交通大学出版社，2011.

67. 王琪，程莹，刘念才. 世界一流大学：国家战略与大学实践［M］. 上海：上海交通大学出版社，2011.

68. 雷蒙德·E. 卡拉汉. 教育与效率崇拜——公立学校管理的社会影响因素研究［M］. 马焕灵，译. 北京：教育科学出版社，2011.

69. 菲利普·阿特巴赫，贾米尔·萨尔米. 世界一流大学：发展中国家和转型国家的大学案例研究［M］. 王庆辉，王琪，周小颖，译校. 上海：上海交通大学出版社，2011.

70. 达里尔·E. 楚宾，爱德华·J. 哈克特. 难有同行的科学：同行评议与美国科学政策［M］. 谭文华，曾国屏，译. 北京：北京大学出版社，2011.

71. 米歇尔·拉蒙特. 教授们怎么想——在神秘的学术评判体系内［M］. 孟凡礼，等，译. 北京：高等教育出版社，2011.

72. 迈克尔·波特. 国家竞争优势（下）［M］. 李明轩，邱如美，译. 北京：中信出版社，2012.

73. 怀特海. 教育的目的［M］. 庄莲平，王立中，译注. 上海：文汇出版社，2012.

74. 杰里米·里夫金. 第三次工业革命：新经济模式如何改变世界［M］. 张体伟，张豫宁，译. 北京：中信出版社，2012.

75. 吉姆·柯林斯，莫滕·T. 汉森. 选择卓越［M］. 陈召强，译. 北京：中信出版社，2012.

76. 夏清华. 学术创业：中国研究型大学"第三使命"的认知与实现机制［M］. 武汉：武汉大学出版社，2013.

77. 威廉·克拉克. 象牙塔的变迁：学术卡里斯玛与研究性大学的起源［M］. 徐震宇，译. 北京：商务印书馆，2013.

78. 王琪，程莹，刘念才. 世界一流大学：共同的目标［M］. 上海：

上海交通大学出版社，2013.

79. 凡勃伦. 有闲阶级论［M］. 蔡受百，译. 北京：商务印书馆，2013.

80. 威廉·G. 鲍恩. 数字时代的大学［M］. 欧阳淑铭，石雨晴，译. 北京：中信出版社，2014.

81. 张学文，陈劲. 面向创新型国家的产学研协同创新：知识边界与路径研究［M］. 北京：经济科学出版社，2014.

82. 王建华. 学科的境况与大学的遭遇［M］. 北京：教育科学出版社，2014.

83. 菲利普·布朗，休·劳德，戴维·艾什顿. 全球拍卖［M］. 许竞，译. 长沙：湖南科学技术出版社，2014.

84. 拉里·法雷尔. 创业新时代：个人、企业与国家的企业家精神［M］. 沈漪文，杨瑛，等，译. 北京：机械工业出版社，2014.

85. 冯·哈耶克. 知识的僭妄——哈耶克哲学、社会科学论文集［M］. 邓正来，译. 北京：首都经济贸易大学出版社，2014.

86. 克莱顿·克里斯坦森. 创新者的窘境［M］. 胡建桥，译. 北京：中信出版社，2014.

87. 菲利普·G. 阿特巴赫. 世界级大学领导力［M］. 姜有国，译. 北京：中国人民大学出版社，2014.

88. 安德鲁·德尔班科. 大学：过去，现在与未来［M］. 范伟，译. 北京：中信出版社，2014.

89. 王莉华，王素文，汪辉. 世界一流大学学科竞争力［M］. 杭州：浙江大学出版社，2015.

90. 吉川弘之，内藤耕. 产业科学技术哲学［M］. 王秋菊，陈凡，译. 沈阳，辽宁人民出版社，2015.

91. 彼得·蒂尔，布莱克·马斯特斯. 从0到1：开启商业与未来的秘密［M］. 高玉芳，译. 北京：中信出版社，2015.

92. 德隆·阿西莫格鲁，詹姆斯·A. 罗宾逊. 国家为什么会失败

[M]. 李增刚，译. 长沙：湖南科学技术出版社，2015.

93. 叶赋桂，陈超群，吴剑平，等. 大学的兴衰［M］. 北京：清华大学出版社，2016.

94. 克劳斯·施瓦布. 第四次工业革命：转型的力量［M］. 李菁，译. 北京：中信出版社，2016.

95. 罗伯特·W. 里克罗夫特，董开石. 复杂性挑战：21世纪的技术创新［M］. 李宁，译. 北京：北京大学出版社，2016.

96. 戴维·兰德斯，乔尔·莫克，威廉·鲍莫尔. 历史上的企业家精神：从古代美索不达米亚到现代［M］. 姜井勇，译. 北京：中信出版社，2016.

97. 美国商务部创新创业办公室. 创建创新创业型大学——来自美国商务部的报告［M］. 赵中建，卓泽林，译. 上海：上海科技教育出版社，2016.

98. 竹内弘高，野中郁次郎. 知识创造的螺旋：知识管理理论与案例研究［M］. 李萌，译. 北京：知识产权出版社，2016.

99. 亨利·埃茨科维兹. 三螺旋创新模式：亨利·埃茨科维兹文选［M］. 陈劲，译. 北京：清华大学出版社，2016.

100. E. M. 罗杰斯. 创新的扩散［M］. 唐兴通，等，译. 北京：电子工业出版社，2016.

101. 席西民. 理性"狂"言：教育之道［M］. 北京：中国人民大学出版社，2016.

102. 保拉·斯蒂芬. 经济如何塑造科学［M］. 刘细文，译. 北京：北京大学出版社，2016.

103. 李根. 经济赶超的熊彼特分析：知识、路径创新和中等收入陷阱［M］. 于飞，陈劲，译. 北京：清华大学出版社，2016.

104. 卡尔·雅斯贝尔斯. 论历史的起源与目标［M］. 李雪涛，译. 上海：华东师范大学出版社，2016.

105. 克莱顿·克里斯坦森，亨利·艾林. 创新型大学：改变高等教育的基因［M］．陈劲，盛伟忠，译．北京：清华大学出版社，2017．

106．德里克·博克．大学的未来：美国高等教育启示录［M］．曲强，译．北京：中国人民大学出版社，2017．

107．傅晓岚．中国创新之路［M］．李纪珍，译．北京：清华大学出版社，2017．

108．美国科学院研究理事会．会聚观：推动跨学科融合——生命科学与物质科学和工程学等学科的跨界［M］．王小理，等，译．北京：科学出版社，2017．

109．克利夫顿·康拉德，劳拉·达内克．培养探究驱动型学习者：21世纪的大学教育［M］．卓泽林，译．上海：上海科技教育出版社，2017．

110．史蒂夫·C. 柯拉尔，等．有组织的创新：美国繁荣复兴之蓝图［M］．陈劲，尹西明，译．北京：清华大学出版社，2017．

111．阿姆农·弗伦克尔，什洛莫·迈特尔，伊拉娜·德巴尔．创新的基石：从以色列理工学院到创新之国（原书第2版）［M］．庄士超，译．北京：机械工业出版社，2017．

112．李锺文，等．创新之源：硅谷的企业家精神与新技术革命［M］．陈禹，等，译．北京：人民邮电出版社，2017．

113．汪丁丁．行为社会科学基本问题［M］．上海：上海人民出版社，2017．

114．思拉恩·埃格特森．并非完美的制度：改革的可能性与局限性［M］．陈宇峰，译．北京：中国人民大学出版社，2017．

115．伊丽莎白·波普·贝尔曼．创办市场型大学：学术研究如何成为经济引擎［M］．温建平，译．上海：上海科学技术出版社，2017．

116．野中郁次郎，竹内弘高．创造知识的企业：日美企业持续创新的动力［M］．李萌，高飞，译．北京：知识产权出版社，2017．

117．刘念才，程莹，王琪．从声誉到绩效：世界一流大学的挑战［M］．江小华，译．上海：上海交通大学出版社，2017．

118. 唐纳德·F.库拉特科. 创业学（第9版）[M]. 薛红志，李静，译. 北京：中国人民大学出版社，2017.

119. 凯文·凯里. 大学的终结：泛在大学与高等教育革命[M]. 朱志勇，韩倩，等，译. 北京：人民邮电出版社，2017.

120. 蒲实，陈赛，等. 大学的精神[M]. 北京：中信出版集团，2017.

121. 布雷恩·J. 麦克维. 日本高等教育的奇迹与反思[M]. 徐国兴，译. 上海：华东师范大学出版社，2018.

122. 郑俊新，罗伯特·K. 陶克新，乌尔里希·泰希勒. 大学排名：理论、方法及其对全球高等教育的影响[M]. 涂阳军，译. 长沙：湖南大学出版社，2018.

123. 约瑟夫·E. 奥恩. 教育的未来：人工智能时代的教育变革[M]. 李海燕，王秦辉，译. 北京：机械工业出版社，2018.

124. 艾伯特·N. 林克，唐纳德·S. 西格尔，迈克·赖特. 大学的技术转移与学术创业——芝加哥手册[M]. 赵中建，等，译. 上海：上海科技教育出版社，2018.

125. 霍尔登·索普，巴克·戈尔茨坦. 创新引擎：21世纪的创业型大学[M]. 赵中建，等，译. 上海：上海科技教育出版社，2018.

126. 丹尼尔·贝尔. 后工业社会的来临[M]. 高铦，等，译. 南昌：江西人民出版社，2018.

127. 郑永年. 郑永年论中国：中国的知识重建[M]. 北京：东方出版社，2018.

128. 程星. 美国大学小史[M]. 北京：商务印书馆，2018.

129. 林建华. 校长观点：大学的改革与未来[M]. 上海：东方出版中心，2018.

130. 顾克文，丹尼尔·罗雅区，王辉耀. 以色列谷：科技之盾炼就创新的国度[M]. 肖晓梦，译. 北京：机械工业出版社，2018.

131. 冯达旋. 全球化下的教育复兴：冯达旋谈高等教育[M]. 魏晓

雨，译．哈尔滨：哈尔滨工业大学出版社，2018．

132. 托马斯·弗里德曼．谢谢你迟到［M］．符荆捷，等，译．长沙：湖南科学技术出版社，2018．

133. 格特·比斯塔．教育的美丽风险［M］．赵康，译．北京：北京师范大学出版社，2018．

134. 罗伯特·科尔维尔．大加速：为什么我们的生活越来越快［M］．张佩，译．北京：北京联合出版公司，2018．

135. 克莱顿·克里斯坦森，等．创新者的任务［M］．洪慧芳，译．北京：中信出版社，2019．

135. 彼得·德鲁克．巨变时代的管理［M］．朱雁斌，译．北京：机械工业出版社，2019．

137. 安东尼·塞尔登，奥拉迪梅吉·阿比多耶．第四次教育革命：人工智能如何改变教育［M］．吕晓志，译．北京：机械工业出版社，2019．

138. 彼得·德鲁克．21世纪的管理挑战［M］．朱雁斌，译．北京：机械工业出版社，2019．

139. 约瑟夫·熊彼特．经济发展理论［M］．何畏，等，译．北京：商务印书馆，2019．

140. 詹姆斯·卡斯．有限与无限游戏：一个哲学家眼中的竞技世界［M］．马小悟，余倩，译．北京：电子工业出版社，2019．

141. 伊夫斯·金格拉斯．大学的新衣：对基于文献计量学的科研评价的反思［M］．刘莉，等，译校．上海：上海交通大学出版社，2019．

142. 韩炳哲．倦怠社会［M］．王一力，译．北京：中信出版社，2019．

143. 韩炳哲．他者的消失［M］．吴琼，译．北京：中信出版社，2019．

144. 韩炳哲．透明社会［M］．吴琼，译．北京：中信出版社，2019．

145. 韩炳哲．精神政治学［M］．关玉红，译．北京：中信出版社，2019.

146. 路易斯·梅南德. 观念的市场：美国大学改革的阻力［M］. 田径，译. 成都：四川人民出版社，2019.

147. 彼得·德鲁克. 创新与企业家精神［M］. 蔡文燕，译. 北京：机械工业出版社，2019.

148. 冯倬林，刘念才. 世界一流大学评价与建设［M］. 上海：上海交通大学出版社，2019.

149. 格特·比斯塔. 测量时代的好教育：伦理、政治和民主的维度［M］. 张立平，韩亚菲，译. 北京：北京师范大学出版社，2019.

150. 菲利普·G. 阿特巴赫，莉斯·瑞丝伯格，贾米尔·萨尔米，伊萨克·弗鲁明. 新兴研究型大学：理念与资源共筑学术卓越［M］. 张梦琪，王琪，译. 上海：上海交通大学出版社，2020.

151. 吴燕，王琪，刘念才. 世界一流大学：面向全球共同利益 服务本土社会［M］. 陈珏蓓，江雨澄，田琳，译. 上海：上海交通大学出版社，2020.

152. 杰瑞·穆勒. 指标陷阱：过度量化如何威胁当今的商业、社会和生活［M］. 闾佳，译. 上海：东方出版中心，2020.

153. 项飙，吴琦. 把自己作为方法——与项飙谈话［M］. 上海：上海文艺出版社，2020.

154. 戴维·斯特利. 重新构想大学：高等教育创新的十种设计［M］. 徐宗玲，林丹明，高见，译. 北京：生活·读书·新知三联书店，2021.

155. 詹姆斯·H. 米特尔曼. 遥不可及的梦想：世界一流大学与高等教育的重新定位［M］. 马春梅，王琪，译. 上海：上海交通大学出版社，2021.

156. 斯蒂芬·M. 科斯林，本·纳尔逊. 一所与众不同的大学：密涅瓦大学与高等教育的未来［M］. 沈丹玺，译. 北京：中国人民大学出版社，2021.

157. 克里斯托夫·夏尔勒，雅克·韦尔热. 大学的历史——从12世纪到 21 世纪［M］. 成家桢，译. 上海：华东师范大学出版社，2021.

158. 约翰·塞克斯顿. 据理必争：教条主义时代中的大学［M］. 刘虹霞，等，译. 上海：华东师范大学出版社，2021.

159. 迈克尔·桑德尔. 成功的反思：混乱世局中，我们必须重新学习的一堂课［M］. 赖盈满，译. 台北：先觉出版股份有限公司，2021.

160. 赵鼎新. 什么是社会学［M］. 北京：生活·读书·新知三联书店，2021.

161. 玛丽亚·优德科维奇，菲利普·阿特巴赫，劳拉·E. 朗布利. 全球大学排名游戏：变革中的高等教育政策、实践与学术生活［M］. 苗耘，马春梅，王琪，译. 上海：上海交通大学出版社，2021.

162. 联合国教科文组织. 一起重新构想我们的未来：为教育打造新的社会契约［R］. 北京：教育科学出版社，2022.

163. 埃德·伯恩，查尔斯·克拉克. 大学的挑战：变革中的时代与大学［M］. 吴寒天，曾令琴，译. 上海：华东师范大学出版社，2022.

164. 米努什·沙菲克. 新社会契约［M］. 李艳，译. 北京：中信出版社，2022.